바람난
삼신할매

바람난
삼신할매

초　　판　　1쇄 인쇄 2009년 11월 26일
초　　판　　1쇄 발행 2009년 11월 30일

지 은 이　　박흥주
펴 낸 이　　박옥희
펴 낸 곳　　인디북
꾸 민 곳　　design Vita

출판등록　　2000. 6. 22. 제10-1993호
주　　소　　서울시 마포구 용강동 469 하나빌딩 2층
전　　화　　02)3273-6895
팩　　스　　02)3273-6897
홈페이지　　www.indebook.com

ISBN 978-89-5856-123-1 03380
값 18,000원

바람난
삼신할매

박흥주 지음

인디북

차례

생명의 철학, 살림의 기술, '사이'의 미학

이 글은 삼신할매에 대한 이야기이다.

포태신으로는 삼신할매, 신앙으로는 삼신三神, 도상으로는 삼각형, 숫자로는 삼(3)으로 변신하며 한민족 살림살이 구석구석에서 살아 숨 쉬는 그 실상과 원리에 대한 이야기이다. 생명의 철학이자, 살림살이를 이루는 기술이자, '사이'라는 개념 설정과 이의 적극적인 활용을 통해 상극을 상생으로 바꿔 버리는 능력에 대한 증언이기도 하다. 결국 우리의 눈으로 우리 스스로를 음미해 보려는 시도다. 이를 바탕으로 우리의 생각과 우리의 입맛을 새롭게 조망해 보고, 또한 시대를 사는 지침과 방법, 그리고 새로움을 적극적으로 만들어 나가는 토대를 마련하고 싶다는 바람도 담았다. 그것은 철들면서 눈뜨기 시작한 '그 무엇'에 대한 목마름과 갈증을 풀기 위한 개인적인 여정이기도 하다.

20여 년간 여정에서의 만남들은 달콤하기도 하고 고통스럽기도 했다. 그 감흥 하나하나가 깨우쳐 준 이치, 눈여겨봐 뒀던 순간순간은 이후 10여 년간 수많은 판을 기획하고 새로운 문화양식을 실험하면서 나름대로 검증해 보았다. 그리고 확신하게 됐다. 새로움을 적극적으로 만들어 나갈 수 있는 이치이자 방편으로서 손색이 없다고…….

만남들은 과거가 아니었다. 책 속의 이야기도 아니었다. 지금 이 순간 내가 직접 확인할 수 있는 '생활 현장' 속에서의 해우였다. 마침내는 속내를 드러내 준 생생한 모습들. 직접 눈으로 느끼고, 몸으로 보고…… 그 보고서이기도 하다.

그 느낌과 감흥을 같이해 주는 벗들이 생기면 외롭지 않을 터. 힘이 나겠지. 그냥 기행문 형식을 빌려 풀어본다. 1인칭 시점으로 주절거려 본다. 논문으로 정리해야 할 내용들이지만 그러기에 앞서 어떤 형식에 구애됨 없이 그냥 써내려 간다. 순간순간 흘러가는 문체로.

때로는 감상에 젖어, 때로는 논문 형식을 빌려, 때로는 여행담으로, 때로는 수필처럼, 때로는 시적 표현을 흉내 내면서…….

굿판에서 배운 방법이다. 한없이 경건하다가, 한없이 속되다가, 춤을 추다, 소리하다, 울부짖다, 박장대소하다, 서로 교차하며 동시에 펼쳐지는 그 변화무쌍함은 결국 사람의 마음을 얻고, 사람을 움직였다. 병을 고치고, 밥을 만들고, 화해를 이끌어 내었다. 그래서 '굿처럼 글쓰기'를 시도해 본다.

이 글들은 10여 년 전 《예술세계》라는 월간지에 연재했던 것으로 전체적인 얼개를 다시 잡아 손을 본 것이다. 시간이 흐른 지금은 그 현장마저

파괴되어 버렸다. 한참 돌아다닐 때, 모든 것이 마치 퍼즐게임 같았다. 파편들을 여기저기서 모아 머릿속에서 꿰맞춰 나가는 퍼즐게임. 그러나 그 파편마저도 이제는 만나기 쉽지 않다. 개인적인 감흥과 만남을 거칠게 드러내는 또 다른 이유이기도 하다.

삼신의 예술 영역에 대한 부분과, 천부경에 입각한 해석은 다음 기회를 기약하고자 한다. 그리고, 삼신이라는 호칭은 잠정적으로 사용하고자 한다. 삼신에서 신神을 뺄 것인가 그대로 둘 것인가, 한자 표기 이전의 말에 대한 궁금증, 이런 고민이 풀릴 때까지는 그냥 써 왔던 대로 삼신으로 표기하련다.

이렇게 책으로 엮어 낼 수 있었던 것은 인디북의 박옥희 대표와 김연순 편집부장의 관심과 수고로움, 그리고 한국간행물윤리위원회의 지원이 있었기에 가능했다. 감사드린다.

이 순간 여러 얼굴들이 떠오른다. 긴 시간 동안 연재가 이어지도록 매호 독촉해 주신 박주순 편집국장의 도움이 컸다. 옆에서 자극을 주신 박한웅 형님 덕택이다. 물심양면으로 격려를 아끼지 않으신 여러 선후배님, 대현 형, 현태 형, 승일 형, 유윤님, 찬규 아우, 세영 형, 상호씨, 박철, 정욱 형의 덕택이다. 항상 격려해 주고 기도해 주는 서마리아 교수님, 김매물 무당님, 지승 스님, 박인겸 박수님, 김영석 교수님, 조영호 시인님께 엎드려 인사 드린다. 시대의 고통을 감내하면서도 뜻을 같이해 온 진광석, 박영희, 노용명, 채수정, 서종대, 정계임, 김향진, 노연순, 민혜성, 정경일,

류주연 등 여러 굿연구소 식구들이 있었기에 가능한 일이었다. 영원한 휴식처였던 단비 형님들, 무당의 삶으로 굿을 지켜 나가는 인천 '한뜻계' 식구들, 공부에 동참한 박피터, 함께누리 등 여러 동학들이 있었기에 가능한 일이었다. 명절이면 오히려 보따리 싸는 아들이자 남편, 오빠, 아빠인 나를 어여삐 여겨 준 가족들의 이해와 성원에 몸 둘 바를 모르겠다. 설아야, 다물아, 미안하고 고마워.

그리고,

이 길로 접어들도록 용기를 줬던 첫 스승 고 조광제 형, 이 글의 많은 여정에 함께했던 고 정수미 사진 작가의 은공이 다시 생각나는 순간이기도 하다.

삼신 세상의 이치와 뜻을 먼저 살펴 내신 무세중 선생님, 고 조자용 선생님께 엎드려 인사 올린다. 선생님들이 계셨기에 외롭지 않은 길임을 알았다. 삼신의 문화와 삶을 여전히 지키고 계신 골골의 지킴이들을 존경한다. 삼신의 이치대로 살아온 이 땅의 여러 조상님들께 미약한 이 정성을 꼭 올리고 싶다. 묵묵히 격려하시면서도 노심초사 하셨던 아버님 영전에 이제야 보고를 올리게 됐다.

비나이다 비나이다. 삼신의 맥이 꽃밭이 되도록 부디 살펴 주옵소서.

2009년 11월

놀터또랑에서, 박 홍 주

1

우리 것은
정말
있는 것일까

'우리 것'은 '우리 눈'을 찾는 것부터

충주시 노은면을 찾아가는 길이 생각보다 멀다. 독일에서 인류학을 공부하고 돌아온 동갑내기 동행(이정재 교수)과 함께 있을 때면 항상 우리 문화에 대한 토론으로 지루한 줄을 몰랐는데 이번 답사 여행은 왠지 멀게 느껴진다. 지도상으로는 먼 길이 아닐 것이라고 판단한 선입견 때문인가. 아마도 오늘은 특별한 논쟁거리가 없어서일 게다.

우리 문화에 눈뜨기 시작하면서부터 나는 철저히 우리 문화와 우리 식만을 고민해 왔다. 어느 순간부터 우리는 남의 시각, 남의 관점, 남의 경험을 토대로 우리 스스로를 바라보고, 또한 그에 의해 일방적으로 칼질당해 온 역사이자 문화 같다는 의문이 들었기 때문이다. 이식된 선입견을 벗어나 '우리 눈'으로 바라본 우리가 궁금해졌다. 한번쯤은 짚고 넘어가야 되는 것 아닌가 하는 생각도 들었다. 설사 '우리 눈'이 형편없고 유치한 것이라 하더라도, 우리 할아버지 할머니가 부끄러운 존재라 하더라도, 우리의 할아버지 할머니라는 사실 자체를 부정할 수 없는 것 아니겠는가. 그 또한 우리의 모습이니 애써 감추려 할 필요도 없고 애써 과장할

우리 것은 정말 있는 것일까?

필요도 없을 터. 있는 그대로 보고 난 다음에, 그 다음을 결정해도 될 일
이라 생각했다.

　장보고의 역사가 서려 있는 마을, 청해진이 있었던 그 자리(전남 완도군
완도읍 장좌리 장도)에서 배운 마음이기도 하다. 군청이 학자들까지 동원
해 당산주신을 송징장군에서 장보고장군으로 바꾸려 하였나 보다. 동네
사람들은 거부하였다. "못난 할아버지든, 잘난 할아버지든 우리가 모셔
온 할아버지인데 버릴 수는 없다." 그래서 결국 주신主神을 두 분 모시게
됐다. 송징장군과 장보고장군이 중앙에 나란히 앉고 좌우에 정년장군과

장좌리 당제
청해진의 역사가 서린 장좌리 장도 속의 당과 당제 현장. 송징장군과 장보고장군의 신위가 나란히 모셔져 있다.
전남 완도군 완도읍 장좌리, 1996.

해일대사가 시립한다. 그 말을 전해 주는 설쇠(상쇠)어른의 표정과 논리엔 분명 확고함이 있었다. 장보고를 내세울 수 없어서 대체신으로 만들었던 송징장군. 그로 인한 피맺힌 세월과 논란보다도 매년 온 마음과 온 정성으로 그들(송징장군, 정년장군, 해일대사)을 오랜 동안 기려 온 동네 사람들의 믿음이 더 중요하다는 사실, 깨우침이었다.

그래서 더욱 '우리 눈'이 뭔지 궁금했다. 과연 그런 것이 있는지도 궁금했다. 그러나 어떤 것이 '우리 눈'인지 가늠할 식견도 부족했고, '이것이다'라고 번쩍 띄는 뭐도 나타나지 않았다.

목마름이 샘을 파게 한다던가. 답답함은 역마살에 불을 질러 댔다. 보따리를 싸 들고 시골동네 사랑방을 기웃거리기 시작했다. 자생적인 문화를 관찰하고 살피며 찾아낸 관점과 이론 정립이 무엇보다 시급하다는 절박감이 있었다. 긴 시간을 두고 이어져 온 역사에 무엇인들 없을까! 이런 막연한 기대감에 의지해서였다. 하다못해 '개똥철학'이라도 있을 것이라는 확신 같은 것이었다. 밖에서 들어온 관점이나 이론이라고 판단되면 그에 대한 공부를 뒤로 미뤘다. 아무리 시대의 담론이고 만고의 진리라 주장하더라도 나로서는 우선순위에서 밀쳐놓을 수밖에 없었다. 비판력을 갖고 그것들을 따져볼 수 있는, 나름대로 자생적인 그 무엇을 발견해 내기 전까지는 '유보' 딱지를 붙였다.

꽤 시간이 흘렀나 보다. 자아도취와 아전인수의 군더더기가 내게 어느덧 두꺼운 보호막이 되었다. 동행하는 친구와의 대화는 이를 일깨워 주기도 한다. 항상 우리 문화를 다른 여타 민족의 문화와 비교하며 냉정한 입장을 견지한다. 우리 문화를 이야기할 땐 조금은 감상적이고 격정적이기 쉬운 내 모습을 비교 분석하는 자세를 잃지 않는다. 그래서 그 친구와의 토론은 내게 유익할 수밖에 없다.

한국화 된 불교철학, 한국화 된 유교철학을 넘어서

지극히 개인적인 이야기이긴 하지만 우리 문화를 본격적으로 만나게 된 계기는 힘의 논리를 생각하면서부터였다. "우리 민족은 왜 힘이 없는가?"라는 의분과 문제의식이 이에 대한 극복 방안에 관심을 갖게 만들었다.

'우리 것'에 대한 자의식과 회복 운동이 민간 차원에서 불기 시작한 세월도 어느덧 30~40여 년이다. 한 세대가 흘러간 셈이다. 당위와 열정으로만 시작된 '우리'에 대한 천착은 여러 방면에서 분명 성과가 나타나는 중이다. 근래에 이 동네 저 동네를 기웃거려 보면, 묵묵히 공부해 온 '뜻'들이 곳곳에서 반짝이고 있다. "우리 것은 좋은 것이여!" 이 한마디의 유행어가 탄생하기까지는 실로 많은 시간, 그리고 열정으로 쏟아 부은 땀과 고뇌가 있어야만 했다. 그러나 진정 우리는 '우리'를 찾았는가? 아니면 제대로 찾아가고 있는가? 라는 문제 제기에 직면하면 여전히 자유롭지 못한 듯하다. 오히려 심도 있게 논의될 시기는 지금부터라는 생각이다.

누가 알아주든 말든, 화두처럼 붙잡고 외롭게 깨우치게 된 저마다의 '우리의 잣대'가 진정 우리의 잣대인지 서로 펼쳐 놓고 이야기할 시기가 다가오고 있다. 서로 다듬고 보태 줘야 할 과정이 기다리고 있다. 남의 눈으로, 또한 높은 식견으로 이를 검토해 줄 만남도 거쳐야 한다. 동갑내기 동행과의 여정은 이 과정일 게다. 이 과정들을 거치게 되면, 나를 끈질기게 붙잡는 과거 시점이나 피해의식, 국수적인 배타성에서 벗어날 수 있을 것이다. 그래야만 당당함과 자연스러움과 개방성을 갖는 '현재의 것'이 될 수 있으리라.

기실 '우리'라는 말은 집단만을 의미하지는 않는다. 개인을 뜻하기도 한다. 영어의 'We'와 'I'의 개념으로 접근했다간 큰코다친다. 개인으로서의 '나'를 '우리'라고 표현하는 사람, 그런 사람을 만나 잠시 혼란스러웠던 경험은 없었는지. '우리'는 상황에 따라 개인이 되기도 하고 집단이 되기도 한다. 혼재돼 있다. 그렇다고 언어생활이 문제되지는 않는다. 그 개념에 체화돼 있기 때문일 것이다. 이 이중성과 포괄성이 우리의 언어 감각이다. 지금은 거의 사라졌지만 간간히 그런 사람을 만나기도 한다. '우리'라는 표현에는 과거의 '우리 집단'과 연결된 '우리'가 있기도 하다. 이렇게 현재와 과거가 공존하기도 한다.

이런 개념이 가능할 수 있는 것은 집단과 개인, 과거와 현재, 그 모두를 꿸 수 있는 그 무엇이 있기 때문이라 진단해 본다. 거기서 오는 '하나'가 가져다줄 일체감과 통일감이 '우리 의식'을 만들어 낸다. 모두를 하나로 꿸 수 있는 그 무엇이 있다면 집단과 개인, 과거와 현재라는 상황과 조건은 문제가 될 수 없다. '우리'가 있을 뿐이다.

그러므로 '우리 것'이란 과거에만 한정돼 있지도 않고 토종만을 의미하지도 않는다. 이제는 지구상의 모든 인종, 국가와 부대끼며 다양한 문화를 손쉽게 접하며 생활한다. 원하든 원하지 않든 그것이 현실이다. '우리'의 모습이다. 미국 문화든 일본 문화든 아프리카 문화든 발리섬의 문화든, 19세기 문화든 20세기 문화든 현재 내가 접하는 것이면 다 '우리 것'일 수 있다. '우리 것'이 돼야 한다.

그런데 말이다. 여전히 '우리 것' 하면 '전통적인 것'이고 '과거의 것'이다. 이런 풍토와 내용, 대중적 인식을 극복하기 위한 노력과 방법에도 주목해야 한다. 어떤 방법을 선택하든 분명한 것은 누구나 공감할 수 있는 보편성이 전제돼야 한다는 것이다. 그것은 잣대일 수도 있고, 모두를 아우를 수 있는 틀(인식의 틀, 문화의 틀)일 수도 있다.

잣대란 무엇이겠는가. 철학과 사상으로 치환시켜 본다. '우리 것'을 이야기하는데 '우리의 잣대'가 명료하지 않았다는 것은 '우리 철학', '우리 사상'이 없었다는 이야기와 다름 아니다. 기본이랄 수 있는 '한국철학'에 다시 주목해 보는 이유다. 우리가 철들면서 접해 온 '한국철학'이란 실체가 '한국의 불교철학'이거나 '한국의 유교철학'은 아니었는지 의심해 보자는 것이다. 일방적으로 유교와 불교로부터 시혜만 받아 온 역사였는지 되짚어 보자는 것이다. 나름대로 우리 것이 된 한국의 불교철학과 유교철학에 이 땅 사람들과 이 땅의 정신이 나눠 준 것은 없었는지, 그렇게도 없었는지 조목조목 살펴보자는 것이다. 이 과정을 거쳐야만 진정 우리 것일 수 있다.

그것이 뭐겠는가. 영향을 미친 것이 뭐겠는가. 유교와 불교를 한국화시킨 것은 무교巫敎일 수밖에 없다. 무교와의 충돌과 타협, 그리고 창조적인 결합. 굿을 주목하는 이유다.

우리 것은 '굿' 속에 있다

굿!

굿을 우리의 기층문화라고도 한다. 가장 바닥을 이루는 문화라는 뜻일 게다. 그 바닥 위에 불교문화와 유교문화가 층위를 이루고 있고 현재는 기독교문화가 새로운 층을 형성해 가고 있다. 그래서 알게 모르게 굿에 대한 연구와 논의가 있어 왔고 지금도 계속되고 있다.

굿은 무엇인가? 답하기 쉽지 않다. 실체를 잘 드러내지 않는다. 단순 명쾌한 정의? 그걸 찾아 삼천리 방방곡곡이다. 이 시대는 굿에 대한 부정적인 선입견과 왜곡을 씻어 내기 위해 노력 중이다. 미미하지만 말이다. 이마저도 쉽지 않다. 선입견이 너무나 강고하고 견고하기 때문이다. 그것은 앞으로 50년, 100년, 아니 더 걸릴 것만 같다. 굿을 정의하는 일보다 더 어렵고, 굿에 관한 그 어떤 일보다 어려운 것임을 새록새록 절감한다.

이 시대는 굿을 예술이라는 측면에서 강조하고 조망해 온 경향이 강했다. 물론 종교 쪽에서도 굿이 논의되기는 하지만 너무 민감하기에 무척 조심해 왔다. 예술로서의 굿? 굿(Good)이다. 대부분 인정한다. 종교로서의 굿? 상황은 180도 달라진다. 곧바로 노골적인 거부나 묘한 시선을 받게 된다! 학자나 지식인들 사이에서 나타나는 현상이기도 하다. 예술이라는 측면이 강조될 수밖에 없었던 큰 이유이다.

'예술로서의 굿'은 굿에 대한 부정적인 시각을 많이 완화시켜 냈다. 그러나 예술로서의 굿은 굿의 일부일 뿐이다. '굿이란 무엇인가?'의 궁극적인 답일 수 없다. 언급을 꺼리는 종교로서의 굿이 과감하게 논의되고 '굿 신학'과 교리가 정립돼야 한다. 또한 굿이 갖고 있는 철학과 사상이 무엇인가가 꼭 규명되어야 한다. 예술로서의 굿이 논의되기 위한 필요조건이기도 하다.

굿철학과 사상이 빠진 채 논의되고 시도된 예술로서의 굿, 그 결과물로서의 작품은 표피적인 양식론에 그쳤거나, 남의 미학을 동원하여 마음대로 요리했거나, 단지 소재나 활용 대상으로만 취급 당했을 가능성이 높다.

굿을 통해 우리를 이해하려는 공부는 끝이 없었다. 하나를 이해하려다 보면 몇 가지의 숙제가 꼬리를 이었다. 줄기를 따라 주렁주렁 딸려 나오는 고구마 캐기 같았다. 민속학과 인류학은 기본이었다. 예술도 알아야 했다. 음악과 춤, 미학을 고민해야 했다. 그러나 이론만 가지고 해결될 일이 아니었다. 구경하고 듣는 것으로도 해결되지 않았다. 직접 춤추고 소리하고 두들겨 봐야 했다. 탈춤, 민요, 판소리, 풍물, 무당굿, 단소…… 를 배워야만 했다. 탈도 깎아 만들어 봤다. 웬걸, 붓글씨에도 그 원리가 있었다. 종교도 알아야 했다. 신神, 신명은 굿에서 결코 피해 갈 수 없는 영역이었다. 천지신명께서 결코 용납하지 않은 것 같다.

특히나 탈춤에 나오는 무당 역할을 해 보면서 무당들도 찾게 되었다. 소위 전통예술이라고 알려진 모든 것이 굿에서 나왔다는 주장도 차츰 이해하게 됐다. 마침내 예술뿐만 아니라 생활 전반이 다 굿이자 굿적인 삶이었지 않았을까 하는 생각에 미치게 됐다. "굿은 생활이다."라고 결론이 굳어 가던 때였다. 이런 토양 속에서 생겨나고, 성장하고, 살아남은 문화와 예술. 이를 특별하다고 여기지 않는 감각까지 갖고서 굿을 자연스럽게 받아들이며 살아간 이 땅의 사람들. 그들의 입맛에 주목하게 되었다.

마침내 그 입맛은 결코 사라지지도 않았고, 외형이 변화하더라도 크게 변질되지 않았다는 사실을 하나씩 확인해 나갈 수 있었다. 그것을 보여 주고 느끼게 해 준 사람들은 바로 나와 같은 시간과 공간에서 얼굴 맞대며 만난 사람들이다. 잔존물이라는 관점에서만 볼 수 없는 이유다. 타임머신을 타고 가 그들을 만나는 것이 아니지 않는가? 굿에 대한 접근은 과거로의 여행이 결코 아니다. 오늘의 우리를 이해하고 설명할 수 있는 언어이자 인식체계이기도 하다.

굿이 우리 민족의 근원태임은 부정할 수 없다. 탯집과도 같은 것이다. 지금을 살아가는 한국인들의 의식에도 영향력을 미치는 가치관이자, 신앙 형태이자, 문화 현상이다. 지금 이 순간에도 어느 골짜기 여느 굿당에서는 징소리가 울려 퍼진다. 이런 속성에 눈뜬 식견들은 현재 우리가 만나는 어떤 문화나 종교도 많은 부분에서 결국 굿화化할 것이라 예측한다. 한국불교와 한국유교가 이를 증명하고 있으며, 기독교에서도 이런 징조가 나타난 지 오래다.

이리 보든 저리 보든 있는 그대로 인정하면서 굿을 보는 것은 서로에게 유익하다. 이렇게 선언적으로 이야기할 수 있는 이유들은 너무 많다. 그런데 있는 그대로 실체 자체를 인정받는다 하더라도 굿은 자신을 잘 설명해 낼 준비가 되어 있지 못하다. 심증도 가고 물증도 있는데 문제는 이를 명쾌하게 설명할 만큼 스스로 잘 정리되어 있지 않다는 것이다. 지금에 맞는 논리도 개발되어 있지 않다. 굿의 철학과 사상을 설득력 있게 이해시키고 설파할 수 없다는 데 그 아픔이 있다. 분명 실제로는 살아 움직이고 있으며, 분명 뭔가가 있는데 자신을 설명할 능력이 없다는 사실.

스스로를 알기 위해서도, 남과의 만남을 위해서도 굿의 철학과 사상 정립은 꼭 필요하다. 시급하고 중요한 현안이라고 믿는다. 우리의 철학과 사상을 구축하는 토대로 삼기 위해서도 꼭 필요하다. 만나고 있고 만나게 될 모든 세상이 '우리'인 '우리 것'을 정립하고 창조하는 기준점과 가치를 제공받기 위해서도 분명 필요하다.

'우리 것'은 바로 '삼신할매'

어느 순간, 삼신이 모습을 드러냈다. 홀연히 나타났다.

그랬다.

그렇게 목말라 하며, 발톱이 뭉그러지도록 한반도 구석구석을 헤매며 찾은 그 무엇이 바로 삼신이었다. 어렸을 때부터 엄마에게 익히 들어 왔던 '삼시랑(삼신할매)' 아닌가. 한국 사람이라면 누구나 다 아는 삼신할머니가 그것이라니. 한국의 민속을 뒤적이다 보면 너무 쉽게 만나는 그 삼신이란 말이지. 아! 삼신할머니가 그렇게 헤매게 만든 장본인이었단 말인가!!?

어느 날 판소리를, 판소리의 추임새를 생각하다가 삼신을 만났다. 추임새로 변신한 '삼신할매', 그 실체를 확인하는 순간, 삼신의 본질이 확연해지는 느낌이었다. 내 몸은 전율하고 있었다. 첫눈에 대학교 1학년짜리 머슴아의 순정에 불을 질러 버린 탈춤의 매력, 그 매력은 바로 탈춤의 추임새에 있었다. 대학생 탈꾼이 구경꾼 어느 대학생과 주고받던 그 댓거리에서 번뜩 깨달았다. '저런 형식도 있구나. 어, 재미있네. 어떻게 저런 구조와 연출이 가능하지? 우리 문화 속에도 저런 세계가?'

모든 것은 상통하고 있었다. 판소리의 추임새와 탈판의 댓거리와 무당 굿판의 댓거리가 그게 그거였다. 3의 요소, 삼각구도, 제 3의 설정, 세 번째에 나타나는 현상, 너와 나 '사이', 중간자, 중매자로서의 무당과 광대, 그들이 갖는 이중성, 나(우리)는 나(우리)다, '죽임'을 넘어 '살림'으로…….

풍물, 보릿대춤, 민요, 줄타기, 남사당, 시나위 등등 전통예술이라고 하는 민중예술 모두가 다 이 구조와 맥락 속에 있었다. 이를 바탕으로 제각각 성장하고 피어난 양상이 저마다 다를 뿐이었다. 본질은 하나였다. 그걸 모두 굿이라고 부르고 있었다.

그렇다면, 예술의 영역만 그런 것이 아닐 것이란 생각이 스쳐 갔다. 그래, 모든 생활 영역이 다 이 원리로 만들어졌을 거야. 그 문화일 거야. 의식주도 그러할 것이며, 산천을 인식하는 생각들도 그러할 것이며, 신앙역시 그렇지 않을까? 역시 그랬다. 옷도 살펴보고, 집도 살펴보고, 먹을거리를 살펴봐도 온통 삼신이었다. 수학 공식 풀듯 대입하기만 하면 됐다. 삼신은 '3'이라는 수 개념과 수리체계로 현현하고 있었다. 삼각형으로 모습을 드러내기도 했다.

특히, 민족신앙의 고향이며, 민족정체성의 근원이라고 여겨 왔던 당산과 당산굿을 삼신의 관점에서 살펴보면서 이 생각은 확신에 이르게 됐다. 굿이 삼신이고, 삼신이 우리라는 결론을 내리게 됐다. 굿의 철학과 사상은 바로 삼신신앙을 바탕으로 살아온 선조들의 생각이고 삶이었다. 그 문화, 그 역사를 하나로 꿸 수 있는 원리가 삼신할매의 넉넉한 치마폭 속에 숨어 있었던 것이다.

삼신은 생명의 말씀, 생명의 삶, 생명의 철학

이후 삼신의 문화를, 삼신의 삶을 곱씹어 보니 결국 생명의 세계관이자 철학이며, 생명을 위한 문화이자, 생명의 삶이란 결론에 곧 도달할 수 있었다. 그랬다. 생명이었다.

그렇다면, 그렇다면,
뭐 특별할 것도 없지 않은가.
'생명'을 건드리지 않은 종교와 사상이 있었던가.
모두들 생명을 노래하고 찬양하며, 부르짖지 않는가?

다시 생각해 보았다. 그렇기 때문에 반갑고 고마운 일이었다. 누구나 공감할 수 있는 이야기를 갖고 있으니 말이다. 같이 마음을 터놓고 만날 수 있는 기본을 갖춘 셈이다. 전통과 단절된 그들과도 '우리'로 만날 수 있는 자질과 통로를 삼신은 이미 마련해 놓고 있었다.

그러면서도 뭔가 아쉬워 독특한 그 무엇이 없는가 요모조모 살펴보았다. 있었다. 생명을 노래하는 곡조가 달랐으며, 생명을 살리는 나름대로의 방법도 달랐다. 그것은 '놀이'였다. 숨줄이 끊어지지 않은 상태, 내가 살아 있다고 온몸으로 느끼는 이 '순간'과 '현장'이 바로 낙원이라는 생각, 그 낙원을 진정한 낙원으로 바꿔 나가겠다는 적극적인 자세와 방법 모색, 그것을 여럿이 더불어 나누면서 이뤄 가는 실천, 이 모든 것을 어우러지게 하는 묘수풀이는 '놀이'였다. 그래서 굿에는 반드시 놀이란 말이 붙었다. '굿놀이'. 그랬다. '굿누리'를 만들기 위한 '굿놀이'였던 것이다. 이를 구현해 나가는 구체적인 코드와 원리가 숫자 '3'과 도형 '△', 그리고 '사이'의 설정이었다.

굿이 삼신이고, 삼신이 천부경이고, 천부경이 굿

나름대로는 모든 것이 확연해진 셈이다. 동시에 이런 고민도 해결되었다. 우리 잣대의 필요성을 인식하는 순간 내게 제기됐던 의문과 안타까움. "왜 우리 민족은 성경이나 코란이나 불경과 같은 불멸의 성서를 갖고 있지 못할까? 우리는 왜 주역과 같이 오묘한 우주변화를 명쾌하게 설명해 주는 경전이 없을까? 그렇게 능력이 없는 민족인가?" 큰 아쉬움이었다. 굿과 전통문화를 만나면 만날수록 뭔가가 꼭 있는 것 같은데 멋지게 정리된 책이 없었다.

굿이 밑바닥으로 밀려난 어느 순간 이후로는 굿에 대해 애정 어린 연구나 투자가 없었으니 당연한 결과일 터. 당대의 숱한 지성과 자본이 투자돼 만들어지고 갈고 닦고 검증된 불경, 성경, 주역이 아니던가. 지금부터라도 애정을 쏟아 투자해야 한다. 이 시대부터 시작하면 될 일.

능력과 상관없는 이런 오기와 관심이 결국 삼신을 새롭게 만날 수 있는 또 다른 동력이기도 했다. 삼신을 다시 만나고 얼마 지나지 않아 『천부경天符經』을 재음미할 기회가 있었다. 굿과 『천부경』은 맥락을 같이하고 있었다. 아니 『천부경』은 굿의 세계를 주역처럼 정리해 놓은 우리의 경전이었다. 이는 전라남도 고흥군 금산면 월포라는 마을에서 당산굿(풍물굿)을 배우면서 증명할 수 있었다. 월포당산굿 내용을 분석해 보니 『천부경』 81자 그대로를 음악과 3의 수리체계로 형상화시켜 놓은 것이었다. 박자 구조, 장단 구조, 전체 구성을 분석해 보니 바로 『천부경』 그 자체였다.

어쩌면 이렇게 완벽하게 일치할 수 있지? 우리한테 당산굿을 가르쳐 주는 상쇠어른이나 그 어떤 동네 어른들도 장단 이름조차 제대로 모르는데, 그저 동네에서 쭉 쳐 내려오는 것을 들으며 자라다 보니 저절로 익혀진 가락과 진풀이일 뿐인데 말이다. 『천부경』과 세상이치를 완벽하게 이해하지 않고는 결코 만들어 낼 수 없는 월포의 당산굿! 분명 그 이치를 아는 사람들이 만들어 구성하였고 면면이 전승되어 온 것이라고, 그런 해석 이외에는 다른 어떤 설명도 불가능했다.

당산이라는 것이 무엇인가. '당산나무를 세우는 이 곳이 바로 우주의 중심'이라는 우주목사상이 밴 곳 아닌가. 당산나무를 심고, 솟대를 세우고, 돌탑을 쌓으며, 선돌을 세워서 잡는 우주 중심이다. 그 당산 신령님을 모시고 기리는 음악과 진풀이를 『천부경』 그대로 형상화시켜 놓았다는 것은 우주의 원리, 세상의 이치를 당산굿이 이를 재현하는 놀이이자 의식이라는 것이다. 『천부경』을 '두드리며' 춤추고 굼실거리는 동네 풍물쟁이들은 바로 천부세상을 구현시켜 나가는 전사들이자 놀이꾼들이라는 뜻일 게다. 그저 글씨로 써서 벽에 붙여 놓거나 아침저녁으로 암송하는 단계에 머무르지 않고 직접 몸으로 뛰고 두들기면서 그 천부세상(삼신세상)을 생활 속에서 구현하고 있는 실천 방안이자 행위였던 것이다.

더 놀라운 사실은 풍물쟁이들은 그 의미나 뜻에 대해 아는 것이라고는 없이 그저 때가 되면 평생 듣고 배운 대로 치고 놀 뿐이다. 결코 머리로 이치를 전달하거나 전달받지 않았다. 당산굿 가락의 리듬 속에서, 3의 원칙에 따라 장단을 되풀이하고 바꾸는 행위 속에서 저절로 그 이치를 깨치도록 구성되어 있었다. 그저 "당산굿만큼은 더 보태지도 말고, 더 빼지도 말고 쳤던 그대로만 쳐야 한다."는 경계만 대대로 전할 뿐이었다. 머리로는 하나도 모르지만 저절로 천부 이치를, 삼신의 이치를 몸으로 실천하게 만드는 이 지혜와 문명! 그저 경탄스러울 뿐이었다.

이후 무당이 하는 당산굿도 살펴보고 다른 지역의 당산굿도 뒤져 보았다. 조금씩의 차이는 보일망정 구조와 원리는 『천부경』이었다. 삼신이었다. 당산굿뿐만이 아니었다. 굿 행위의 모든 것이 천부세상을 만들어 가는 실천행위였다. 아니 삼신세상, 굿누리를 만들어 가는 굿이었다.

당산나무

마을을 수호하고 보살피는 당산할아버지·당산할머니가 있다는 당산나무. 어느 아낙이 개인적으로
기원을 올리고 있다.
전라남도 여수시 화양면 안정리.

굿이 삼신이고, 삼신이 『천부경』이고, 『천부경』이 굿이라는 깨달음에 확신을 더해 준 선배들과의 만남도 생겨났다. 광산김씨 후손으로 태어나 '무당 무巫'자로 성을 바꿔 '무세중'이라 부르는 분을 통해서였다. 광산김씨 조상을 줄기 따라 올라가 보면 결국 무당과 만나며 이 땅의 조상 역시 결국 무당과 만난다. 광산김씨는 무 씨 성의 한 지맥일 뿐으로 성을 제대로 찾았으니 혼날 일이 아니라고 항변하다가 한국에서 파문당해 독일로 갈 수밖에 없었노라고 그는 주장한다. 그는 전위예술 한다고 빨가벗고 설치는 '또라이'로 인식돼 있기도 하다.

굿을 이야기하고, 자신의 '전위'는 굿의 원리이자 실천일 뿐이라고 주장하기에 그의 '짓거리(?)'를 유심히 관찰하게 됐다. 보니 그 역시 '3'이고 『천부경』이었다. 작품과 그 행위의 창작원리가 그러하다는 뜻이다. 어느 날 우연히 부딪친 인사동 술집에서 대뜸 이렇게 질러 보았다.

"선생님도 3이시네요?"
"어?! 너 그걸 어떻게 알았어?"

무 선생은 나이와 상관없이, 주위의 시선도 아랑곳하지 않고 '만남'에 대한 기쁨과 반가움을 의식儀式으로 표현해 주었다. 당신보다 먼저 깨우친 이가 있는데 바로 조자용 선생이란다. 민화를 세상이 새롭게 인식하게 만든 바로 그 건축가. 말년에 도깨비에 전념했던 이였다. 각자 저마다 암흑을 헤매다 알아서 눈치 채고, 알아서 깨닫고, 저마다 떠들어 온 세월이었던 것이다. 이들 말고도 이미 깨달은 '뜻'들이 많을 것이다. 그러나 더 중요한 것은 몇 백 년 전인지 몇 천 년 전인지는 알 수 없지만, 그 이치대로 문화를 만들고 그 문화 속에서 살아온 사람과 세월이 굿문화를 통해 이 땅에 이어져 오고 있다는 사실이다.

여하튼 그랬다. 우리의 불경, 우리의 주역, 우리의 성경이 『천부경』 안에 있었다. 우리도 그런 유산을 물려받고 있었다. 81자로 정리된 유산도 중요하지만 그 이치를 생활화시켜 문화로 정착시킨 이 땅, 이 사람들의 삶 자체가 『천부경』인 것이다. 그 동안 파괴당해 버렸기 때문에 우리가 그것을 깨닫지 못하고 볼 줄 몰랐을 뿐이다. 주역 같은 것을 만들겠다고 굳이 능력의 한계를 무릅쓰고 만용을 부리지 않아도 된 것이다. 숙제가 저절로 풀린 셈이다.

이제부터는, 현재도 살아 숨 쉬고 있는 굿문화의 증거로 인정 받지 못하고 있는 『천부경』을 증명해 나가면 될 것 같았다. 공자가 위편삼절韋編三絶하면서 문왕의 주역에 자신의 생각을 덧붙여 나갔듯이, 수많은 이들에 의해 집대성되어 간 불경과 성경처럼 새롭게 발견하는 이치를 자신의 언어로 『천부경』에 덧붙여 나가면 되는 것 아닌가.

이를 바탕으로 '우리'를 다시 바라보고 새로운 '우리 것'을 만들어 가면 될 일이다. 입으로만이 아니라 굿을 몸과 실기로 체득하고 『천부경』을 만나면 충분히 가능하다는 확신이 선다. 『천부경』을 만남으로써 든든한 원군을 얻은 셈이다. 분명 전환점이었다.

이번 충주행은 두 가지를 알아보기 위해서다. 하나는 노원면의 한 마을을 찾아 그 마을의 풍물굿을 파악하고자 함이며, 하나는 또 다른 마을에 있다는 단군 성전을 방문하기 위해서다. 정초에 이미 두 곳을 먼저 다녀온 동행은 답사 예정지에 대한 설명이 자상하였다. 목적지에 대한 기대를 부풀리기에 충분했다. 풍물굿과 무굿, 그리고 당굿에 초점을 맞춰 우리 문화의 근원에 접근을 시도해 온 나로선 풍물굿이 있는 마을을 지나칠 수 없었고, 1998년 2월, 단군을 몸주신으로 받들어 모신 어떤 무당이 개인적으로 건립했다는 단군 성전에 흥미가 당겼던 것이다. 특히 단군을 몸주신으로 모셨다는 무당에 대한 관심이 이번 여정을 결심하게 한 주된 이유였다. 최근 들어 관심사가 된 『천부경』에 대해 물어보고 싶었다. 그 무당을 통해 단군과 만나 그간의 궁금증을 풀고 싶은 기대가 솟아났다. 그리고 '삼신'의 본래 이름도 알아보고 싶었다.

풍물굿에 대한 조사는 이미 알고 있었던 사실에 사례를 하나 더 보탠 선에서 끝났다. 그런데 단군 성전에서도 그 무당을 만날 수 없었다. 그러나 확인할 수 있었다. 관리하는 분의 배려로 문을 여는 순간 거기 『천부경』이 있었다. 기존에 있던 산신각의 산신님을 한쪽으로 밀어내고 좌정한 단군상 좌대 밑에 『천부경』이 매달려 있었다. 무당이 한문을 몰라서였을까. 81자의 『천부경』이 한글로 쓰인 채로 붙어 있었다. 『천부경』이 다시 이 땅의 사람들과 신앙 속에 뿌리를 내리기 시작했다는 증거였다. 내게는 의미로 다가왔다. 충주에 거주하는 그 무당은 예약제를 도입하여 손님을 받을 정도로 신통력을 인정받는다는 소문이다. 그 무당은 자신의 손님과 신도들에게 '단군과 『천부경』' 세계를 어떻게 전하고 있을까.

한민족의 역사는
'삼신할매' 로부터

결론은 우리는 모두 삼신할머니의 자손이라는 것이다.

조사자 : 아기는 어떻게 생기나요?

백형심 : 삼신이 줄 테제.

조사자 : 삼신이 누군가요?

백형심 : 평야 선영이제.[1]

"평야 선영이제."라고 지금도 믿고 있다. "결국 조상이지."란 말이다. 그렇게 믿었다는 사실이 중요하다. 우리에게 생명을 준 존재는 삼신이었다. 삼신은 3의 철학과 세계관을 제공하였다. 우리의 정체성을 확인시켜 주었고 우리 문화의 창조 원리를 일깨워 주었다. 결국 우리 역사 창조의 기본 동력이기도 했다.

그랬다.

삼신할머니가 우리 생명을 주었다는 이야기는 이런 의미로 해석할 수도 있다. 삼신할머니가 우리 조상을 주고, 그 역사를 주었다고 말이다. '우리 것'을 주었다는 것은 곧 우리의 역사를 준 것과 마찬가지이다.

---

1. 나경수 외, 『장흥 호계마을 사람들의 삶과 앎』, 심미안, 2004, 205쪽.

'반만 년 단일민족'이란 말이 있다. 그러고 싶어 하는 바람과 희구일 것이다. 허구라는 말이다. 어차피 30여 개가 넘는 피로 섞인 '한민족'이 아니던가. 혈족이나 국가 단위, 민족 개념으로는 담아 낼 수 없는 이상이자 목표다.

그러나 문화를 만들어 낸 창조 원리로서의 삼신할머니, 잘사는 것이 무엇이고, 그렇게 사는 삶을 제시하고, 그렇게 사는 방법을 가르쳐 주는 '삼신할머니'로 받아들인다면, 모두 한 뜻을 가진 자들의 자손에 그 자손이 된다. 삼신할머니가 자신의 자손들에게 남기고 싶었던 삶의 가치와 살아가는 방식, 그렇게 살기를 바라는 뜻에 동참한다면 그들은 인종을 떠나서 삼신할머니의 당당한 자손인 것이다. '모두 삼신할머니의 자손'이라는 전제와 그 이상에 동의하여, 그런 뜻으로 뭉친 무리가 '민족'이고, 그 뜻을 이어간 사람들의 역사가 '민족의 역사'일 게다.

삼신할머니의 치마폭에 안기기로 동의한 순간부터가 민족의 역사인 셈이다. 피와 상관없이, 혈연과 상관없이, 어디 사느냐와도 상관없이 삼신할머니 치마폭에 안기는 인종과 사람은 바로 같은 민족인 것이다. 이렇게 크고 한없이 넓기 때문에 무한히 큰 '한민족'이고, 그렇게 하나가 된 '한민족'이라고, 그런 의미를 '우리'는 깨우쳐야 한다고……. 그런 한민족의 역사에 우리는 빨리 눈떠야 할 것이다.

우리는 어느 순간부터 혈연의 기준으로, 영토의 개념으로 한민족을 이해하고 한민족을 설정하려고 한다. 땅이 언제 누구의 것이었던가. 그저 그 땅에 살고 가는 사람들이 터줏대감(지신)에게 잠시 빌려 사용했을 뿐이고 앞으로도 그러해야 한다. 아전인수 격으로 자신에게 유리한 쪽으로 땅에 선을 긋고 말뚝을 박는다고 그것이 영원한 자신의 땅일 수 있을까. 수도 없이 섞이고 섞여 온 피들의 흐름인데 어느 순간부터 '우리 조상'이라고 목청을 높여 본다 한들, 본질이 바뀔 수 있을까.

영토 개념의 역사, 힘의 역사, 혈연 중심의 역사의식과 관점을 미련 없이 내던져 버린다면 문화로 보는 역사, 문명으로 보는 역사가 기다릴 것이다. 그것은 곧 '삼신할매', '삼신지앙', '지왕할미', '세존할매', '삼승할망'이라는 상징으로 표현된 문화와 문명의 결과물로서의 한민족의 역사를 말한다.

문화와 문명으로 보는 역사와 만나는 순간, 우리는 무한히 자유스러워질 것이며, 앞으로 만나야 할 수많은 인종과 문명, 문화와 벗이 되고 동지가 되어 '한민족'이 되는 진리와 생명의 문 안으로 성큼 들어서게 될 것이다. 전적으로 네 것도 아니고 내 것도 아니지만, 네 것이기도 하고 내 것이기도 한 제3의 문화와 문명을 같이 창조해 나갈 수 있을 것이다.

이런 시각과 생각, 그 원리를 '한민족'이라고 일컬을 수 있는 사람과 역사에서 발견하게 될 것이다. 과연 그러했는지, 과연 앞으로의 우리를 그렇게 인도할 가치와 내용을 갖고 있는지 세세히 살펴볼 필요가 있다. 그 여정에 여러분을 초대하고 싶다. 같이 느껴 보고 싶다. 온몸과 마음에 절절히 다가와 떨림을 주고, 일렁이는 몸짓과 꿈실거림이 마침내 터져 나와 흐드러질 우리의 춤판이 됐으면 좋겠다.

자! 그 춤판을 위해 길을 떠나 보련다.

"낳네 났네 삼신났네, 덩―딱―덩―딱 얼쑤♬"

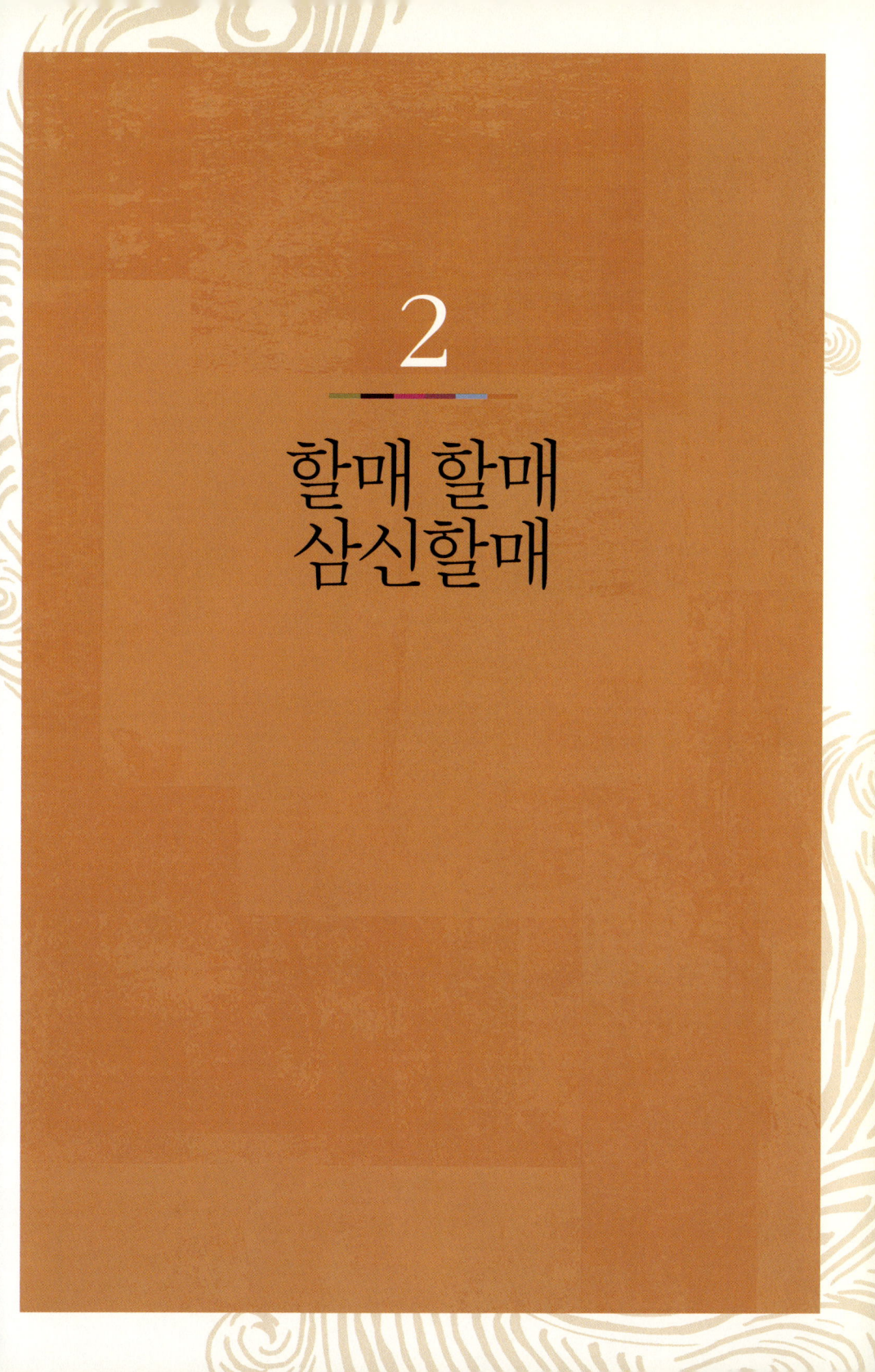

2

할매 할매
삼신할매

왜 그들은 아직도
좆바위·씹바위를 찾는가

'불임 클리닉 센터.'

아이를 갖고 싶은 젊은 부부들의 치열하고도 애절한 노력과 소원이 절절히 배는 곳이다. 자식을 낳지 못하면 소박을 맞아도 어쩔 수 없었던 봉건시대도 아니건만 여전히 자식을 얻기 위해 눈물겨운 노력이 계속되는 것을 보면, 자식을 갖고 싶은 마음이란 사회적이고 문화적인 측면에서만 볼 수 없는 그 무엇이 있는가 보다.

현대의학을 총동원하여 임신을 하고자 산부인과나 전문 불임클리닉을 지성스레 찾는 것과 병행하여 종교적인 힘을 빌리기 위해 신앙에도 열심인 젊은 부부들을 어렵지 않게 발견하게 된다. 자식이 없다가 안수기도 중 성령을 체험하여 자식을 낳았고, 그래서 아들의 이름을 성경에서 찾아 붙였다는 경험담을 직접 듣게도 된다. 결혼 후, 수차례의 인공수정과 부인의 지성스런 기도생활 끝에 마침내 딸을 얻고 어쩔 줄 모르게 기뻐하던 어떤 지인 역시 하느님이 준 딸이라고 믿고 있었다. 너무도 예쁜 딸을 낳아 주고 시어머니에게도 그렇게 잘하는 아내를 따라 매주 교회에 나가게 되었다는 그 지인. 모두 이 시대를 사는 젊은이들이다. 합리적이고 과학적인 것이 무엇인지도 알고 있는 현대인들이기도 하다.

우리는 간절히 소망하여 이 세상 그 무엇과도 바꿀 수 없을 정도로 소중한 것을 얻었을 때, 합리적이고 타당한 결과라고 생각하기보다 어떤 경건한 존재의 은총이나 힘의 소산이라는 신심 쪽으로 마음이 움직여 가는 현상에 주목해야 한다.

자식을 낳기 위해서, 그것도 아들을 낳기 위해서 어떤 힘에 의지하고자 하는 절박한 마음! 기독교가 이 땅에 소개되기 이전에는 이 마음들은 산천을 찾고, 서낭당을 찾고, 부처님을 찾았다. 칠성님에게 빌었다. 용왕님에게 매달렸다. 무당의 능력을 활용하였다.

무당에게 굿을 의뢰하여 여러 칠성님과 산신, 용왕에게 치성을 드렸다. 지왕풀이(전라도)가 그렇고, 불도맞이(제주도)가 그렇고, 석함(황해도)도 그렇고, 겜심바침(한양)이 그렇다. 겜심바침은 부부가 자는 머리맡에 밥 세 그릇, 미역국 세 그릇을 올린 상을 차려 놓고, 무당이 삼신에게 축원을 한 다음에 산모가 될 사람이 먹게 하는 굿이다. 그 결과 아기를 잉태하여 해산하게 되면 3일과 3*7일에도 역시 같은 방법으로 삼신에게 축원을 한다.

이런 방법을 동원하기도 했다. 아들 삼형제를 둔 집 수저를 훔쳐다 자식을 낳지 못하는 부인의 베개 속에 감추어 둔다거나, 적색 또는 흑색 땅거미를 세 마리 잡아 말려서 먹거나, 집안에 모신 성주와 삼신에게 공을 올린다거나, 이미 아이를 낳은 집에 가서 본인이 가져간 쌀과 미역으로

국밥을 지어 산모보다 세 숟가락을 먼저 먹는다거나…… 은행나무 밑에서 치마를 벌리거나 했다.

산천은 단순한 산천이 아니었다. 산천의 여러 신들에게 빌었다. 산신에게 간절히 빌었다. 불교라는 외래종교가 들어오기 이전 이 땅과 이 민족이 의지한 방법이었다. 제발 자식을 보게 해 달라고. 집안을 잇기 위해서, 종족을 잇기 위해서, 민족을 잇기 위해서, 역사를 잇기 위해서…….

'좆바위', '씹바위'의 형상에 깃든 신령님이면 더욱 좋았다. 미륵바위라고 불리기도 하고, 선돌의 형태이기도 하고, 알바위(공알바위) 모양이기도 하다. 장승이나 벅수(돌로 만든 장승을 '벅수'라고 한다.)는 '좆바위'로 인식되어 코가 수난을 당하기도 하고, 자식을 점지해 달라고 바치는 술과 음식을 잘 받아먹기도 하였다.

서낭당도 자지를 연상시키는 형상이거나 남녀가 교합交合하고 있는 형태일 때, 아이를 갖고 싶은 아낙네들의 애틋한 발길이 잦아졌다. 명산대천을 찾아 아이를 점지해 준다고 소문이 자자한 바위나 벅수에 치성을 드리고 나면 자연스럽게 들녘에서 부부간에 야합이 이루어진다는 사실도 기억하고 넘어갈 대목이다.

저절로 만들어진 자연석에만 치성을 드린 것이 아니었다. 그런 모양을 만들어 기원을 하기도 하였다. 현재 전주시립박물관에 보관돼 있는 내소사 목고대(나무로 만든 북걸이)에는 발기된 사자 자지가 조각되어 있다고 한다. 그런데 얼마나 쓸어 주었는지 사자의 불알까지 빛이 날 정도로 반질반질 닳아 있다던가.

춘향이도 이렇게 태어난 아이였다. 춘향모 월매가 혈육이 없어 지리산을 찾아 정갈히 목욕재계하고 지리산 산신께 빌어 얻은 아이가 춘향이라 한다. 심청이도 그렇게 태어났다. 앞 못 보는 심봉사 마누라가 품 팔아 모은 돈을 몽땅 털어 명산에 산제사 지내고, 대천에서 큰 굿 하고, 대찰에 불공 드리며 미륵님·제석님·산신님께 밤낮으로 축원 드려서 얻은 여식이 심청이다. 무당들의 조상신인 바리데기의 탄생도 이 범주를 벗어나지 못하고 있다. 딸을 여섯이나 낳고 아들을 원하는 오구대왕과 질대부인은 산천(이본異本에 따라 삼신산 혹은, 절이나 무당을 찾는 것으로 표현된다.)을 찾아 백일정성을 드렸으나 일곱 번째도 딸을 낳고 말았다. 그래서 화가 나 내다 버린 아이가 바로 바리데기다. 동부여의 금와왕 신화에 보면, 부루가 늙도록 아들이 없어서 하루 날을 잡아 산천에 제사를 지내러 갔다가 금와왕을 얻게 된다. 아이를 얻기 위한 산천기도는 이처럼 고대소설이나 신화에 일반적인 탄생 모티브나 설화로 채택될 만큼 그 연원이 깊고 보편적이었다.

그 흔했던 현상과 질긴 전통은 이제 절집과 교회와 성당에 임무를 다 인수인계해 버렸을까? 결코 그렇지 않다. 현재도 자식을 낳고 싶은 여인네들을 위해 전국에 산재한 굿당에서는 굿들이 벌어지고 있으며, '좆바위'와 '씹바위'가 그 위용을 자랑하며 젊은 여인네들의 손길을 기다리고 있다. 서울만 하더라도 서대문형무소 자리에서 인왕산 자락을 바라보고 산중턱에 올라가 국사당을 지나면, '선바위'라는 커다란 바위를 만나게 된다. 스님이 장삼을 걸치고 있는 모습이라서 선바위라는 이름이 붙은 이 바위에 빌면 아들을 낳는다고 소문이 나 있다. 이 곳에서는 이 믿음을 실천하고 있는 여인들을, 언제 어느 때라도 만나 볼 수 있다.

평창동에 있는 보현산신각이라는 굿당을 찾아가면 산신각 바로 밑에 커다란 바위가 하나 있다. 이 바위에 자식 없는 부인들이 돌을 주워들고 자기 나이대로 정성껏 바위에 문지른 다음 손을 뗐을 때, 돌이 그대로 붙어 있으면 소원이 성취되고 떨어지면 가망이 없다 한다. 아무 때나 이 바위를 찾아보면 신기하게도 돌멩이가 붙어 있는 모습을 목격하게 될 것이다. 종로구에 있는 부암동이란 동네도 지금은 없어졌지만 이런 '붙임바위'가 있었기 때문에 생긴 이름으로 알려져 있다. 돌이 붙으면 자식을 낳는다는 이 '붙임바위' 때문에 '붙임바위골'이라고 불리다가 같은 뜻인 '부암동付岩洞'으로 정착했다. 효험과 명성을 날린 화려한(?) 시절이 동네 이름에 담겨 있었던 것이다.

이것 말고도 자식을 점지해 준다고 알려진 바위는 전국에 수도 없이 많다. 그 중에서도 그 모양새가 신비함과 예술성까지 느끼게 하는 명품들도 허다하다. 수덕사 뒷산의 여근석, 봉원사 뒷산의 남근석, 괴산군 청천면 이평리 장수바위 여근석, 가평 용소마을의 남근석, 두륜산 정상의 부부바위, 속리산 묘봉 정상의 음양석, 안양시 석수동에 있는 삼막사의 남근석 여근석 한 쌍……

삼신을 밀쳐내고 "에헴~" 하는
칠성각의 치성광여래

그 현장에 대한 궁금증이 아니 생길 수가 없다. 어떤 사람들이 어떤 분위기로 좆바위 씹바위를 '만나 뵙고' 있는지를 말이다. 최근 들어 새롭게 찾게 된 곳이 서울에서 가까운 안양시의 삼막사였다. 날은 7월 칠석! 두 번째로 찾게 된 그 길이 힘은 들었지만 낯설지가 않았다. 처음 찾았을 때는 특별한 날이 아니라 평일이었다. 4월 초파일과 7월 칠석에는 전국에서 명성을 듣고 찾아온 사람들로 인산인해를 이루고 그들이 차리는 제물로 넘쳐난다는 말에 날을 맞춰 다시 찾게 된 길이었다.

안양역 쪽에서 삼막사를 찾아가는 길목에선 흙먼지를 잔뜩 마셔야만 했다. 삼막사가 있는 삼성산 자락을 계속 파 들어가는 채석장에서 덤프트럭이 쉼 없이 들락거리며 흙먼지를 일으키고 있었기 때문이다. 박정희 대통령이 영산인 이 삼성산에 채석장 허가를 내줬기 때문에 바로 벌을 받아, 삽교천 방조제 준공식에 갔다 오자마자 총 맞아 죽었다고 이 곳 삼막골(채석장 바로 밑에 있는 마을) 토박이들은 굳게 믿고 있었다. 새 생명을 점지 받기 위해 치성을 드리러 가는 사람들에게 이 채석장의 흙먼지는 결코 축복으로 받아들여질 것 같지가 않다.

간밤에 마신 술 때문에 새벽 일찍 찾고자 했던 계획은 결국 무너져 점심 공양이 가까워질 무렵에야 겨우 도착하였다. 이미 신심이 두터운 사람들은 정성을 들이고 난 다음이어서 몇몇 여인들의 모습만을 대하게 되

었다. 정성을 드리는 자리에 정성들이는 모습을 보고자 했었는데 크나큰 실수를 하고 만 셈이다. 치성의 뒷자락만이라도 놓치지 않으려 자세를 가다듬을 수밖에 없었다.

처음 접견 때, 경탄과 신비로움으로 볼 수밖에 없었던 예의 그 한 쌍의 바위는 여전히 그 위용대로였다. 그 바위들은 삼막사의 경내에 있지 않다. 첫 방문 때 절 경내에서 찾다가 결국 지나는 스님에게 그 위치를 물을 수밖에 없었다. 산봉우리를 바라보고 우측으로 난 등산로를 따라 구불구불 5백여 미터를 올라가야만 그 자태가 드러난다. 바로 옆에는 마애삼존불을 모신 한 칸짜리 칠성각이 있고, 네다섯 평 정도밖에 안 되는 조그만 칠성각 앞마당 끝자락에 삼막사의 남근석과 여근석이 마주 보며 서 있다. 2~3미터 서로 떨어져 있는 그 한 쌍의 기묘한 바위 밑은 바로 낭떠러지다. 그래서 안전철책이 여근석의 바로 코앞에 서 있었고, 그 멋대가리 없는 쇠

파이프는 절묘한 자태와 부조화를 이루어 옥의 티가 되고 말았다.

남근석은 150센티미터 높이다. 2단을 이루며 우뚝 솟은 그 위용이 낭떠러지 밑에서 올려다볼 땐 더욱 더 장대하다. 바로 지척간에 전혀 인공이 가해지지 않은 자연 상태에서, 남근석과 여근석이 함께 생겼다는 것도 예사롭지가 않지만, 정말 절묘한 모습은 여근석이다. 그 바위는 110센티미터 정도 높이로, 성숙한 여인이 한껏 물이 올라 옥문을 활짝 열고 누워 있는 형상을 하고 있다. 어떻게 저런 완벽한 형상이 빚어졌을까 그저 놀라울 뿐이다. 이 모습은 그 흔한 포르노 사진보다도 더 자극적이고 에로틱하다. 더욱 탄성을 자아내게 만드는 광경은 그 은밀한 부분에 누군가 물이 고일 정도로 촉촉하게……. 이 물 축임은 평일이었던 첫 번째 방문에서도 발견된 모습이었다. 칠성각을 30년 가까이 관리하고 있다는 70대 중반의 할머니에게 누가 물을 적셔 놓느냐고 넌지시 물었으나 "모른다."는 대답이 은근하게 돌아올 뿐이었다. 기실 누가 물을 축여 놓았는지는 중요하지 않다. 여전히 이 바위에 간절한 기원이 올려지고 있으며, 이 바위를 찾는 마음이 매일 줄을 잇고 있다는 사실이 더욱 중요할 것이다. 이처럼 발길이 끊이지 않는 것은 어떻든 이 바위를 통해 효험을 봤다는 반증일 수도 있다.

속전에 의하면 이 한 쌍의 바위는 신라 문무왕 17년(677) 원효대사가

삼막사 여근석
항상 누군가 물을 축여 놓는다. 기원이 담겨 있을 동전도 던져져 있다.

삼막사를 창건하기 전부터 토속신앙의 대상으로 숭배되었다 한다. 이 바위를 만지면서 자식 두기를 원하고 출산과 일가의 번영 및 무병과 수명장수를 빌면 효험이 있다고 하여 촛불을 켜고 삼색 과일을 바치는 행렬이 끊이지 않았다고 전한다. 그 신앙과 염원은 지금까지도 이어지고 있다.

대개 참배객들은 먼저 칠성각에 절을 하고 난 다음 발길을 돌리면서 이 남녀근석을 뵈었다. 칠성각을 찾는 것은 사실 따지고 보면 부처님을 찾는 것하고는 성격이 좀 다르다. 어차피 칠성각과 산신각은 불교 본래의 모습이 아니고 조선의 불교에만 있는 모습이기 때문이다. 칠성님은 생명을 관장하는 명신으로 알려져 있다. 칠성님께 빌어서 아기를 얻는다는 한국인의 믿음은 흔히 '칠성'이라는 이름이 아명으로 많이 쓰였던 사실에서도 드러난다.

칠성님께 아이를 점지 받기 위해 행하는 칠성신앙의 형태는 여러 가지가 있다. 바위에다 북두칠성 모양으로 직경 10센티미터 정도의 구멍을 일곱 개 판 '칠성알터'라는 것도 그 중의 하나다. 이 칠성알터는 전국적인 분포현상을 보이는 것으로 알려져 있다. 이 알터에다 계란을 꽂아 놓고 빌기도 하고, 오곡을 넣고 빌기도 하였다. 또한 쟁반에 쌀을 쏟아 놓고, 그 위에 계란 일곱 개를 세운 후, 하나하나에 심지를 꽂아 불을 밝힌 다음에, 흐르는 물에 띄워 보내면서 아기 낳기를 빌었다는 일제 때의 조사기록도 보인다. 인공으로 칠성단을 만들어 기원하는 풍습도 있었다. 대개 살림집 북쪽에 칠성단을 설치하고 매일 밤 목욕재계한 후, 정화수를 떠 놓고 치성을 드리며 아들 낳기를 기원하였다. 이 칠성단을 특별히 마련하지 않았을 경우에는 장독대가 칠성단을 대신하기도 했다. 이처럼 생명신인 칠성님에 대한 폭 넓고 뿌리 깊은 신앙은 민간 깊숙이 배어 있는 정서이기도 하다.

삼막사의 칠성각만 하더라도 그렇다. 대웅전에서 뚝 떨어져 있는 것도 단순해 보이지 않고, 칠성각에 있는 마애삼존불의 실체도 간과해서는 안 된다. 본존불이 치성광여래불이고 좌우에 협시하고 있는 부처가 일광, 월광, 양대 보살이다. 대개 절에 있는 칠성각은 치성광여래를 본존으로 하고 좌측에 일광보살이, 우측에는 월광보살이 있다. 치성광여래란 석가불의 교령륜신敎令輪身이며, 온몸의 모공으로부터 큰 광명을 발사하며 빛을 내고, 일월성신을 다스릴 뿐만 아니라, 모든 재앙을 물리치는 위력을 가진 것으로 알려져 있다. 교령륜신이란 자성륜신自性輪身, 정법륜신正法輪身과 더불어 삼륜신의 하나로 석가불의 분노한 모습을 뜻한다. 그런데 이 치성광여래가 칠성각에 등장하는 것은 북두법이라는 밀교의 공양법에 기인한다고 한다. 연명延命이나 재액을 물리치기 위해서 북두칠성을 공양할 적에는 꼭 치성광여래를 본존으로 하게 되어 있다는 것이다.

그러나 내 눈에는 삼막사의 치성광여래가 곱게 보이지가 않았다. 우선 좌우에 있는 일월보살의 모습이 첫 방문 때부터 내 시선을 끌어 당겼다. 비록 연화대 위에 합장한 모습으로 보살님처럼 앉아 있지만 머리에 쓴 관은 불교의 보살임을 부정하는 것으로 보였기 때문이다. 뾰쪽한 삼각형이 **세 개**나 삐죽삐죽 솟아 있는 모습은 안내판 소개 글의 표현대로 분명 삼산관三山冠이었다. 풍물패의 머리 위에나 무당의 머리 위, 그리고 굿상에 등장하는 고깔의 실체와 어떤 상관관계를 암시하고 있는 그 삼산관은 분명 보살이 아니고 **삼신**임을 주장하고 있었다.

이제껏 고깔은 불교문화의 일부로 알려져 왔다. 그러나 이는 불교 전래 이전부터 있었던 토착문화이다. 칠교도보七巧圖譜라는 어린이용 장난감(일곱 개의 조각으로 다양한 형상을 조립하는 교육용 놀이 기구.) 그림책에 삼신산이 그려져 있는 사례를 통해 이를 증명할 수 있다. 그 모습은 '山'자의 상형문자와 같이 그려져 있어 삼봉일산三峰一山, 즉 '봉우리가 셋인 산'의 모습이다. 단군신화에 나오는 태백산의 모양과도 일치한다.[2]

이 삼존불을 참배하는 모습에서도 증명이 되었다. 나로서는 카메라와 비디오를 동시에 들이대며 강렬하게 꽂혀 오던 경계의 시선을 단숨에 무력화시킬 최고의 방법을 동원하여 얻은 사실들이다. 그 묘수풀이란 뭐 대단한 것이 아니었다. 칠성각을 관리하고 신도들을 인도하는 역할이 분명해 보이는 노인 두 분과 중년의 한 아주머니에게 목례를 올리며 칠성각 안으로 당당하게 들어갔다. 일단 보시함에 불전을 넣은 후 참배하는 방법을 알려 달라고 청했다. 당연히 경계의 눈초리는 부드럽고 자애롭게 돌변하였다. 불교식으로 절하는 자세와 방법에 대한 자세한 설명이 있었을 뿐만 아니라 시범까지 이어졌다.

민속답사의 기본에 충실하기 위해 설사 알고 있는 사실이라도 장소와 대상이 바뀐 새로운 만남일 땐, 재차 다시 물어봐야 한다. 우리 조선 땅은 산을 하나 넘고, 물 하나 건너고, 뻔히 보이는 들녘만 건너도 사람 사는 모습이 달라지는 다양함과 변화무쌍함을 보유하고 있다. 이 사실을 이미 경험으로 체득하고 있었기에 절하는 법에 대한 가르침을 청한 것이다.

---

2. 조자용, 『삼신민고』, 가나아트갤러리, 1995, 84쪽.

시주와 참배로 예우를 최고로 갖췄는데 경계할 이유도 없다. 게다가 낮은 자세로 가르침까지 청하는데 거부하면 이상할 일.

여하튼 그 순간 내게 불교식으로 절하는 방식은 별로 중요하지 않았다. 절을 몇 번 하는가가 가장 궁금했다. 답은 예상했던 대로였다. **삼배**를 하기도 하고, **삼배씩 세 번 하는 구배**를 하기도, 칠배를 하기도 하니 마음이 끌리는 대로 선택해서 하라는 안내였다. 삼배나 삼배씩 세 번 하는 구배법은 당산에 경배할 때의 인사법이기도 하다. 삼신신앙과 칠성신앙이 혼재된 모습임이 분명했다.

마을마다 정기적으로 올리던 대동치성은 당을 중심으로 이뤄졌다. 당은 불교나 유교, 기독교가 이 땅에 들어오기 전부터 있었던 토착신앙의 본령이다. 종가집이라는 뜻이다. 동네에 따라 당산이라고도 하고 산신당이라고도 하고 부군당이라고도 하고 도당이라고도 하던 이 당들은 마을이 생김과 동시에 만들어졌고 이 당에 대한 동네 사람들의 경배와 치성은 중단되지 않았다. 불교가 들어와 그 자리를 차지하려고 했어도, 유교가 당에 대한 믿음을 없애려 했어도, 과학이 이를 부정하려 해도, 기독교가 벌레 보듯 싫어해도 아직 그 질긴 생명력은 끊어지지 않았다. 믿음과 그 믿음을 갈무리했던 문화는 결코 사라지지 않고 있다. 그런 당에 대한 경배 방식의 핵심에 바로 삼배가 있다는 말이다. 최대한의 정성으로 마련한 깨끗한 음식과 정화수(혹은 술)를 받들고 당에 올라 드리는 인사법이 바로 삼배이거나 구배이다.

삼막사 칠성각에 계신 칠성님을 뵙는데 이 삼배법과 구배법도 칠배법과 함께 공존한다는 사실을 어떻게 해석해야 할까. 주저할 것 없이 불교

할매 할매 삼신할매

가 토착화 과정에서 이 땅에서 자생적으로 형성된 칠성신앙을 수용할 수밖에 없었을 것이고, 면면이 이어져 오던 삼신에 대한 신앙이 자연스럽게 흡수될 수밖에 없었을 것이라고 결론을 내렸다. 칠성님에 대한 믿음보다도 삼신에 대한 믿음이 더 오래되고 본질적일 테니 말이다. 천문으로 해석한다 하더라도 삼신은 북극성신앙과 연결이 된다.

치성광불이 이 땅에 들어와 크게 위세를 떨치는 시절이 있었으니 고려시대였다. 불교국가였던 고려시대에는 불교의 천문사상에서 북극성을 신격화시킨 묘견보살(인도 북부의 만다라에 등장하는 이름. 모든 별의 어머니 관음보살의 화현으로 간주한다.)이 크게 부각된다. 불교에서는 북극성에 대한 신앙이 묘견보살로도 나타나고 치성광불로도 나타난다. 그래서 묘견보살을 치성광불이라고도 한다. 치성광熾盛光이라는 이름 자체도 북극성에서 나온 말이다. 북극성은 그 빛이 밤하늘의 별 중 가장 밝게 빛난다 하여 '불길이 세다는 의미의 치'자에다 '빛 광'자를 썼다. 이처럼 북극성은 치성광을 내뿜어 해와 달, 그리고 별과 그 별이 머무는 자리 등 빛이 있는 모든 곳을 다스린다고 봤던 것이다.

고려시대에 북극성을 신격화한 치성광불과 묘견보살이 크게 부각되는 것은, 무병장수의 약사신앙과 연명장수의 칠성신앙이 습합習合된 치성광불의 다라니경을 많이 독송하면서이다. 이는 국가의 재앙을 막을 수 있다는 믿음 때문이었다. 치성광불에 투영된 역사적 배경인 것이다. 민간 차원에서도 신앙으로 깊이 자리매김하였고, 북극성신앙보다는 북두칠성신앙이 크게 성행하게 된다. 조선시대 불교의 특징인 칠성각의 존재와 그 생성 배경이다. 치성광불을 그린 불화는 조선 초기까지 유행한다.

고구려 고분벽화에 나타난 천문도를 보면 북극성과 더불어 북두칠성이 짝을 이뤄 등장한다. 북두칠성신앙도 결국 북극성신앙의 다른 모습이다. 고려 이전에는 북극성신앙이 중심이었다. 북극성은 모든 별의 중심에 놓여 있기 때문에 가장 중시되는 별자리이다. 그래서 이름도 하늘의 푯대요 추축이라는 뜻에서 천극성天極星, 또는 천추성天樞星이라 부른다.

고구려의 천문사상을 그대로 이어받은 고려는 북극성을 삼성三星으로 이해했다. 아니 그렇게 의미 부여를 했다. 북극성은 실제로 한 개의 별이 아니다. 여러 개의 별들이 모여 있는 별무리이다. 그 별무리를 세 개로 상징화시킨 것이다. 그래서 '북극삼성北極三星'이라 부르기도 한다. 이는 중국이 북극성을 '북극오성'이라 하여 다섯 개로 상징화시킨 것과 분명 다른 모습이다. 천문역사학자 김일권 교수는 이 북극성에 대한 다른 이해를 고구려 천문사상이 갖는 독자성의 주요 근거 중의 하나로 제시한다.[3]

삼막사 칠성각의 치성광여래에게 참배하는 삼배법과 북극성을 인식하는 수리감각 3과는 일맥상통하고 있다. 삼신신앙이 투영된 결과로 이해해도 무리가 없어 보인다. 북극삼성으로 규정한 감각과 사상이 어디 고구려부터 시작했겠는가. 부여나 고조선 그 이전부터 밤하늘을 바라보며 모아진 생각이 정립되어 면면히 내려오다 고구려 천문도에 좌정하였다고 보는 것이 상식적이다. 사시사철 북쪽 밤하늘을 바라보면 변함없이 그 자리를 지켜 주는 북극성을 보며 속마음을 나눴을 조상의 그 윗대 조상들, 그 믿음과 신앙은 부처가 들어오고 치성광여래가 "에헴~" 하며 큰

3. 김일권, 『고구려 별자리와 신화』, 사계절, 2008, 64쪽.

자리를 차지하여도 변할 수가 없었다. 언제나 그래왔던 것처럼 북극삼성으로 대하는 그 믿음과 신심을 이어 왔다는 것을 삼막사 칠성각을 지키는 할머니들이 증명하고 있었다.

삼존불이 앉아 있는 위치와 구성도 그냥 지나칠 수 없는 모습이다. 왜 조선의 불교는 삼존불이 많을까? 지금까지 당연시했던 상식을 비껴나 새로운 해석은 불가능할까? 치성광여래가 일월성신을 다스린다고는 하지만 왜 좌우에 일광, 월광이 시립할까? 일광과 월광은 하늘과 땅을 상징한다. 하늘(아버지)과 땅(어머니)이 만나면 새로운 생명인 '나'가 태어난다(창조된다). 이것이 삼신신앙과 사상의 요체다. 삼신사상에 의할 것 같으면 일월은 치성광여래의 다스림을 받는 존재가 아니라 새로운 생명(창조)을 잉태시키는 아버지요 어머니이다.

분명 삼막사의 칠성각은 삼신의 터전이었다. 그러나 치성광여래가 중앙에 자리한 것은 무엇을 의미하겠는가? 불교가 이 땅에 들어와 삼신이란 주신을 쫓아내고 대신 그 자리를 차지하고 앉아 있다고 해석할 수밖에 없다. 이 관점이 사실이라면 대자대비하신 부처님이 보잘것없는 토속신앙을 너그럽게 불교 안으로 포용하여 허용하고 있다는 주장이나 기존의 상식은 퇴출당해야 한다. 도교와의 교섭관계 속에서 형성된 불교의 칠성신앙과 북극성에 대한 치성광불이다. 이미 형성되어 있던 칠성신앙과 북극성신앙과의 동질성을 기반으로 이를 너그럽게 수용하는 것처럼 보이지만 실상은 치성광불이 주인 행세를 해 버리는 점령의 역사인 것이다.

점령이라는 표현이 결코 지나치지 않다는 증거가 있다. 바로 삼신할매가 어떻게 생겨나게 되었는가를 이야기해 주는 무조신화이다. 무당들이

하는 무가 속에 당금애기 이야기가 나온다. 이 당금애기가 바로 삼신할매가 된다.

세계문화유산으로 등재된 강릉단오제라고 들어 본 적이 있을 것이다. 그 강릉단오제에서는 단오굿도 한다. 지금도 한다. 수백 명이 들어갈 수 있는 대형 천막을 남대천변에 쳐 놓고 수십 명의 무당과 양중(악사)들이 며칠씩 굿판을 벌인다. 그 단오굿에 '시준굿(세존굿, 세준굿)'이라는 굿거리가 들어 있다. 주인공이 바로 당금애기와 세존이다. 세존이나 시준이나 같은 인물이다. '석가세존'의 준말이기도 하다.

세존이 당금애기에게 흑심을 품고 당금애기 집을 찾아 시주를 청한다. 부모님과 오빠들이 출타 중인 틈을 일부러 노렸다. 세존은 억지로 대문을 열게 하고 꾀를 내 마침내 그날 밤 당금애기를 품고 만다. 그리곤 홀연히 떠나가 버린다. 당금애기는 덜컥 임신이 돼 버린다. 큰일이 난 것이다. 결국 집에 돌아온 부모와 오빠들이 이 사실을 알게 되고, 아버지와 오빠들은 분기탱천한다. 아예 아홉 오빠들은 여동생 당금애기 머리채를 감아 잡고 작두 위에 올려놓은 다음 목을 눌러 죽이려 한다. 양반집에 집안 망신이라는 것이다. 당금애기는 어머니의 기지로 겨우 살아나지만 돌함 속에 갇히는 신세가 된다. 그러나 굶어 죽지도 얼어 죽지도 않는다. 하늘에서 청학과 백학이 날아와 입에 넣어 준 구슬을 먹으니 배도 안 고프고 춥지도 않았기 때문이다. 해산하는 데 삼바라지도 청학이 해 준다. 그렇게 아들 삼형제를 무사히 낳게 된다. 이를 발견한 어머니가 손자와 딸을 데리고 집으로 들어온다.

아들 삼형제는 똑똑하게 잘 성장한다. 철이 들자 아비를 찾는다. 그 성화에 못 이겨 당금애기는 삼형제의 아비를 찾아 태백산으로 길을 떠난다. 태백산에 당도하니 세존이 "굴갓 씨고 장삼 입고, 백팔염주 목에 걸고, 실에 단주短珠 손에 걸고, 대길포 진 장삼기는, 바람에 아주 펄럭, 소산반주 열두 매디는, 쇠고리 질게 달아, 흐늘거리고 내려온다." 세존의 등장이 이렇게 요란하다. 스님의 행색이다. 반갑게 남편을 알아보는 당금애기를 무시하고 삼형제도 자신의 아들이 아니라고 뻗댄다. 결국 서로의 피를 섞어 한 핏줄임을 확인한 세존이 삼형제에게 먹고살 직분을 주게 된다. 첫째는 해가 돋아 일광보살을 마련하고, 둘째는 달이 돋아 월광보살 마련하고, 셋째는 밤중 샛별에 중천보살을 마련해 준다.

그러자 자식들이 아비에게 묻는다. "그러면 어머니는 어쩌겠소."라고. 어머니에게도 뭔가 직분을 줘서 먹고 살게 해야 하지 않겠느냐는 말이다. 남편이라는 세존의 대답이 가관이다.

세존 : 너그 어머니는 될 것 있다. 부뚜막의 강구(바퀴벌레)나 되어라.
삼형제 : 강구되면 무얼 먹소?
세존 : 바플(밥풀) 뜯어 먹고 살지.

분명 의도가 있어서 아들 삼형제를 만들었을 것이고 그 뜻을 실현시켜 준 은인인데 이제 목적을 달성했으니 바퀴벌레나 되라는 것이다. 대자대비하신 부처님 이미지라고는 전혀 찾아볼 수 없다. 오히려 세존은 천하에 몹쓸 놈 아닌가. 이 말을 들은 삼형제가 울면서 애원한다.

삼형제 : 아이구 아버지요, 우리 삼형제를 보더라도 그럴 리가 있소.

　　　　어머니를 먹고 입게 해 주시오.

그제야 세존이 선심 써서 준 직분이 삼신할매이다.

세존 : 너그 어머니는 될 것 있다.

　　　각성바지 삼신할머니 마련하고 육성바지 삼신할머니 마련하자.

삼형제 : 삼신할머니 될 것 같으면 무얼 먹고 삽니까?

세존 : 칠칠히 꽃 겉은 아들 애기 불와 주고

　　　꽃 겉은 딸애기 불와 주고.

그렇게 아들딸 점지해 주면 사람들이 바치는 미역국에 고두밥을 얻어 먹고 살 수 있다는 것이다.

이 당금애기 신화를 통해 '점령'의 의미가 확연하게 드러난다. 석가세존(불교)은 결코 삼신할머니를 인정하고 싶지 않았다. 이 땅에 불교를 퍼뜨리는 데 당금애기가 적절히 필요했을 뿐이다. 토착화 과정에서 아들을 낳는 것 이상 확실한 방법은 없을 것이다. 한 명도 아니고 세 명씩이나 만들었고, 자신을 보좌할 일광보살, 월광보살, 중천보살로 삼는다. 그리고 거치적거릴 수 있는 당금애기는 내쳐버리고 싶었다. 그러나 그럴 수 없었다. 아들들의 간곡한 애원은 이 땅 사람들의 삼신에 대한 절대적인 신앙을 상징할 것이다. 어머니는 내칠 수 없는 것 아닌가.

그 실체를 간파하고 있는 무당들은 세존을 그냥 중이라고 표현하기도 한다. 강릉 옆 동네인 울진에서 채록된 세존굿 무가를 보면 '스님'이라는 표현도 쓰지 않고 그냥 '중'이라고 하였다. 중이라는 표현은 전국적인 현상이다. "중 나려온다, 중 내려와." 이런 식으로 말이다. 시준굿에서 무당은 마침내 결론을 내린다.

> 그렇기 때문에 세준이 삼신이고 삼신이 세준올시다.
> 우리나라 역사적으로 삼신두 한 삼신이고
> 시준도 석가여래 시준님으로 본시에 시준보살로 도솔천궁에 기옵시가다.[4]

치성광여래로 현현하든, 석가세존으로 나타나든 이 땅에 오면 그저 삼신일 뿐이다. 그래서 삼신의 자리에 앉아야만 했다. 삼신을 내치고서라도 차지해야 했다. 그렇다고 아예 없애 버릴 수도 없었다. 기복불교라고 비판을 받기도 하는 이 땅의 불교가 이제껏 성세를 이루며 밥을 먹고 살수 있었던 것은 바로 삼신신앙(칠성신앙 포함하여) 때문이었을 테니까.

그 결과가 아주 명쾌하게 그림으로 남게 된다. 무신도에 나타나는 현상으로 삼불제석화의 등장이다. 본래 삼신의 그림은 세 명의 여자가 기본을 이룬다. 늙은 할머니가 아니라 젊고 건강한 여인이다. 그냥 치마저고리만 입은 모습이기도 하고 고깔을 쓴 모습이기도 하다. 고깔을 쓴 경우에는 한 명의 중후한 여인이 등장하기도 한다. 그러다 중앙의 한 여인이 부처로 돌변한다. '삼불제석님'이라는 명칭이 붙는다. 그러다 세 명

---

4. 김태곤, 『한국의 무가집 Ⅰ』, 집문당, 1992, 196~279쪽.

다 부처로 바뀐다. 후광을 그린 삼불제석님도 등장하고 고깔을 쓴 남자 부처님이 등장하기도 한다.

칠성각의 실체가 이러할진대 칠성각을 먼저 찾고 바로 마당에 있는 한 쌍의 바위를 찾는 것은 하나도 이상할 것이 없다. 실상은 우리에게 생명을 주신다는 삼신님께 인사를 올리는 것이고, 굳이 주인이라고 주장하는 치성광여래에게 먼저 인사를 올린다 한들 예의바른 행동으로 칭찬을 받았으면 받았지 크게 아쉬워할 일은 아닐 테니까. 치성광여래님도 연명과 재액을 막는 힘을 갖고 있으니 그 분의 은총도 함께 받으면 될 것이고…….

여전히 임무 수행 중인 삼신할매

아무튼 칠석날의 삼막사 칠성각 마당은 그 분위기가 평일과는 사뭇 다른 데가 있었다. 무척 진지한 분위기였다. 평일에 찾았을 땐 그저 절을 찾은 관광객으로 보이는 청춘남녀도 간간이 눈에 띄었고, 그들도 진짜 이 바위를 보러 온 사람들처럼 바위를 만지기도 하고 동전을 붙이기도 하면서 쑥스러움과 장난기를 감추지 못했으나, 칠석날의 참배객들은 그런 분위기가 아니었다. 부부의 모습도 보였고, 친구와 온 듯한 일행들도 있었다. 그리고 혼자 와서 간절히 기원하는 모습도 많았다. 남근석에 손을 대고 한참 서 있는 중년 부부의 모습, 남근석에 머리를 묻고 한참을 발원하는 어떤 아주머니의 모습, 칠성각을 나와 남근석과 여근석에 두 손을 모아 합장배례를 하고서야 발길을 돌리는 모습도 있었다. 그리고 대부분은 곧추선 남근석에 동전을 붙이려는 시도를 했다. 돌멩이를 붙이던 모습에서 동전으로 변화된, 현대화의 모습일 게다. 어떤 형태든 그 모습에선 진지함과 정성이 배어 있었다.

삼칠일정성이라고 했던가, 칠일정성이라고 했던가, 아니 백일정성이라고 했던가. 자식을 점지 받고, 부부의 금실이 늙어서도 변치 않아 무병장수하고, 일가번성하기를 발원하는 이 끝없는 정성들!

부처님께 백일정성을 마치는 날, 몸과 마음이 혼미해진 상태에서 건장한 어떤 스님이 부처님으로 현현하여 내려 준 씨를 받고 수태하였다는 문화사적인 해석이나, 백일 동안 매일 목욕재계하고 일심으로 몸과 마음을 다해 정성을 드리는 과정은 마음과 육체의 상호작용에 의해 마치 약물치료를 통해 임신이 가능한 상태로 신체를 만들어 가는 것과 같은 효과를 볼 수도 있지 않겠느냐는 해석이나, 야릇한 이야기로 성적인 흥미를 유발하고자 하는 데 뜻이 있는 것은 아니다. 그 기원의 대상이 무엇인가에 주목하기 위해서다. 내 핏줄에 새 생명을 주는 그 존재가 궁금해서다. 조선의 어머니들의 간절한 마음과 치성에 마침내 응답을 하여 아이를 보내 주는 그 존재 말이다. 좆바위 씹바위에 계신 신령님, 서낭당, 산신당에 계시는 신령님, 이 땅에 들어오기 이전부터 있었던 그 분! 그 분을 만나 보자는 것이다.

아기를 점지해 주는 삼신할매

우리에게 새 생명을 가져다주는 분은 삼신할매였다. 그렇게 믿었다는 사실이 중요하다. 사라지지 않는 그 믿음을 다시 강조해 본다. 믿지 않더라도 지금도 엄마 아빠들은 삼신할매의 점지를 받아 태어났고, 어머니의 뱃속에서 세상 밖으로 나가라고 볼기를 때려 푸른 몽고반점을 만들어 주는 분이 삼신할매라고 듣고 컸으며, 자식을 낳으면 또 그렇게 이야기해 준다.

먼저, 우리에게 생명을 주고 내 자식에게도 새 생명을 주는 존재가 삼신할매라고 믿는 것이 사실인지 확인해 보자. 이를 위해서는 자식을 점지받기 위해 기도와 정성을 바치는 대상에 대한 검토가 필요하다.

지금까지 조사된 바에 의하면, 기자암祈子岩, 산신, 부처님, 칠성님, 달님, 삼신제왕님, 옥황상제님, 용왕님, 고목신, 조왕신, 성주신, 신주단지, 우물, 산왕대왕, 천지신명天地神明 그리고 삼신 등이다. 그 중에서도 삼신에게 치성을 드리는 비율이 절대적인 것으로 보고되고 있다. 다른 신에게 기원을 하더라도 삼신의 존재는 어떤 형태로든 살아 숨 쉰다. 용왕님께 치성을 드리는 한 할머니의 기도소리를 들어 보자.

비나이다. 비나이다. 용왕님께 군자를 타러 왔습니다. (남자 나이, 부인 나이와 성받이를 들먹이고) 전지전능하신 용왕님께 **삼신** 타러 왔습니다. 물 밑에 용왕님네, 물 위에 용왕님네, 두 내외분 용왕님네, 천지 웃줄 용왕님네 비옵나니 옥동자를 주십시오. 소원성취를 바랍니다.　고 신소조 할머니, 경남 거창읍 양평리 용왕님 내외분이 옥동자를 보내 주는 것을 '삼신 타는'이라 표현하고 있다. 그 어떤 신이나 존재가 생명을 보내 주든지 그 생명은 '삼신'이었다. 삼신이란 생명(신)임이 분명하다. 이번에는 무당이 축원하는 소리를 들어 보자. 일제 때 조사된 내용 중의 한 대목이다.

석 달에는 피골제석, 넉 달에는 뼈골제석, 다섯 달에는 반집 받고, 십삭열달을 곱게 채(워)서, 거적자리 펼친 후에 삼신의 세존자손 소래질러 탄생할제.

언뜻 '제석'이나 '세존'이라는 용어로 보아 불교의 영향이 미치고 지나갔음이 분명하다. 그러나 새 생명은 분명 삼신의 자손이라고 명확히 확인시켜 준다. 치성을 드리는 모습도 음미할 대목이다. 경남 창녕에서 조사된 바에 의하면 옹달샘에 치성을 드린 후 샘물을 다 퍼내 버렸다고 한다. 물에는 용왕님이 깃들어 있다고 믿었다. 고여 있는 우물물이 아니라 퍼내고 또 퍼내도 마르지 않고 쉼 없이 솟아오르는 샘물이다.

'삼'과 '샘' 사이에는 어떤 인연이 있을까.

어떤 형태의 기원이든 목욕재계는 가장 기본적인 의식 절차이고 정성이다. 목욕재계가 끝나면 깨끗한 옷으로 갈아입는다. 하룻밤 사이에 열두 번 목욕을 하고 열두 번 옷을 갈아입는 경우까지 있었다고 한다. 깨끗한 옷! 우리에게 깨끗한 옷이란 대개 흰옷이었다. 목욕재계가 끝나면 준비한 제물을 차리게 된다. 제물진설이 다 끝나면 절을 하기 마련. 절은 반드시 **세 번**이었다. 삼배가 끝나면 소원을 말한다. 그리고 또다시 **삼배**. 소원성취를 기원하는 **삼배**를 하고 나면 제물을 산천에 뿌릴 차례다. 이 때 밥을 반드시 **세 번** 뿌려야 했다. 왜 반드시 3이라는 숫자에 맞춰 행위가 이뤄질까? 결론부터 말하면, 흰색과 3은 삼신과 밀접한 관계를 갖고 있다.

구체적으로 삼신이라는 신격을 찾지 않는다 하더라도 잉태를 위한 속신이나 행위에서 삼신의 존재는 살아 숨 쉬고 있다. 아이를 낳은 집 여인네의 피 묻은 속옷을 훔쳐오면 잉태를 한다는 사례가 보고되고 있다. 이때 피 묻은 속옷은 바로 삼신의 신체와 마찬가지로 인식하기 때문이라는 보고서의 해설이 따른다. 세 고부가 함께 사는 집의 접시 세 개를 훔쳐다가 방아지레 밑에다 숨겨 두면 효과가 있다고 믿었다. 세 고부가 함께 산다면 자손이 끊이지 않고 번성하는 집안임이 분명하다. 그 집안을 지탱시키는 살림을 훔쳐 온다는 행위와 방아라는 물건이 어쩔 수 없이 풍겨내는 성행위의 상징성이 결합될 때 기대되는 왕성한 생산력('재물', '생식력' 모두 포함), 이를 염원하는 데서 나온 민속이라 해석할 수 있다. 이런 해석 못지않게 관심을 가져야 할 것은 생산력에 대한 기대가 삼신의 품 안에서 이루어지고 있다는 점이다. 삼신을 찾아가는 이 여정은 '3'이라는 숫자가 암시하는 의미와 삼신과의 상관성에 주목하게 만든다.

양가집에서는 보름달 밤에 혼기를 앞둔 딸에게 달을 바라보며 달을 크게 들이마시게 하는 습속이 있었다. 세 번, 일곱 번, 아홉 번. 부적처럼 지니면 잉태를 한다는 주물呪物도 있었다. 고추 세 개, 숯 세 개, 왼새끼 세 발을 큰방 장롱 위에 간직하였다. 품속에는 밤 일곱 개를 넣고 다녔다.

삼신! 직접 삼신을 들먹이거나 찾지 않는다 하더라도, 어떤 특별한 기원 대상을 설정하지 않고서도 잉태를 위해 행하는 습속이나 풍속에까지 삼신의 그림자는 짙게 드리워져 있다. 풍속이나 속신의 차원까지 깊이 내재된 삼신은 그 어떤 신보다도 영험 높은 신으로 여겨진 것으로 보인다. 지금까지의 이야기만으로도 부처님이나 옥황상제보다 삼신이 우리 민족에게는 더 친숙하고 끈끈한 존재로 다가온다.

삼신에 대한 친근감과 의지함, 그리고 기대치는 이에 그치지 않았다. 특히, 아이를 분만하고 나서 '무사히 분만한 것'을, '생명을 보내 준 것'을 감사드리기 위해 상을 바치는 대상이 다름 아닌 삼신이었다. 삼신을 절대적으로 믿고 의지하는 마음은 순산을 위한 노력에서도 드러난다. 국수를 먹으면 순산한다는 속신이 있는가 하면, 산모가 난산을 할 경우나 순산을 바랄 때 삼신에게 정화수를 떠 놓고 빌었다. 순산한 경험이 있는 여자가 산모의 배를 세 번 넘거나, 혹은 산모의 배꼽을 세 번 꼬집은 후 배를 세 번 타 넘으면 무사히 아이를 낳는다고 믿었다. 직접 삼신을 찾고 있지는 않지만 '세 번'이라는 행위에 삼신의 비밀이 숨어 있기도 하다. 결국 삼신을 향한 발원이자 의지의 표현이다.

이것으로 삼신에 대한 기대와 감사가 끝나는 것이 아니었다. 순산을 하고도 의미 있는 날만 되면 그 아이의 무병과 탈 없는 성장, 그리고 유도가 잘 열려 모유가 충분히 나오도록 삼신에게 치성을 드렸다. 겜심바침에서 출산 당일뿐만 아니라 3일 후에도 3*7에도 삼신에게 상을 올렸다. 좀 더 상세히 살펴보면 보다 명확해진다. 3일째 되는 날 새벽에 삼신에게 흰쌀밥을 지어 올리고 아기에게 배내옷을 입혔다. 날마다 쌀뜨물과 미역 빤 물을 정결한 곳에 조용히 버렸다. 첫이레(7일)가 되면, 새벽에 삼신에게 흰쌀밥과 미역국을 올렸다가 산모가 먹는다. 그리고 아기는 새 옷과 새 포대기로 갈아 준다. 새 저고리를 입히되 한쪽 손을 내놓았다. 두이레

(14일)가 되면, 새벽에 삼신에게 흰쌀밥과 미역국을 올렸다가 산모가 먹으며, 아기에게는 새 옷을 갈아입히되 두 손을 내놓았다. 세이레(21일)가 되면 새벽에 삼신에게 흰쌀밥과 미역국을 올렸다가 산모가 먹는다. 그리고 금줄을 내린다. 잡귀의 침범을 막기 위해 수수경단을 만들어 먹으며, 일가친척과 손님을 청하여 아침을 나눠 먹게 된다. 이는 서울 지방의 풍속이지만 전국적으로 거의 대동소이했다.

삼신은 단지 생명을 주고 출생에만 관계하는 것이 아니라 길흉화복과 수명에도 깊이 관여한다고 믿었음을 이 풍습은 알려 주고 있다. 죽지 않고 3*7일을 무사히 넘기고, 백일을 넘기고, 돌을 넘길 수 있도록 보살펴 달라며 백일 날 새벽에도 돌날 새벽에도 같은 방식으로 삼신에게 빈 것이다. 아이가 열 살이 되도록 생일날이 되면 삼신에게 떡시루와 함께 발심지를 돋워 먼저 치성을 올린 것은 아이의 성장과 발육을 보살피고 관장하는 존재가 삼신이라고 믿기 때문이었다.

삼신은 생명의 이치이자 천지인의 생성원리

아이를 갖고자 하는 염원을 해결해 주는 삼신. 그 삼신은 아이를 갖고 싶을 때만 찾는 그런 존재 이상이었다. 우리 민족의 살림살이는 365일 삼신과 함께하였다. 삼신을 집안에 365일 모시는 모습이 그러했다. 집에는 여러 가택신들이 있다. 불의 신인 조왕신, 집의 수호신인 성주신, 신주단지에 조상신, 측간(화장실)에 측간신, 집 앞뒤 뜰에 철룡신, 우물에 샘각시 등등. 그 중에 삼신도 한 자리를 차지한다. 그것도 신주단지와 함께 안방에 당당히 좌정해서 365일 그 집안의 살림살이와 세상살이를 굽어본다. 물론 아무렇게나 방에 모시는 것이 아니라 손 없는 방위를 가려 모시게 된다.

아이를 낳기 위해서만이 아니라 건강한 성장을 위해서, 나아가 가정의 안녕과 수명장수를 위해 일 년 열두 달 안방에 모시고 정성을 드리는 삼신의 신체는 뭐 특별한 것이 아니었다. 흰 종이이거나 흰쌀이었다. 그리고 정화수였다. 그러나 이에 담긴 의미는 단순하지 않다. 일상적으로 우리가 접하는 평범한 물건이 신체가 된다는 그 사실에 심오함이 살아서 숨 쉰다고나 할까. 아무튼 서울 지방에서는 백지(흰 창호지)를 오려서 달아매거나 흰쌀을 단지에 정갈하게 넣어 두었다. 최남선의 보고에 의하면 안방 벽에 박달나무 못을 박고 백지로 만든 쌀 주머니를 걸고 고깔을 씌웠다고 한다.[5] 이것을 삼신주머니, 삼신자루, 삼신낭, 제석낭 등으로 불렀다. 박달나무 못에 삼신주머니를 걸 적에 삼신끈을 쓴다. 삼신끈은 세 줄로 꼬아서 만든 끈이다. 지방에 따라서는 바가지에 쌀을 담아 두기도 하고 상에 미역, 쌀, 실, 짚, 가위 등을 진열하여 삼신의 신체로 삼기도 하였다. 이것이 삼신을 상징하는 상징물이자 신체이다. 특히, 흰 종이와 흰쌀과 미역국(미역과 물의 결합체)은 전국 공통의 모습이다. 삼신에게 정성을 드릴 때는 정화수를 올리기도 한다. 백의민족, 흰옷, 흰쌀, 흰 종이. 모두

---

5. 최남선, 『육당 최남선 전집 3』, 현암사, 1973, 315쪽.

백색이다. 쌀은 알곡이다. 씨앗이라는 말이다. 흰색과 씨앗, 그리고 물에 삼신의 비밀이 숨어 있다.

물은 생명의 원천이다. 물이 있어야 생명체가 비로소 존재한다. 물과 빛이 만나 생명체가 탄생한다. 화성에 물이 있는가 없는가는 여전히 세계적으로 초미의 관심사일 수밖에 없다. 지구상의 생명체는 바다에서부터라는 사실은 이제 상식에 속한다. 흰색은 무엇을 의미하는가. 빛을 상징한다. 색의 삼원색은 검정, 빛의 삼원색은 흰색이다. 쌀은 무엇인가. 다시 새 생명을 잉태하기 위한 씨앗이다. 적당한 물과 빛(온도)을 만나면 씨앗은 활동을 개시하여 새로운 생명체를 잉태시켜 나가지 않는가! 쌀을 주식으로 하는 우리 민족에게 흰쌀밥은 생명을 유지시켜 주고, 새 생명을 이어 주는 '생명' 그 자체다. 갓난아기의 생명을 지켜 주고 키워 주는 밥도 흰색의 젖임에 유념하자.

삼신이라는 말과 삼신에 대한 경배의식, 삼신의 신체에는 생명에 대한 위와 같은 자연의 원리가 살아 숨 쉬고 있다. 그러면 이와 같은 생명의 원리에 왜 '삼신'이라는 이름이 붙었을까? 궁금해진다. '삼신'이라는 말에 담긴 의미도 음미하고 넘어갈 필요가 있다.

태를 우리말로 '삼'이라고도 불렀다. 탯줄은 '삼줄'이라고 부르고. 태는 아기를 잉태시켜 사람의 형체를 갖게 만들어 주는 알집이고 탯줄은 생명줄이다. 이를 '삼', '삼줄'이라고 불렀다. '삼신'이라는 표현에는 '태신 胎神'이라는 의미가 담겨 있다.

'삼(3)'이라는 말은 하나, 둘, 셋이라는 수 개념을 지칭할 때도 쓰는 표현이다. 셋의 의미가 담겨 있다는 뜻이다. 우리의 옛말에 숫자 3을 뜻하는 '밀(밋)'이라는 말이 있었다고 한다. 특히 고구려 지명에 이 '밀(密, mir)'이 많이 발견된다. '밀(밋)'은 '물'이라는 의미를 갖기도 했다. '밀'의 바탕말은 '물'이었다. '밀'이 '를·믓'(『용비어천가』, 『훈몽자회』)으로 '물'의 뜻을 드러내기도 하며, '미(매·메)'로도 쓰이기도 했다(믜海蓼, 미나리, 밋그라지). 결국, 우리말 '셋'은 물과 관계를 갖고 있었던 것이다. '셋'과 '샘'은 뜻이 같은 말이다.

한편, '밀'은 '미르—밀'의 변화 모습이다. 미르의 끝 음절의 모음이 떨어지면 곧 '밀'이 된다. 이것은 폐음절이 된 셈인데 이러한 보기들은 많다고 한다(거우르〉거울, 드르〉들 등). '밀'은 '미르'에서 변화된 말이다. 『훈몽자회(상)』에 '미르 진辰, 미르 룡龍'이 나온다. 미르 진辰은 별을 뜻하며 천간지지天干地支의 지지로 보아 용에 속한다고 풀이하였다地支屬龍. 밤하늘의 은하수를 '미리내'라고 하였으며, 하늘의 용신으로 상정하였다. '미르'는 '용'이다. 즉, 용은 삼(3)을 뜻하는 동물인 셈이다. 용왕님은 물을 관장하는 분이다. 셋과 샘(물)과 미르(용)가 '하나'임이 드러났다.[6] 앞에서 살펴본 축원 비나리에서 왜 삼신과 용왕님을 함께 들먹이는지 그 이유가 밝혀진 셈이다. 모두 삼신의 다른 모습일 뿐이다.

이는 주변의 일본어와 한문에서도 같은 맥락으로 나타나고 있음을 지적하기도 한다. 일본어의 물水은 mizu이며, 3三은 mits이기 때문에 水와 三은 거의 같은 식으로 발음된다는 것이다. 한자에서 물을 의미하는 水,

6. 정호완, 『우리말의 상상력 2』, 정신세계사, 1996, 342~343쪽.

川, 泉, 海, 河 등은 모두 물 수水변을 쓰고 있다. 이 글자가 물이 흐르는 모양을 막대기 세 개로 표시하였다는 점을 또한 지적한다.

이제 왜 삼신의례와 삼신의 신체가 3이라는 숫자와 밀접한 관계를 갖고서 항상 함께하게 된 연유가 밝혀진 셈이다. 그래서 삼신을 한자로 '三神'이라 쓸 수 있었으리라.

또한 셋이라는 숫자에는 다음과 같은 의미도 숨 쉬고 있다. 셋에는 일(1)과 이(2)가 담겨 있다. 삼신 자손은 일(1)인 아버지와 이(2)인 어머니 두 분의 지극한 어우러짐(合: 생산행위, 창조행위)이 가져다준 결과다. 아버지는 하늘성(天性: 빛)이고 어머니는 땅성(地性: 물)이다. 아버지는 햇님이고 어머니는 달님이다. 1과 2의 어우러짐은 두 성질이 함께 있는 새 생명을 만들어 낸다. 새 생명은 서로 상반되는 성질을 한 몸에 동시에 갖게 된 셈이다. 셋은 순서로 따지면 첫 번째, 두 번째 그리고 세 번째이다. 새 생명(창조)은 세 번째에 출현한다. 그러므로 셋은 새로운 창조(창조물)를 의미하며, 서로 모순일 수 있는 상반된 성질을 한 몸에서 동시에 조화시켜 버리는 묘합妙合의 수이기도 하다. 세 번째에는 무엇이든 다 이루어진다는 상징이기도 하다. 3을 너무너무 좋아하는 우리 민족. 창조와 완성, 그리고 조화로운 공생을 추구하는 마음이며, 무엇이든 세 번을 시도하면 거의 원만하게 된다는 믿음이라고 해석해도 무리가 없을 것이다.

삼신은 우주창조력을 가진
한민족 신앙의 중심신

이런 자연의 원리, 생명의 섭리 그리고 3의 철학이 담겨 있는 삼신이란 존재. 이제껏 그에 대한 규명 작업에는 상반된 견해가 있어 왔다. 삼신은 민속에서 말하는 수태신受胎神 정도의 기능신이라는 주장과 우주창조력을 가진 우리 민족신앙의 중심신이라는 견해가 그것이다. 첫 번째 견해는 여전히 상식화되어 있을 정도로 일반적인 견해이다. 대다수의 민속학자들도 이 견해를 갖고 있다. 후자의 견해는 아주 드문 편이다. 그 중에서도 조자용(건축가, 민족문화와 민문화에 대한 애정과 연구가 삼신 연구로 집대성되고 있다.)의 주장과 논리 전개는 주목할 만하다.

　삼신이 기능신 정도가 아니라 우리 신앙체계의 중심신일 거라는 추측은 이미 최남선에 의해 제기된 바 있다. 『조선상식』 「의례편」에서 삼신을 이렇게 한탄하였다.

　　우리 고신도古神道에 있어서 중대한 위치에 있는 점이 분명한데 후세에 와서 이 근본적 실체는 도리어 숨겨지고, 그 여러 속성 중에서 산육産育의 방면만 좀 드러나고 더욱 유아 수호의 일면으로서 각 가정생활로 더불어 가장 신선하고 심중한 교섭을 가지게 되었다.

　삼신이란 포태기능이나 산육, 유아 수호기능은 한 부분이고 그 이상의 능력과 창조력을 가진 한민족신앙의 중심신일 것이라는 추측이다.

삼신은 단순히 수태신 정도가 아니라는 견해가 또 있었다. 나라를 일제로부터 되찾기 위해 독립운동을 전개한 지사들이나 단체들에 의해 주로 주장되었다. 민족자존의 입장에서 독립운동을 적극 전개한 대종교에서는 삼신을 국조신과 동일시하였다. 김교헌(규장각 부제학으로 종이품 가선대부를 지내다가 일제에 항거하여 독립운동에 참여, 대종교 도사교를 지냈으며, 잘못 인식된 우리 국사를 바로잡으려 애썼다.)은 1914년에 저술한 『신단실기神檀實記』에서 다음과 같이 역설하고 있다.

> 환인桓因은 하늘, 환웅桓雄은 신神, 단군은 신인神人이니, 이를 삼신三神이라 한다. 삼신三神은 상제上帝이다.

근래에 조자용은 삼신을 '우주창조의 최고신'이라는 주장까지 전개한다. 그 논거를 무경巫經과 무신도巫神圖에서 주로 찾아내고 있다. 그의 논거는 대략 이렇다.

무경에는 대개 삼신경三神經이 끼어 있다는 사실을 지적한다. 『역사대전礫邪大全』 삼신경의 내용을 살펴보면 삼신에 대한 놀라운 사실을 발견하게 된다는 것이다. 그 내용의 앞 대목은 "태중胎中, 일월 적부신一月 赤腑神, 이월 백부신二月 白腑神 …(중략)… 시월 천륭신十月 天隆神"으로 되어 있어 여타 삼신풀이나 삼신경과 마찬가지로 10개월간의 수태를 담당하는 십태신을 나타내고 있다. 이것만으로는 삼신이 수태신이라는 견해를 뒤엎을 수 없으나 그 뒷부분부터가 문제라는 주장이다. 장황하지만 다 들어 볼 필요가 있다.

황천후토 오귀삼신 일월성신 오귀삼신 黃泉后土 娛貴三神 日月星辰 娛貴三神

천상지하 오귀삼신 삼십삼천 오귀삼신 天上地下 娛貴三神 三十三天 娛貴三神

이십팔숙 오귀삼신 화락천왕 오귀삼신 二十八宿 娛貴三神 化樂天王 娛貴三神

아수륜천왕 오귀삼신 상방대범 오귀삼신 阿修輪天王 娛貴三神 上房大梵 娛貴三神

도솔천왕 오귀삼신 비사문천왕 오귀삼신 兜率天王 娛貴三神 備沙門天王 娛貴三神

청제부인 오귀삼신 적제부인 오귀삼신 靑帝夫人 娛貴三神 赤帝夫人 娛貴三神

백제부인 오귀삼신 흑제부인 오귀삼신 白帝夫人 娛貴三神 黑帝夫人 娛貴三神

황제부인 오귀삼신 선동자신 오귀삼신 皇帝夫人 娛貴三神 善童子神 娛貴三神

악동자신 오귀삼신 용사비처 오귀삼신 惡童子神 娛貴三神 龍蛇飛處 娛貴三神

우두마비 오귀삼신 년월일시 오귀삼신 牛頭馬鼻 娛貴三神 年月日時 娛貴三神

수태성신 오귀삼신 남자여자 오귀삼신 受胎星辰 娛貴三神 男子女子 娛貴三神

장수장명 오귀삼신 부귀빈천 오귀삼신 長壽長命 娛貴三神 富貴貧賤 娛貴三神

빈랑거문 오귀삼신 록존문곡 오귀삼신 貧狼巨門 娛貴三神 祿存文曲 娛貴三神

염정무곡 오귀삼신 파군개성 오귀삼신 廉貞武曲 娛貴三神 破軍開城 娛貴三神

일광천자 오귀삼신 월광천자 오귀삼신 日光天子 娛貴三神 月光天子 娛貴三神

공덕천왕 오귀삼신 세존천왕 오귀삼신 功德天王 娛貴三神 世尊天王 娛貴三神

제석천왕 오귀삼신 帝釋天王 娛貴三神[7]

---

7. 조자용, 앞의 책, 69~70쪽.

35명의 삼신이 등장한다. 그 많은 삼신들의 면면을 뜯어보면, 수태신, 수명신, 복록신, 일광신, 월광신, 오방신, 성신신星辰神, 칠성신, 세존신, 제석신 등 원시신에서부터 불교, 도교의 최고신까지 모조리 삼신의 분신으로 취급해 버리고 있다. 시절 따라 불교의 신들도 만나고 도교의 신들을 만난다 하더라도, 그 어떤 위대한 외래 신들이 들어오더라도 다 삼신의 품자락에서 이해하고 수용하는 입맛이자 문화수용력이라 하겠다. 조자용은 "실로 대단한 포용력이자 웅대한 신관神觀"이라고 경탄한다. 결국 "35 삼신은 우주의 큰 신들이지만 모두가 다 삼신의 분신일 뿐이다."고 주장하는 데 전혀 주저하지 않는다. 조자용은 이에 근거하여 이렇게 강력히 주장한다.

> 삼신은 수태신 정도가 아니라 우주창조의 최고신이니, 그래야 인명을 줄 수 있는 명신命神이 될 수 있다.

이 주장에는 도교나 불교의 탈을 벗겨 버리고 나면 도교나 불교와 같은 문명 신흥교보다 몇 천 년 앞서 있던 동방의 거룩한 신들이 자리 잡고 있음을 인식해야 하며, 민족 본연의 신관과 신통을 되찾을 수 있도록 그 껍질들을 벗겨 버리자는 뜻이 담겨 있음이다.

이 주장은 설득력이 있다. 삼신이 가택신이나 개인적인 치성의 대상에 그치지 않고 마을굿의 치성 대상인 당신堂神들이 바로 삼신의 다른 모습일 뿐이란 사실도 중요한 논거가 될 것이다. 당의 당산나무는 바로 우주목宇宙木이다. 당산나무가 없다 하더라도 그 의미와 구조체, 그리고 제의 양식에 비춰 볼 때 당은 우주목 그 자체이다. 우주목은 바로 우리가 서 있는 이 자리가 우주의 중심이고 출발이라는 생각이 집약된 상징물이다. 그래서 당산신을 찾는 무가나 신화에 우주나 우주창생을 이야기하는 '본풀이'를 우선 읊게 된다. '근본'에 대한 이야기이다.

또한 마을굿은 부족국가나 부족 단위의 제천의식이 그대로 전승되어 온 것이라는 사실이다. 규모만 마을 단위로 작아졌지 저 삼한시대의 영고, 무천, 동맹, 소도제가 그대로 이어져 온 제천의식이라는 주장인 것이다.[8]

앞에서 소개한 당금애기 이야기에서도 그 단초가 나온다. 당금애기 부모가 출타를 하는 대목에서다. 부모님과 오빠들은 일이 있어서 집을 비웠다. 그 일이란 것이 이렇다.

아부지는 천하공사 가시고
어무니는 지하공사 가시고
아홉성제 오라버님은 말공사 글공사 가시고

아버지 어머니가 나가서 한 일은 천지공사天地公事였던 것이다. 아홉 명의 오빠들도 이를 돕고 있다. 천지공사는 바로 우주창생이나 이에 준하는 일에 붙일 수 있는 표현일 것이다. 그리고 삼신할매는 당금애기가 처음이 아니다. 이야기의 구조를 보면 당금애기가 삼신할매가 되기 전에

8. 유동식, 『한국무교의 역사와 구조』, 연세대학교출판부, 1979.

이미 삼신이 등장한다. 당금애기의 어머니는 행동이 이상한 딸의 안위가 궁금해 옥녀 무당을 찾아 점을 보았을 때, 옥녀가 "삼신이 굽어봤소."라고 이야기해 준다. 임신을 했다는 말이다. 이 말을 들은 당금애기 어머니는 "양반의 집안에 삼신은 무신 놈의 삼신이고!"라고 화를 내며 옥녀 무당의 점판을 엎어 버린다. 그리고 또 찾아가는 곳이 다른 무당집이다.

당금애기가 삼신할매가 되기 전에 이미 삼신이 있었다는 이중구조는 삼신 이전의 삼신, 그 이전의 삼신이 있다는 의미이며, 끝까지 올라가 보면 생명의 시원까지 간다는 논리가 성립된다. 당금애기의 부모가 천지공사를 수행하는 창조신으로 설정된 것을 종합해 본다면 적어도 삼신은 우주창생을 수행하는 집안이며, 삼신이 바로 우주창생의 능력까지 겸비하고 있다는 말이 된다.

이 주장대로라면 삼신에 대한 우리의 상식은 깨어져야 하며, 민족신앙(굿)에 대한 새로운 인식뿐만 아니라 민족사와 민족문화에 대한 통설에 근원적인 문제 제기가 뒤따라야 할 것이다.

삼신은 민족문화의 창제 원리

삼신은 산천과 세상을 바라보고 이해하는 눈을 주었고, 이 땅에 들어온 모든 종교와 사상을 다 소화하는 소화효소도 주었다는 것을 이제 이해할 만하다.

그런데 가만히 우리 주위를 보면 사람들이 살아가는 구체적인 방법도 가르쳐 주었다는 사실을 발견하게 된다. 먹고 입는 것을 만드는 방법도 삼신이 가르쳐 주었고, 집 짓는 법이나 마을을 이루고 사는 이치도 깨우쳐 주었다. 잘 놀면서 일도 잘하도록 춤사위도 만들어 주었고, 소릿길도 알려 주고, 악기 다루는 법도 터득하게 했고, 재담 주고받는 감각도 살려 주었다. 개인이 병 나도 삼신이요, 동네에 탈이 나도 삼신을 찾았다. 의식주로부터 시작해서 예술과 미학, 정신세계와 신앙, 천문과 지리 등 생활 전반에 걸쳐 삼신은 내재되어 있다. 생성과 창제원리로서 항상 작용하고 있다. 우리 민족은 삼신의 치마폭에서 나고 자라, 삼신의 이치로 살다가, 삼신의 품으로 다시 돌아가 안식을 찾는 삶이었음을 알게 된다. 마치 기독교 문명이 주 예수를 떠나서 성립할 수 없고, 부처님을 떠나서 불교문화를 이해할 수 없듯이……. 그렇다. 삼신은 이처럼 전지전능하였다.

삼신의 살림살이, 그 구체적인 실상을 찾아 길을 떠나 본다. 그 비밀의 문을 열어 제치는 열쇠가 '3(삼)'이다. 3이 키워드다. 삼에다 신을 붙이면 전지전능하신 존재로 우리에게 다가온다. 거기에 '할매'까지 덧붙여 주면 엄하고 무섭고 외경스럽기만 하여 다가가기 힘든 신이 아니라, 항상 넉넉한 치맛자락으로 우리를 감싸 안아 코도 닦아 주고 눈물도 훔쳐 주며, 아랫목에 이불로 꼭꼭 싸매 놓아서 아직 따뜻한 밥그릇을 얼른 꺼내 된장국에 한 상 차려내 오는, 그런 친근하고 자애로운 엄마, 할머니로 변신하게 된다. 전능한 힘과 능력으로 항상 우리가 원할 때 원하는 것을 거절함이 없이 따뜻하게 주면서 정情으로 안아 줄 그런 신. 바로 삼신할매다.

3

혼례에 나타나는
삼신

혼례식은 천제

와 이리 좋노오, 와 이리 좋노오♪
와 이이리 좋—노오오♬

좋단다.

노총각이 드디어 예쁜 색시를 얻어 장가를 드니 좋을 수밖에!

새신랑은 중학교 시절부터 부모님을 떠나 서울에서 유학을 했다고 한
다. 이제는 밥하고 빨래하는 객지생활의 궁상도 신물이 나고, 친구나 선
배들의 자식 돌잔치에 혼자 축하하러 다니기도 약이 올라 총각 신세 면하
기에 매진했다. 이리저리 선도 보고, 소개도 받아 봤지만 천생연분이 선
뜻 나타나지 않아 애를 태울 뿐이었다. 열쇠 꾸러미를 준비하겠다는 신
붓감들은 묘한 거부감이 일어 인연 잇기가 어려웠다. 자신이 진열장에
진열된 상품 취급을 받는 듯했다나. 스스로의 힘으로 돈을 벌 수 있다는
자신감이 충만하였기 때문에 마담뚜의 입질은 불쾌감만 더할 뿐이었다.

그러다 마음에 드는 신붓감을 만났다. PC통신의 '우리문화사랑'이라

는 동아리에서 알게 된 여자 선배 덕택이었다. 그 선배가 소개한 후배와의 만남은 결국 백년가약의 연으로 발전하였다. 물론 혼인으로 골인하기까지는 두 사람만의 쓰고 단 사연이 저변에 깔렸을 것이고, 두 사람이 부부가 되기로 합의를 한 다음에도 난관은 계속되었다. 신랑 측 부모님과 가족의 반대였다. 그러나 부모님의 반대도 극복해 냈다. 신랑의 꿋꿋한 주장과 설득이 마침내 승리한 셈이다. 나아가 혼례식도 일반 결혼식장에서 하는 신식 결혼식이 아니라 전통혼례로 한다는 허락까지 받아 냈다. 그 전통혼례는 주자가례에 의해 행해지는 유교식 혼례가 아니었다. 우리 민족의 정신과 의례가 살아 숨 쉬는 그런 혼례방식이었고 부모님이 참석하겠다는 마음까지 얻어 낸 것이다. 혼례식의 작품, 기획, 연출, 주연은 당연히 신랑과 신부였다. 신랑이 나름대로 구상해 뒀던 혼례의식을 드디어 실행해 보는 순간에 도달한 것이다. 어여쁜 신부를 얻어서 좋고, 전통성을 살리되 자신의 뜻과 현대성도 최대한 살린 자신만의 혼례식을 치를 수 있으니 신명이 절로 날밖에.

새신랑과의 인연 때문만이 아니라 혼례식이 궁금해서라도 아니 갈 수가 없었다. 혼례식장은 구민회관이었다. 일반 결혼식장은 애당초 혼례식장으로 고려 대상일 수가 없었다. 빌려 줄 리도 만무하지만 빌려 준다 하더라도 신랑 신부가 철저히 거부하는 공간이었고 문화였다. 신랑 신부의 뜻을 펼칠 수 있는 공간은 역시 마당이었으나 식을 거행하는 날이 겨울이었기에 부득이 따뜻한 실내로 들어가야 했다. 입맛에 딱 맞는, 마당의 특성을 최대한 살려 놓은 공간은 찾기 힘든 실정이다. 부득이 무대가 높게 설치되어 있는 구민회관을 꿩 대신 닭으로 선택해야만 했다.

좀 일찍 혼례식장에 도착하여 보니 무대 위에서는 혼례청이 한창 준비되고 있었다. 그와 아울러 신랑의 대학 후배들이 풍물을 치기 위해 준비하는 모습도 보였다. 이미 졸업한 후배와 아직 학생인 후배들이 풍물을 한바탕 울리고 춤도 추면서 춤동아리 선배인 신랑의 장가를 축하하리라.

식이 거행되었다. 혼례식을 미리 알려 주는 안내서에서 신랑은 굳이 '혼례굿'이라는 표현을 강조하고 있었다. 첫째, 우리 민족의 혼례는 신랑 신부가 개인적으로 결합한다는 단순한 의미가 아니라 새로운 가정과 역사를 만들어 갈 두 주체(음과 양, 땅과 하늘)의 성스럽고도 우주적인 결합이며, 의식이라는 점에 주목하였다고 한다. 이는 신랑 신부란 단순히 장가가고 시집가고 싶은 총각 처녀가 아니라 하늘과 땅의 원리를 구체적으로 구현해 나갈 우주적 주체이자, 이를 하늘과 땅에 알리고 모든 인간에게 두루 알려 선포하는 천제天祭라는 의미이기 때문이란다. 이는 항상 하늘과 땅과 그 사이의 인간들의 조화로운 만남通과 창조, 그 결과물로서의 생명과 생명력의 고양을 고민하고 애쓰는 굿의 정신과 일맥상통하고 있었다.

둘째, 우리 식의 혼례는 단순히 혼례의 절차뿐만 아니라 뒤풀이를 포함하는 즉, 혼례 잔치판(마당)이었음에 주목하였다고 한다. 잔치를 연다고 할 때는 신랑 측이나 신부 측의 하객들은 서로 대접을 주고받는 당사자가 되며, 그들을 "잘 차려서 대접하여 보내고, 잘 논다."는 의미 등이 전제된다고 보았다. 이것은 곧 굿의례가 신이나 조상이나 어른을 "잘 대접해서 모시고 난 다음 신과 어울려 잘 논다."는 구조를 가지는 것과 똑같다는 결론에 도달하였다고 한다. 그러므로 굿의 구조나 그 정신과 닮

혼례에 나타나는 심성

아 있는 우리 민족의 혼례는 '굿'이어야 한다는 것이다. 이와 같은 이유에서 '혼례굿'이라는 용어를 선택하였으며 또한, 주장한다고 했다.

'굿'이라고 생각해서인지 혼례굿은 '부정치기'로 시작되었다. 혼례청에 혹 끼어들지 모르는 액과 살煞, 그리고 부정한 것들을 막고 물리치는 의식이었다. 풍물굿패가 악을 울려 무대 밑의 객석을 한 바퀴 돌고 무대로 올라가서 한판 노는 사이에, 잡색들이 정화수를 들고 솔잎에 적셔 사방팔방에 뿌렸다. 이 '부정치기'가 끝나자 비로소 양가 어머니들이 대례상(초례상이라고도 한다.)으로 나와 초에 불을 밝혔다.

드디어 신랑 입장!

친구들이 태워 주는 목말 위에서 신랑의 기백은 하늘로 솟구치고 있었다. 이미 무대 위에서 기다리던 신부와 목말을 타고 입장한 신랑을 풍물굿패가 인도하여 대례상 좌우로 안내하였다. 신부는 혼례복으로 개량한 한복 차림이었다. 머리에는 남바위를 변형시킨 흰 모자를 썼고 하얀 치마저고리를 입고 있었다. 서양식 하얀 웨딩드레스 분위기도 연출시킨 신부의 개량 한복은 그날 아침 롯데월드에서 그 진가를 유감없이 발휘하였다고 한다. 뜻밖에도 많은 외국인들이 호기심으로 쳐다보며 함께 기념사진을 찍기 원해 신부가 정신이 없을 정도였다고 자랑이 낭자하다. 외국인들은 우리의 전통혼례와 의상에 대한 질문도 잊지 않았다고 한다. 그 현장에는 턱시도 차림과 눈부신 웨딩드레스 차림의 야외촬영 팀도 많았지만 두루마기에 개량한복 차림의 신랑 신부가 누린 찬탄 어린 관심과 즐거움을 그저 바라만 봐야 했단다. 그 우쭐거림이 이만저만한 게 아니었다. 그날 신부의 자태는 분명 관심을 끌기에 충분하였다.

■ 혼례굿

이 글에 소개한 혼례굿의 주인공인 신랑(서종대)과 신부(검문정), 그리고 혼례굿 광경.
현재 아들딸 한 명씩 낳아 잘살고 있다.

신랑 신부의 입장이 끝나자 신랑은 기럭아범(안부雁夫, 지역에 따라 중방이라 부르기도 한다.)으로부터 기러기를 받아 전안례를 했다. 이어서 전통 혼례에서는 교배례와 합근례에 해당할 의식을 나름대로 '합환거리'라 명명하여 거행하였다. 신랑 신부가 맑은 물에 손을 씻은 다음 삼배로 맞절을 하였다. 그리고 청실홍실로 이어진 표주박에 합환주를 따라 교환하였다. 술잔이 오고가자 혼례청에 남녀 춤꾼 한 쌍이 등장하였다. 신랑 신부를 상징하는 청·홍의 조끼를 입고 수명장수와 금실을 상징하는 청실홍실을 각각 들고 있었다. 두 춤꾼은 맞춤을 추다가 마침내 청실홍실을 하나로 꼬아 신랑 신부에게 건네주는 것으로 의식무를 마무리 지었다.

합환거리에서 눈에 띄는 대목은 신랑 신부가 삼배씩 맞절을 한 점이었다. 대개 유교식 전통혼례의 전형은 신부 사배와 신랑 재배를 제시하고 있으며, 신부가 먼저 신랑에게 절을 하면 신랑이 답배하는 형식이 일반적인 모습임에 비춰 볼 때, 파격적이었기 때문이다. 역시 안내문에 이에 대한 설명이 있었다. "우리 민족 전래의 전통을 살려 삼배 맞절을 하기로 한다……." 맞절에는 분명 남녀평등사상이 적극적으로 드러난다. 신랑 신부의 사상과 의지가 적극 반영된 결과이리라.

그 의미를 깊이 음미하기 전에 혼례굿은 다음 거리로 넘어가고 있었다. 일명 '덕담거리'였다. 사회자가 성혼 선언을 한 다음에 축전을 읽어주었다. 하객이 축하 덕담을 할 수 있는 기회였으나 선뜻 나서는 사람이 없어 바로 축하 공연으로 넘어갔다. 축하 공연은 풍물패의 오북놀이와 신랑이 배우고 있는 소고춤 동학들이 마련해 주는 놀이판이었다.

축하 공연이 끝나자 신랑 신부가 퇴장을 하였다가 다시 무대에 올라와 기념 촬영을 하였다. 그 동안 폭죽이 울리기도 하였으며, 풍물패가 계속하여 흥을 돋웠다. 특히, 풍물패는 하객들이 식당으로 이동하는 데 길 안내 역할도 수행하였다.

혼례를 굿판으로

멋진 혼례굿을 성공적으로 마무리 지은 셈이다. 준비가 미흡한 점이 몇 가지 드러났으나 하객들의 반응은 그만이었다. 결혼식 풍경에서 흔히 보듯 부조금만 내고 식당으로 총총히 발길을 돌리는 사람도 없었고, 그저 그렇고 그런 주례사에 몸을 뒤틀며 졸거나 지루해 하는 사람도 없었다. 대신 신기해 하는 사람이 많았다.

혼례식장 근처에 살고 있어 당일 연락을 받고 구경 온 나의 어떤 지인은 "이렇게 재미있는 구경거리인 줄 알았으면 여기저기 소문내서 많이 보러 오게 할 것을 그랬다."고 아쉬움을 토해 냈다. 신랑의 어떤 친구는 "따분한 결혼식일 거라 생각하고 별로 기대도 하지 않았는데 이렇게 재미있을 줄은 몰랐다. 마치 세종문화회관에서 5만 원짜리 공연을 한 편 본 것 같은 느낌이다. 축의금이 아깝지(?) 않았다."고 했다. 또 다른 신랑 친구들은 "신부의 한복 드레스가 매우 섹시했다. 마치 선녀 같은 느낌을 주었다.", "천제라는 말이 무척 의미 있게 다가왔다. 뜻 깊은 혼례식이었다."고도 했다. 신랑의 후배들은 "특색 있는 결혼식이었다. 우리 것임에도 불구하고 요즘에는 보기 힘든 것을 보았다. 그것은 시각적으로도 효

신랑의 대학 동아리 후배들이 축하 놀이판을 벌이며 혼례청으로 들어서고 있다.

과가 대단한 것이었다. 또 무대에서 식을 올려서 집중이 잘 되었다.", "보는 사람이건 하는 사람이건 다들 재미있고 신이 났던 한판이었다. 음향 등을 적절하게 사용하여 결혼식장에서 흔히 보던 번잡스런 분위기가 아니어서 좋았다."고 입을 모았다. 신랑의 친척 어른들도 "누가 기획했는지 참 뛰어나게 잘했다. 나중에 우리 애도 커서 이렇게 하면 좋을 것 같다."고 했다. 남녀노소 누구나 만족스러워 하는 화기애애한 분위기였다. 장모님 역시 "보통 결혼식하고 정반대로 나가니까 사람들이 좋아해서 좋았고, 다른 결혼식에는 없는 부정풀이나 뒤풀이 풍물을 볼 수 있어서 좋았다."고 말하였다.

이런 반응이 내게는 당연하게 받아들여진다. 그와 같은 혼례식을 몇 차례 찾았을 때도 대동소이한 반응들이었기 때문이다. 이렇게 마련하는 혼례굿은 분명 공장에서 제품 찍어 내듯이 한 시간 만에, 심지어는 30분 만에 천편일률적으로 치르는 결혼식장의 '웨딩'과는 분명한 차이가 있다. 고지서처럼 날아온 청첩장에 이끌려 부담스런 부조금을 출석표에 도장 찍듯 던져 주고는, 결혼식장 안이 아니라 식당으로 직행해 갈비탕 한 그릇을 훌쩍 비우고 발길을 돌리게 만드는 여느 결혼식하고는 다른 것이었다. 진정으로 축하하고 축하 받는 마음이 함께 어우러지는 즐거운 잔치마당과 놀이판이 되기 힘든 일반 결혼식! 그 한계를 분명 극복할 수 있다. 신랑 신부가 주례에게 자신들의 사랑과 믿음을 선서하고 맹세하며, 주례의 높은 말씀을 경청해야만 하는 신식 결혼식에 비해 우리의 전통혼례는 다음과 같은 이유에서 그 차원을 달리한다. 혼례에 임하는 신랑 신부는 그 자체가 하늘과 땅이기에 혼례를 치르는 그 순간만은 천상천하 그 어떤 사람도 신랑 신부보다 높은 자리에 설 수 없다는 생각, 그러므로 당연히 주례라는 존재나 그에 상응하는 존재가 인정될 수도 없고 필요도 없다. 대신 의례가 진행될 수 있도록 흐름을 잡아 줄 사회자만 있으면 된다.

엄청난 시장과 상권을 형성하며 혼인문화를 주도하고 있는 일반 결혼식장의 '웨딩'! 인륜지대사이자 축하의 잔치마당이어야 할 혼례의 본질이 점점 퇴색해 가고, 천편일률적이고 형식적인 진행과 내용이 가져온 식상함과 문제점은 어제오늘의 일이 아니다. 그에 대한 대안으로 혼인문화

혼례에 나타나는 상진

에 대한 다양한 모색이 시도되기도 한다. 실험성과 이벤트성이 강한 여러 형태의 방식들……

전통혼례에 대한 관심과 선호도 이런 일련의 시도에 속할 것이다. 그러나 전통혼례에 대한 관심은 그리 단순하지 않다. 크게 두 가지의 양상을 보이고 있으며, 그것은 서로 이질적이기마저 하다. 하나는 주자가례가 이상향으로 제시했던 유교식의 혼례의식을 그대로 답습하는 모습이다. 또 하나는 주자가례가 제시하는 전통의례가 진정 우리 민족 고유의 것인가에 대한 의문을 제기하며, 나름대로 그 전통성과 고유성을 회복해 보려는 시도와 실험들이다. 앞에서 찾아가 본 혼례굿은 후자의 모습이다.

그날 찾아본 혼례굿의 큰 골격은 분명 옛날 '구식 혼례'와는 다른 큰 틀을 견지하고 있으나 주자가례가 제시하는 이상향과도 분명 차이가 있었다. 혼례를 '굿'이라는 사고틀에서 조망하여 접근한다는 점이 가장 근본적인 차이이리라. 여기에서 우리 민족 고유의 전통성을 모색하고 있음도 알 수 있다.

그러나 전통성에 대한 해석도 현재의 가치관에 입각하여 새롭게 정리하는 모습이었다. '성혼 선언', '신랑 신부 행진', '공연 방식과 진행' 등 이미 우리 생활 깊숙이 일반화된 신식 결혼의례도 주저하지 않고 수용하는 탄력적이고 열린 문화수용 태도도 커다란 차이점이 될 것이다. 이러한 점들이, 전체적으로는 전통혼례이지만 실상은 알아듣기 힘든 한문 투의 홀기(笏記: 혼례의식의 순서를 적은 글)에 대해 장황하게 해설하면서 주자가례가 추구하는 이데올로기를 일방적으로 전달하고 교육받는 교실이 돼 버리거나, 자칫 딱딱함과 '아 그런가 보다.'라는 밋밋함에 빠지지 않도록 막아 준 요인들일 것이다.

물론, 일반화된 신식 결혼의례의 차용이 적절한가의 여부, 전통성에 대한 '현재 시점'에서의 재해석이 타당한가의 여부가 숙제로 남는다. 바로 이 점에서 '혼례굿'이라는 개념으로 시도되는 실험이 아직은 하나의 전형으로 체계를 갖췄다고 평가받기 어렵게 만드는 것이다.

서슬 퍼런 주자가례도 어쩌지 못한 삼신의 전통

우리가 일반적으로 알고 있는 전통혼례는 고려 후기 이후 중국의 혼례규범을 그대로 수용하고자 하는 유학자들에 의해 나타나기 시작한다. 조선시대에 들어오면 억불숭유정책에 따라 중국의 혼례규범이 더욱 보편화된다. 그 전형은 주로 주자가례(중국의 성리학자 주희朱熹의 가례家禮)였다. 조선시대의 사대부 층에서는 가례에 준한 혼례의 이상형을 앞 다투어 제시하게 된다. 가장 보편화된『사례편람四禮便覽』도 그 중의 하나다. 식자와 지배층에 의해 외래의 혼례의례가 의도적으로 수용되고 확산된 모습은 개화기에 서구의 신식 혼례가 이 땅에 들어오고 정착하는 모습과 궤를 같이하고 있다.

한편 중국의 혼례규범은 주나라의 가족제도에 그 연원을 두고 있다. 주나라는 부계사회의 기초가 확립된 사회였다. 부권사회의 종법을 특성으로 하는 주나라 가족제도의 혼인이 유가에 의하여 혼인의 상례로 주장되고, 그 원칙에 의하여 전범으로 마련된 의식이 육례(六禮: 납채納采, 문명問名, 납길納吉. 납징納徵, 청기請期, 친영親迎)이다. 이것이 전국시대와 한나라를 거치고 마침내 '주자가례'에 이르면 사례(四禮: 의혼議婚, 납채納采, 납폐納幣, 친영親迎)로 정리된다. 육례가 너무 번잡하다는 이유에서다.

조선시대 사대부들에 의해 이상형으로 제시된 우리나라의 혼례규범은 이 육례와 사례가 서로 뒤섞여 있다. 조선시대의 관료계급이나 양반계층에서는 중국 혼례의 연구와 시행이 하나의 이상이었다. 그리하여 주자가례를 기본 원리로 삼아 그대로 실천하려고 노력하였다. 주자가례의 실천을 바로 주자학의 생활화로 보았기 때문이다. 그 결과 주자가례는 사회규범으로 인식되었으며, 가례의 윤리는 국가적 차원의 윤리로 적용되기에 이르렀다. 그러나 지배층의 이와 같은 이상은 그 뜻을 완벽하게 이뤄 내지 못했다. 지배층이 이를 적극적으로 실천하려고 한 반면, 서민층은 겉으로 모방하는 정도에 그쳤다. 그 주된 이유는 서민층의 생활양식이 지배층의 생활양식이나 경제적 수준과 달랐다는 점이다. 또 하나, 주사사례가 늘어오기 이전 이 땅의 혼례의식과 전통이 완전히 사라지지 않고 그 명맥을 끈질기게 이어 갔기 때문일 것이다.

가장 대표적인 대목이 친영 부분이다. 다른 부분은 형식적으로나마 강권을 동원하여 중국의 혼례규범을 이 땅에 이식시켰으나 친영 부분만은 어쩔 수가 없었다. 친영이란 육례든 사례든 혼인을 완성시키는 마지막 의례로 부헌구고, 묘현 등 복잡하고 중요한 혼례의식이 집중돼 있다.

중국의 혼인은 신랑이 신부를 데려와 신랑 집에서 예를 치르는 방식이나 우리 민족은 '장가든다', '장가간다'라는 표현에서 알 수 있는 것처럼 신부 집에서 혼례를 치렀다. 신랑이 신부 집에 가서 장인 장모를 모시고 혼례의식을 치르는 관행과 전통이었다는 말이다. 더 나아가 혼인 후에도 신부는 친정에 얼마간(3개월, 1년, 3년 등) 머물거나, 아이까지 낳고 비로소 시집으로 들어가는 것이 보편적일 정도였다. 또한 중국은 밤에 방 안에서 혼례식을 치르는 것과 달리 우리 민족은 낮에 마루나 뜰에서 거행되는 차이점이 있다. 그러므로 중국식 친영의례는 우리 전통과 근원적으로 맞지 않았다. 그래서 신랑 집에서 혼례식이 이뤄지는 중국의 친영방식이 조선에서 이뤄지지 못한 것이다. 이 습속은 고구려의 '서옥제'에서 그 연원을 찾는다. 『삼국지』「위지 동이전」 고구려조에 이 서옥제에 대한 설명이 나온다. 먼저 말로 혼인이 정해지면 여자집에서는 본채 뒤뜰에 작은 집을 짓고 '서옥'이라 했다. 날이 저물면 신랑이 여자집 문 밖에 와서 제이름을 말하고 무릎 꿇고 절하면서 여자와 함께 유숙할 것을 세 번 청한다. 여자의 부모가 이를 듣고 허락하면 서옥에서 동숙하고 살림을 살다 자식이 성장하면 아내와 자식을 데리고 집으로 돌아온다.

　　조선의 유학자들은 친영이 시행되지 못하는 현상에 대해 논란을 해 댔고 이를 관철시키고자 안달이었다. 심지어 이런 기록까지 보인다. "다른 의관문물은 전부 중국의 제도를 따랐으나 혼속만은 고유한 풍속 '남귀여가(男歸女家: 신랑이 신부 집에 장가들어 오랫동안 머무는 전통)'가 그대로 지켜지니 우리의 혼인풍속이 중국인의 웃음거리가 된다."[9] 그러나 이 전통은 서민층에서 끝내 바꿀 수가 없었다.

---

9. 정도전, 『삼봉집』 권7, 혼인조.

혼례에 나타나는 갑신

주자가례의 이상향을 거부한 흔적은 친영에서만 끝나지 않는다. 혼례의 전 과정에 부분적으로 나타나며, 민족 고유의 전통을 견지하는 지역들도 보인다.

그 실례를 하나하나 살펴볼 필요가 있다.

먼저 우리 고유의 신앙인 굿의례와의 공존이다.

진도 지방에서는 혼인을 치르는 날 새벽 첫닭이 울 때 신랑 신부 양가에서 '근원손'이라는 비손(고사)을 했다. 먼저 대청에 조상상을 차린다. 이어 신부(또는 신랑) 밥그릇에 쌀을 가득 담은 후 무명실을 실타래 그대로 얹어 놓고, '발심지불'을 밝혀(현재는 촛불) 부부가 화기 있게 잘살고 집안이 화평하도록 단골이 무장단(박자가 없는 장단)에 맞춰 빌었다. 전남 중부 지방에서는 신랑이 떠나는 날 새벽에 물동이에 물을 떠 놓고 바가지를 엎어서 띄운 다음 단골이 바가지장단을 치면서 축원을 했다. 이를 '손비빈다'거나 '그늘손 비빈다'(강진 지방)고 했다. 모두 신랑과 신부의 연분이 좋아지라는 뜻이었다. 단골이 없을 경우에는 집안사람이 대신하기도 했다.

또 '덕물림'이라는 굿도 있었다. '행차물림', '행창물림'(전북·충남), '당살막이굿'(능주)이라고도 불렸던 굿이다. 이 굿은 신부의 가마가 신랑의 집에 당도하면 대문 앞에 모닥불을 피우고(밥상을 마련하기도 한다.) 앞에서 단골이 무장단에 맞춰 경을 읽으며 축원하는 굿이었다. 지역에 따라 잡귀를 쫓기 위해서 콩을 던지거나, 메밀반죽 활촉의 화살을 쏘기도 하였다(충남). 신행길에 붙었을지도 모르는 살과 잡귀를 물리치기 위한 목적이었다. 단골의 위상은 양반층에서 예에 밝은 노인이 홀기를 부르며 혼례를 이끌어 간 것과 같다 하겠다.

다음으로 함에 대해 음미할 필요가 있다.

함은 신부 집에 줄 혼서지와 예물을 담은 것으로 원래는 혼인 당일에 신부 집에 전달하였다. 함을 보내는 전통은 신식 혼례를 하는 경우에도 이어지고 있다.(요즈음의 함에는 사주가 반드시 들어간다.) 우리가 주목할 대목은 함을 받아들이는 모습이다.

강원 지역에서는 신부 집에 와서 "함들이시오."라고 **세 번**을 외치고

또 다른 혼례굿의 모습
전라남도 영광읍 영광우도농악전수관 마당에서 혼례굿의 주인공인 신랑(최용), 신부(최은미).

혼례에 나타나는 상신

병풍을 친 높은 상 위에 함을 얹어 놓으면 신부 오빠가 함만 빼 가지고 안방에 들어간다(학산, 여량). 방에 들여다 놓고 신부 아버지 또는 오빠가 함을 발로 **세 번** 차고 연 다음 눈을 감고 신부 옷을 꺼낸다. 경남에서는 예식이 거행되기 전에 함진아비가 얼굴에 먹칠을 한 상태로 함을 지고 신부 집에 들어간다. 여자 집에서는 뒤에 병풍을 치고 상을 놓고 상 위에 초 두 개, **냉수 세 그릇**을 놓는다. 경남 두구동에서는 봉채(함의 이 지방 용어)를 보낸 후 신랑은 상 위에 **냉수 세 그릇**을 놓고 북향 사배를 한 후에 상투를 틀었다.

어떻게든 '3'이라는 숫자와 행위를 결합시키려는 노력이 엿보인다. 숫자 3에 맞춘 정화수(냉수)는 성스런 종교의례 자체이기도 하려니와 결국 3이라는 숫자가 의미하는 삼신과 그 신앙을 굳게 이어 가는 모습들로 볼 수 있다.

또한 마당에 멍석을 깔고 병풍을 치고 돗자리를 편 다음, 납채시루를 올려놓은 상 앞에 다른 상을 놓고 받기도 하고, 마루 끝에 상을 놓고 받기도 한다. 이 때 납채시루라고도 하고 봉치떡이라고도 하는 떡시루를 반드시 준비한다. 납채시루란 시루떡을 쪄서 그 위에 북어를 한 마리 놓고 정화수 한 그릇을 올려놓은 모습이다. 납채시루의 모습과 명태는 굿에서 고사를 지내거나 굿의 제물로 바쳐지는 떡시루와 똑같다.

다음은 전안례의 모습을 살펴보자.

기러기는 중국의 혼례에서 중요하게 인식되던 길조다. 당초 육례라는 절차가 기러기의 생태에서 나왔다는 설이 있다. 기러기가 물가에서 하늘로 날아오르는 데 여섯 번의 절차를 거친다고 한다. 하물며 사람의 혼례가 이만 못해서 되겠느냐는 것이다.

이 전안례의 의식을 살펴보면 대부분 전안례상을 따로 마련하여 북향 재배나 북향 사배 한다. 중국의 영향이리라. 그런데 좀 특이한 형태로 의례를 거행하는 지역이 있다. 전북 지역에서는 신랑이 문 앞에 오면 '팔미리대반(접대하는 사람)'이 신랑을 맞이하여 **세 번** 읍하고 신랑도 역시 **세 번** 읍하여 답례한다. 이 의식이 끝나야 비로소 대반이 전안례상이 마련된 곳으로 신랑 일행을 안내한다. 이 때 기럭아범이 신랑 앞에 가서 나무 기러기를 주면 신랑이 받아서 상 위에 놓고, **앞으로 나서서 삼배 뒤로 물러서서 삼배進三拜 退三拜**한다.

앞으로 나서서 삼배, 뒤로 물러서서 삼배하는 모습은 삼진 삼퇴하는 한국춤의 기본 원리를 연상시킨다. 앞으로 세 걸음 나아가면 반드시 뒤로 세 걸음 물러서는 걸음법이 한국춤에서는 법칙처럼 지켜진다. 무당춤이든, 살풀이나 승무든 예외가 없다. 전안례가 북두칠성을 바라보고 예를 갖추는 의식이니 절이 핵심일 수밖에 없어 그 절하는 숫자에 3이라는 상징성을 부여하였다. 대신 걸음걸이는 앞으로 나아가면 반드시 물러서는 의식을 그대로 살렸다. 천제에 대한 정성에 있어서 어떻게든 3의 믿음과 신앙으로 다가가려는 마음이 잘 드러나 보인다.

다음으로 교배례에 대해 살펴보자.

교배례란 신부와 신랑이 서로 절을 함으로써 혼인의 예를 갖추는 가장 중요한 의식이라 할 수 있다. 주자가례가 제시하는 교배례의 전형은 신부 사배 신랑 재배이다. 신부가 신랑보다 배로 절을 하는 것은 신랑은 양(1)이고 신부는 음(2)이기 때문이라는 설과 옛날(중국)부터의 예에 따라 마땅히 그렇게 해야 한다는 설이 있다. 특히 신부가 먼저 절을 하면 신랑이 답례하는 형식에는 분명 남성 우위의 지배의식과 신랑에 대한 신부의 복종을 혼례의식에서 상징적으로 각인시키는 지배 이데올로기가 반영되어 있다. 유교이념의 반영이다.

실제로 행해진 전통혼례에서는 대부분 이 방식으로 교배례가 이뤄졌다. 그런데 이 형식에서 벗어난 사례가 보인다. 일부 충북 지방에서는 **신부 삼배에 신랑 삼배**였다. 먼저 신부가 삼배를 하면 신랑이 삼배로 답을 한다. 신랑과 신부의 절 횟수가 같다. 그런데 왜 하필 삼배일까? 일배씩도 아니고, 이배씩도 아니고, 사배씩도 아니고, 오배씩도 아니고 삼배씩이다. 물론 신부가 먼저 절을 하지만 신부와 신랑의 절 횟수가 같으며, 삼배라는 점은 우리의 관심을 촉발시키고도 남는다. 또 이런 사례도 보인다. 교배례에 들어가기 전에 신랑 신부가 맑은 물로 손을 씻는 것이 일반적인 방식이다. 정화의 의미일 것이다. 부산 동래 지방에서는 신랑 신부는 손을 씻는 시늉만 하고 신부 쪽 대반만 신부를 대신하여 **물을 세 번 튀겼다.** 물과 삼의 극명한 조우, 삼신에 대한 믿음과 의례로서의 혼례가 혼연일체가 되었다.

이어서 합근례이다.

합근례는 교배례와 함께하는 경우도 있고 교배례에 이어서 하는 경우도 있다. 교배례로 이미 부부됨을 선포함과 동시에 술로서 서로 '하나됨'을 확인하고 복락을 나누는 절차랄 수 있다. 이 합근례의 경우도 예사롭지 않은 사례들이 발견된다.

충북 옥천 지방에서는 교배례가 끝나면 대례상 위에 얹어 놓은 청실홍실을 신랑 신부 손목에 감고 술을 한 잔 따라 붓고, 또 한 잔 따라 붓고 나서, **세 번째 잔에 합근례를** 한다. 첫 번째 잔과 두 번째 잔은 마시지 않고 부어 버리고 세 번째에야 비로소 신랑 신부가 마신다는 점에 주목하자. 분명 첫 번째 잔은 하늘에 바쳐 하늘과 감응하고자 했을 것이며, 두 번째 잔은 땅에 뿌려 땅과 감응하고자 했을 것이다. 하늘과 땅이 감응하여 서로 통하였으니 그 생성력으로 인간인 신랑 신부가 비로소 감응하게 되고, 감응 받은 생성력을 하늘성(신랑)과 땅성(신부)이 다시 감응할 수 있도록 술을 마시고 있음이 분명하다.

사례를 하나 더 들어 보자. 전라북도 순창 지방의 혼례방식이다. 대례상을 사이에 두고 신랑 신부가 마주 선다. 먼저 신부가 신랑을 향하여 큰절로 재배하면 신랑은 큰절로 일배를 한다. 그리고 신랑 신부를 양쪽에 앉히고 신부 쪽 하님이 양편에 서서 술잔을 각각 둘로 나눈다. 청실홍실을 손등에 드리우고 술을 부어 한 잔을 신랑의 입에 대었다가 신부의 입에 대고, 또 한 잔은 신부의 입에 대었다가 신랑의 입에 댄다. 그 잔의 술은 먹지 않고 땅에 쏟는다. **세 번째 잔은 먹게** 하고 이어서 신부가 신랑에게 재배하면 신랑은 일배로 답하고 끝낸다.

대례상을 차릴 때 올라가는 물품들의 의미도 중요하다. 대례상 차림은 지방마다 다 다르다. '이것이 전형이다'라고 제시할 만한 형태를 찾기 어려울 정도다. 다만 소나무 대나무 등의 사철나무, 그리고 밤과 대추는 전국 공통이라는 조사 보고가 있다. 그리고 합근례를 위한 표주박(하나의 박을 반으로 나눈 한 쌍의 표주박), 청실홍실도 공통적인 물품이다. 그렇지만 우리의 관심을 끄는 물품이 있으니 바로 용떡이다. 흰떡을 용 모양으로 감아 올려 만든 용떡은 전국에서 공통적으로 올리지는 않는다. 그러나 생각보다는 많은 지역에서 용떡을 쓰고 있다. 경기도, 강원도, 충청북도, 경상도 지방이 그렇다. 대개 두 개를 쓰게 되는데 경상남도의 경우, 동쪽 용떡 머리에는 깎은 밤을, 서쪽 용떡 머리에는 대추를 박아 놓기도 한다. 혼례 다음 날 아침 식사로 대례상에 올랐던 용떡을 넣고 끓인 떡국을 신방에 보내거나(부산 동래), 식구들이 먹기도 하였다. 학자들은 이를 용신신앙의 발현으로 해석하고 있다. 용이 상징하는 바를 우리는 이미 살펴본 바 있다. 삼신신앙의 확실한 모습이다.

전통혼례에서 가장 핵심이 되는 의식이 대례大禮이며 그 중에서도 전안례, 교배례, 합근례이다. 행위 하나하나, 의식 하나하나에 깊은 의미와 상징성을 갖는 이 의례들은 주자가례를 통해 유학의 통치 이념과 지배 이데올로기를 실현시키고자 노심초사했던 조선시대 예학자들의 서슬에 찬 눈길을 피해갈 수 없었을 것이다. 그래서 대부분 이 의례들은 분명 주자가례의 이념에 입각하여 구성되고 시행됐다. 하지만 일부 지역에서는 이를 전면으로 부정하는 의례들이 관철되고 있었다. 그 원리는 바로 **3(삼신)의 세계관**이었음을 확인하게 된다. 그 모습에서 주자가례가 요구하는 수입 혼례의 요소요소에서 빈 곳을 찾아 삼신의 세계관을 살려 내려 한 치열함이 엿보여 후세의 마음을 아리게 한다. 하지만 이런 치열함과 끈질김의 흔적이 전통혼례의 이면으로 우리를 안내하며, 삼신을 만날 수 있는 기쁨도 안겨 주고 있다.

이에 대해 확신하게 될 사례가 더 있으니 제주도의 혼례풍속이다.

제주도에서는 육지와 달리 대례에 해당하는 전안례, 교배례, 합근례가 없다. 다른 민속에서도 확인되듯 제주도는 혼례에서도 육지와 외래문화(유교)의 영향권에서 벗어나 고유한 전통이 견지됐다고 볼 수 있다. 주자가례에 입각한 대례의식이 아예 없다는 점은 우리에게는 무척 중요한 사실이다. 제주도 혼속에서 대례에 해당하는 부분은 '식반食盤 받기'이다. 신랑에게 식반이라는 큰상을 차려 주었다. 신부 집에서 함을 받고 내용물에 별 이상이 없으면 이를 접수하고 문전고사를 한 후 대반이 신랑을 안내하여 방에 좌정시킨다. 그러면 신부 측 친척들이 들어와서 신랑과 인사를 나눈다. 이 때 서로 절을 하지 않으며 말로만 인사를 한다. 수인사가 끝나면 대반, 신랑, 신부의 친척 순으로 음식상이 들어온다. 음식상은 하님이 들고 들어오는데 상이 다 들어오면 하님이 신랑에게 **술을 삼 배** 권한다. 밥상이 들어오면 신랑 대반이 **밥을 세 숟갈** 떠서 상 밑에 놓는다. 신방은 신랑 집에서 차리게 된다. 신부가 신랑 집에 도착하면 가마에서 내려 바로 신방으로 들어간다. 신부가 조금 휴식을 취하면 음식상이 들어온다. 음식상은 먼저 대반 앞에 놓고 신부에게 놓는다. 그러면 대반은 자기 밥뚜껑을 연 다음에 **밥을 세 번** 떠서 상 밑에 놓는다. 이 의식이 끝난 후 대반은 신부에게 **술을 삼 배** 권한다.

또 하나의 사례를 들어야겠다.

다음은 주자가례가 영향을 주기 이전 우리 민족의 혼례 모습을 추측케 하는 것으로 평가받는 내용이다.

옛날에는 혼례의 채단으로 옷감을 약간 보냈을 뿐이며 또 혼인날 저녁에는 친

척이 모여서 다만 한 상을 차려 술 석 잔을 나누어 마셨을 뿐이다.[10]

　현재 우리가 무심코 표현하는 전통혼례라는 것이 단순치 않다는 사실을 우리는 확인하였다. 민족성과 전통성을 이야기할 때는 더더욱 그렇다. 주자가례의 영향 이전의 혼인 관행에 대한 검토가 반드시 선행돼야 하는 이유다. 결국 혼인에 대한 생각과 의례를 만들어 준 원리로서의 '3(삼신)'을 직시하고 인정하자고 이야기하고 싶다.

　분명 우리의 혼인에 대한 의식과 그 의례는 '3(삼신)'의 철학과 세계관에서 출발하고 있다. 주체적으로 새 생명을 창조하고 독립된 세상을 만들어 '우리의 세계'를 만들어 갈 신랑 신부는 그래서 바로 하늘(하느님)과 땅(따님) 그 자체이며, 이 음양의 하나 됨은 우주 생성변화 그 자체이니, 이를 천지만방에 고하는 혼례는 바로 천제라는 생각이다. 그 자리에 모인 사람들에게 설파하려는 뜻은 결국 신랑 신부가 하느님 따님처럼 귀하면서도 창조적인 일생을 살아가길 바라는 축원임과 동시에 그 자리가 바로 그런 삶의 현장임을 알리는 것이다. 그리고 그렇게 만든다. 잔치를 통해서이다. 그러하기에 예식의 절차와 방식은 3의 수리체계가 관철되었으리라.

　이 의식은 여전히 웅혼하고도 본질적인 측면이 있다. 그러하기에 주자가례나 유교철학도 이 '3(삼신)'의 전통과 의식을 어쩌진 못했으리라. 백성들은 어쩔 수 없이 표면적으로는 수용해야 했지만 그 밑바탕에는 여전

10. 성현, 『용재총화慵齋叢話』.

히 3에 대한 믿음과 전통이 웅크리고 있었던 셈이다. 이런 문화 현상은 조선 중기 이후 민속 전반에 걸쳐 나타나는 모습이기도 했다.

삼신사상이 바탕이 된
최신식 혼례

삼신사상이 투영된 혼례방식은 이 시대에도 여전히 유효하리라 본다. 남녀의 결합을 대하는 생각과 의미가 우주적이며, 새 생명에 대한 주체적이고 절대적인 창조성을 부여하며, 천제란 의식으로 그 성스러움을 표현한다. 의례와 더불어 잔치마당이라는 시공간을 확보한다면 그 성스러움이 경건함에 멈추지 않고 모두가 만끽할 수 있는 문화·예술로 현재성을 더욱 높일 수 있을 것이다.

앞에서 소개한 신랑 신부의 혼례는 이런 정신과 문화에 대한 재음미였으며, 이 시대에도 유효한 혼례양식을 찾으려 한 시도이자 창조행위였다. 전통이라는 그림자를 지워 버린다고 하더라도 혼례의 의미와 그 본질을 근원적이며 철학적인 측면에서 고민한 결과물로 평가받을 만하다. 여러 다양한 혼례의식과 방안을 고민하고 실행하듯이 삼신사상과 문화가 바탕이 된 혼례의식과 양식을 찾아가고 다듬어 가는 실험과 도전 또한 전통과 현대 간의 멋들어진 혼인이 될 것이다.

4

한복의 비밀은
삼각형에 있다

옷은 살의 '우개'

살 속에는 피가 흐른다. 실핏줄이 구석구석까지 뻗어나가 영양을 공급하고 노폐물을 제거해 그 싱싱함을 유지시킨다. 뜨거운 피는 36.5도로 살을 덮혀 준다. 피의 순환이 멈추면 살은 썩기 시작한다. 죽음의 그림자가 어른거릴 것이다. 숨이 멎어 피의 순환이 완전히 정지되면 체온도 사라져 몸은 싸늘해진다. 그 싸늘함에서는 사람간에 느끼는 정감이 생겨나기 힘들 것이다. 이 상황이 되면 살은 더 이상 살이 아니다. 피가 흐르고 체온이 스며 있는 '살'. 살아 있음을 느끼게 해 주는 '살'. 아니 살아 있음의 생생함 그 자체인 '살'. 살아 있어야 비로소 '살'일 수 있는 '살'. 그래서 이름표도 '살'이라고 붙었나 보다. '살아 있다', '살다' 등의 어근 '살—'이 바로 '살'이 되지 않았겠는가.

그래서 자신의 살을 항상 청결하고도 매끈하게 유지해야 한다. 상처가 나서도 안 된다. 피의 손실과 이로 인한 살의 훼손을 방지해야 하기 때문이다. 체온도 유지해야 한다. 탄력 없고 쭈글쭈글한 상태가 아니라 항상 싱싱하고 생기가 넘치는 상태가 바람직하다. 죽지 않고 젊음을 유지하며 영원토록 살고픈 사람의 욕망이 이 '살'이라는 표현과 실체에서도 진하게 묻어 나온다.

이런 필요성과 욕구는 자연스럽게 살을 덮고 보호할 수 있는 무엇인가를 찾지 않았겠는가. 옷 말이다. 옷은 살과 가장 가까이 한다. 살을 덮고 감싸고…… 옷은 항상 살갗 위에 있다. 그래서 '옷'이다. 방위상으로 '위'의 의미를 갖는 '우개(위개)'라는 신라말에서 그 어원을 찾게 되는 연유이다.[11]

살갗과 털만으로는 부족했던 모양이다. 인류는 옷을 발명해 냈다. 풀잎으로 가리고 덮기도 했다. 사냥의 전리품에서도 옷의 재료를 구했다. 동물의 가죽뿐만 아니라 생선의 껍질도 옷의 재료였다. 그러다 식물에서 섬유질을 추출하여 옷감을 만들어 부드럽고 포근하고 아름다우면서도 따뜻한 옷을 발명해 냈다. 그 세월이 장장 2만 년에서 2만 7천 년이었다.[12]

그런데 말이다. 사람은 추위와 더위를 다스리거나 상처를 막아 몸을 보호하려는 목적으로만 옷을 입지 않는다. 부끄러움이라는 심리상태가 있어 몸뚱이를 가릴 목적으로도 옷을 입는다. 뿐만 아니라 옷이라는 것을 활용해 자신을 보다 멋있게 꾸며 보려는 심미적인 자기표현 욕구를 실현시키려 많은 정성과 돈을 들이기도 한다. 그 단계에 들어서면 노출도 멋 부림의 훌륭한 소재가 된다. 미니스커트가 한 시대를 풍미하더니 이제는 배꼽티라는 것이 등장하여 한 흐름을 형성하고 있다. 살도 옷감의

---

11. 정호완, 『우리말의 상상력 1』, 정신세계사, 1995, 231~238쪽.
12. 최근 인류학에서는 "구석기시대의 여성들이 식물의 섬유를 이용해서 천, 밧줄, 끈, 그물, 바구니 등을 짜는 혁명적인 기술을 완전히 터득하고 있었다."는 연구 결과를 내보내고 있다. (《동아일보》, 1999년 12월 17일.)

일종이라고 봐야 될 상황이 된 것 같다. 다음 단계는 무엇일까.

옷에는 옷 주인의 온기가 스며들기 마련이다. 온기가 배면서 옷이 그 사람의 일부분이 된다. 서로 정을 주고받을 정도로. 그래서 옷을 통해 옷 주인의 성격과 생각, 그리고 감각과 습관까지 읽어 낼 수 있다. 나아가 옷 주인이 속한 집단을 대변하기도 한다. 사색당파가 심했던 조선시대에 자기 당파를 대변하는 옷과 옷차림이 생겨났다는 이야기는 유명하다.

그 정도에 그치지 않았다. 체취가 스민 옷에 영력이 깃들어 있다고 믿기까지 하였다. 우리 민속에는 옷이나 옷감을 가지고 병 치료를 시도한 사례까지 발견된다. 비단을 태운 재가 하혈이나 토혈 등 실혈失血을 막는 데 효험이 있다고 하여, 증세가 나타나면 붉은 비단 3촌寸을 태운 재를 물에다 타 먹었다고 한다. 여자의 음양병에는 남자의 베잠뱅이를, 남자의 음양병에는 여자의 베잠뱅이를, 가로 세로 1촌 크기로 잘라 물이나 술에 타 먹이길 하루에 세 번 하였다. '이칠동녀二七童女'라 하였다. 14세 전후의 사춘기 소녀의 베잠뱅이일수록 효력을 더 인정해 주었다. 이외에도 옷이나 옷감으로 병 치료를 한 사례는 많다. 산부가 소변을 못 보고 온몸이 부옇게 떠오르면 황견黃絹을 사용하며, 천의 종류에 상관없이 청포는 모두 약재로 사용되었다. 난산이나 조산(남편의 허리띠 5촌을 잘라 태운 재를 산부에게 먹이면 효험이 있다.), 어린이의 경기(어머니의 허리띠 3촌을 태워 그 재를 먹였다.), 학질, 천연두 치료 등등 수없는 사례가 발견된다. 옷이 치병에 활용되는 사례 중 아주 극적인 경우를 들라면 상사병 치료가 될 것이다.

상사병에 걸린 총각 치료약으로는 상대 처녀의 속곳 이상이 없었다고 한다. 아들이 상사병에 걸리면 나락 몇 섬을 주고서라도 상대 처녀의 속곳을 구해야 했다. 가로 세로 3촌의 길이로 잘라 낸다고 해 '방삼촌方三寸'이란 이름이 붙었다. 금수능단 한 필 값보다 더 비싸게 주고 구해다 금쪽같은 아들에게 달여 먹여야 했다. 그래서 작지만 값이 비싸다는 비유로 "금수능단 한 필보다 방삼촌." 이라는 속담까지 등장했다던가.

옷을 이용한 치료 원리에는 옷감이나 염료에 함유되어 있는 치료 물질의 직접적인 효과보다는 그 색깔과 옷감이 갖고 있는 영력의 작용에 더 기대가 컸던 것 같다. 즉, 병을 앓는다는 것은 곧 귀신의 소치로 알았기에 병이 들고 낫는 것의 이치는 귀신이 인체에 들고난다는 관념으로부터 출발한다. "병이 들었다. 병이 나았다."는 우리의 표현은 이런 의식의 발현이라고 보고 있다.[13] 귀신이 들락거리면서 반드시 거쳐야 하는 장벽, 그것이 옷인 것이다.

옷에 영력이 깃들어 있다는 믿음은 옷 주인의 저승길에서도 유감없이 발현된다. 한국인은 사람이 죽으면 죽음과 동시에 영혼이 그 육체를 떠나는 것으로 보았다. 숨이 끊어지면 떠나는 그 영혼을 붙잡아 두기 위해 망자가 입었던 체취 묻은 저고리를 이용하였다. 운명과 동시에 해야 하는 일이 초혼이다. 망자의 저고리를 들고 지붕에 올라가 흔들면서 "복, 복, 복!"을 이렇게 세 번 외치거나, 망자의 저고리를 지붕에 던져 놓는다. "혼이여 돌아오라."는 뜻이다. 모두 옷과 사람, 옷과 '살'과의 밀접한 관계를 상기시키는 사례들이다.

---

13. 이규태, 『재미있는 우리의 옷이야기』, 기린원, 1992.

여하튼, 옷과 살과는 떼어서 생각할 수 없을 정도로 밀접한 관계라는 점을 새삼스럽게 되새기면서 우리 옷을 찬찬히 살펴보자.

풍물군의 삼색띠 = 무당 신복의 삼색띠 = 천지인의 조화 = 삼신

풍성하고 넉넉한 여유로움은 한복의 가장 큰 장점으로 꼽힌다. 살과 옷이 찰싹 달라붙어서는 한복의 멋이 살아나지 않을뿐더러 기능상의 특성도 살아나지 못한다. 한복은 풍성하고 넉넉하게 입어야 통풍이 잘 되어 '살'을 살리는 데 유용한 것이다. 화공약품으로 염색하지 않은 천연섬유, 이는 분명 인체에 해가 적을 것이다. 그래서 천연섬유로 만든 생활한복을 '제2의 피부'라고 표현하는 모양이다.

개인적인 사례이기는 하지만 내가 한복에 관심을 갖게 된 것은 풍물굿을 접하고서였다. 풍물을 치면서 한복의 제작 원리와 그 옷에 담긴 '생각'은 무엇일까 의문이 생겼기 때문이다. 풍물군이 흰색 바지저고리를 입고 짚신을 신는 것은 알고 있었으니 그에 의문이 생길 여지는 없었다. 문제는 '삼색띠'를 매는 대목에서였다. 삼색띠를 도대체 어떻게 매야 하는가가 고민스러웠다. 삼색띠를 잘 매지 않으면 오히려 추해 보이며, 치배(풍물을 치는 사람)들의 삼색띠 맨 방식이 통일돼 있지 않으면 무척 산만하고 지저분해진다. 빨강, 파랑, 노랑, 이렇게 띠가 세 개나 된다. 지방마다, 사람마다 매는 방식이 달라 종잡기 힘들었다. 허리에는 빨간 띠를 매는 것인지, 파란 띠를 매야 하는지, 노란 띠를 매도 되는지 판단하기 힘들었다.

그 의문은 한참이 지나고서야 풀렸다. 삼신의 개념이 잡히면서였다. 우선 삼색띠의 색깔이 선명하게 다가왔다. 빨강, 파랑, 노랑! 이는 빛의 삼원색이다. 바로 삼신의 색이었던 것이다. 천지인을 상징하는 삼색. 파랑은 하늘과 남성을 상징하고, 빨강은 땅과 여성을 상징하고, 노랑은 바로 사람을 상징한다. 알고 보니 너무나 명쾌하고 단순한 의미였다.

이를 깨닫는 순간 삼색띠를 매는 방식을 확연하게 정리할 수 있었다. 파란 띠는 남성과 하늘을 상징하는 왼쪽 어깨에 먼저 두른 다음에 가슴을 가로질러 오른쪽 허리에 매고, 빨간 띠는 땅과 여성을 상징하는 오른쪽 어깨에 두른 후 가슴을 가로질러 왼쪽 허리에 매면 될 일이었다. 허리에는 당연히 노란 띠를 매면 될 일이었고. 빨간 띠 파란 띠를 양쪽 허리에 맨다는 것은 허리에 두른 노란 띠에 옭아맨다는 뜻이다. 그러면 끈이 몸에서 빠져나갈 이유가 없어진다. 가슴에서는 파란 띠와 빨간 띠가 교차하여 'X' 자를 이룬다. 상체를 완전히 감싸면서 끈끼리 연결되어 있기 때문에 아무리 심하게 뛰고 놀아도 벗겨질 염려가 없다. 왼쪽 어깨에서 바로 왼쪽 허리로 내려오고, 오른쪽 어깨에서 오른쪽 허리로 내려오게 매지 않는 것은 서로 평행선을 이루지 않게 하기 위함이었다.

파란 띠와 빨간 띠가 가슴에서 교차되는 모습에는 자연의 법칙이 숨어 있다. 두 개의 천 쪼가리가 서로 평행선을 이루며 교감하지 않으면 쓸모가 없으나, 서로 만나 교감하면 쓸모가 많아진다. 실이 천이 되는 이치도 '교차'와 '겹침', '엮음'에 있지 않은가.

하늘을 상징하는 파란색과 땅을 상징하는 빨간색이 겹치면서 교차하여 생기는 상징성은 뭘까. 하늘과 땅이 내 몸에서 교감을 나눠 하나로 조화를 이뤄 간다는 것으로 해석해 본다. 이를 주역 식으로 표현하자면 평행선을 이루게 매는 것은 천지비괘天地否卦에 대응하고, 'X'자를 이루는 매듭법은 지천태괘地天泰卦에 해당할 것이다.

천지비괘란 하늘을 상징하는 건乾괘가 위에 있고 땅을 상징하는 곤坤괘가 아래에 있는 주역 64괘 중 12번째 괘상卦象이다. 하늘의 성질이 위에

■ 삼색띠를 매고 고깔을 쓴 풍물 치배의 모습
가장 일반적인 풍물꾼들의 차림새이다.

있고 땅의 성질이 아래에 있으니 하늘은 하늘대로 위로 올라가 버리고 땅은 땅대로 아래로 내려가므로 서로 교합할 수 없다. 결국 천지의 기운이 상통할 수 없게 되어 만물이 흥하지 못하고 비색해진다는 것이다.

지천태괘란 하늘을 상징하는 건괘가 아래에 있고 땅을 상징하는 곤괘가 위에 있는 주역 11번째 괘상이다. 이 괘상은 위로 오르려는 하늘의 성질이 아래에 있고 아래로 내려가려는 땅의 성질이 위에 있기 때문에, 위에서 내려오고 아래에서 올라가며 서로 충돌·교합하게 된다. 결과적으로 만물은 활발한 생성이 이루어져 흥해진다는 뜻이다.[14]

그런데 풍물꾼들은 삼색띠를 맨다. 허리에 두르는 노란 띠가 하나 더 있다. 그 의미가 궁금할밖에. 마침내 "삼색띠로 몸을 두룬 나는 바로 하늘과 땅이 교합하여 생긴 결과물(생명체)로서 이 사실을 만천하에 선전하는 것."이라고 정리할 수 있었다. 띠를 두른 내가 소리樂를 만들고 몸을 움직이면서 노는 것은 하늘과 땅을 내 몸 안으로 끌어들여 내 마음대로 놀리고 있다는 해석도 가능해졌다. 그리고 노란 띠의 위치도 주목하게 됐다. 상체를 하늘의 성질天性로 하체를 땅의 성질地性로 나눠 본다면, 허리는 이 하늘과 땅이 만나는 접합지점이다. 양측을 이어 주는 자리이기도 하다. 교감의 자리이자 통합의 출발점이란 해석을 붙여 봤다. 궁극적으로 가장 중시하며 음미하게 된 사실은 삼색띠를 살아 움직이는 '사람'이 매고 있으며, 바로 사람이 소리와 춤을 만들어 내고 놀이를 한다는 점이었다. 정지 상태가 아니라 움직임 상태라는 점이 핵심으로 다가왔다.

14. 김석진, 『주역상경 – 강의록』, 홍역학회, 단기 4322.

사람이 뭔가 작심을 하고 일에 덤벼들 때에는 우선 허리띠부터 질끈 졸라매기 마련이다. 노란 띠와 사람, 그리고 창조행위(일과 놀이)가 구체적으로 가능해지는 '움직임'이 한 묶음이다. 움직임은 '살아 있음'이다. '살아 있는 존재', '숨 쉬고 있는 존재', '일하는 존재'를 노란 띠는 상징한다.

사람이 하늘과 땅을 몸에 두르고 3수 원리로 만든 춤과 소리와 장단에 맞춰 신나게 논다는 것(굿)은 결국 하늘과 땅을 교감시켜서 내가(사람) 원하는 판(세상살이)을 멋들어지게 만들어 나가겠다는 의지 표명(노랑띠)으로 해석된다. 이 삼색띠의 색깔과 매는 방식에 그 뜻이 담겨 있다 하겠다. 이는 삼신사상의 구현 의지임이 분명하다.

삼색띠가 옷을 통한 삼신사상의 표식이라는 증거가 또 있다. 삼색띠를 매는 방식에서다. 사당패의 무동은 삼색띠를 맬 때, 고리를 내 묶지 않고 반드시 감아서 고정시켜야 한다. 노란 띠에 걸친 다음 내려온 끈을 밖으로 한 번 감아내려 삼각형 모양을 만들어야 한다. 삼각형, 이는 천지인 중에서 사람을 표상하는 도상이다. 매듭을 매지 않는다는 것은 마무리가 아니라 '계속'이라는 의미이며, 계속하겠다는 의지로도 해석할 수 있다.

이 삼색띠의 의미와 의지가 선명하게 풀리고 나서 굿판을 다시 살펴보았다. 삼색띠의 의미와 의지는 무당의 신복(무복)에서도 똑같이 발현되고 있었다. 물론 발생은 신복이 풍물꾼의 옷보다 먼저였을 것이다.

강신무들은 신복을 많이 갖고 있다. 평안도 큰무당들의 경우 2백~3백 벌의 신복을 소유하기도 한다. 신복을 그처럼 많이 만들어 보관하게 되는 것은 신복이 신격을 표상하기 때문이다. 자신이 모시는 신명(신)을 대접하기 위해 옷을 자주 만들어 바친다.

무굿의 구조는 여러 거리로 형성되어 있으며, 각 거리는 그 거리에 합당한 신을 모셔서 원하는 것을 해낸 다음에 신을 다시 돌려보내 드리는 구조를 갖는다. 신복은 그 거리에서 모실 신의 성격과 실체를 드러내 주는 상징이자 신 자체이기도 하다. 따라서 신복은 항상 정갈하게 간수해야 한다. 사람이 밟는다든지 넘어가는 짓은 용납될 수 없다. 신복 위에다 물건을 올려놓아서도 안 된다.

삼색띠가 등장하는 경우는 격이 높은 천신 계통의 신복일 때다. 황해도굿의 경우 상산맞이('山맞이'라고도 한다.)라는 거리에서 먼저 등장한다. 상산맞이는 산신령님을 맞이하여 굿하게 된 내력을 고하고, 아무 탈 없이 굿이 이뤄질 수 있도록 보살펴 달라는 뜻의 대접이다. 김매물 무당(황해도 해주 출신 무당. 월남하여 인천에 살면서 황해도굿을 해오고 있다.)의 굿문서에 따른 절차를 보면 사방에 절(청배)을 한 다음에 산신령님(부군님, 도당님 등 마을 수호신)을 청하는 무가를 부른다. 이어 집 밖으로 나가 산神을 모셔 들인 다음, 모셔 들인 신령님들의 말씀을 듣는다.(이를 '공수'라고 한다.) 이 때 들어오는 신령님들은 산신님뿐만 아니라 성수장군, 임장군(임경업 장군) 등 여러 장군님들, 그리고 서낭님들이다.

이 때의 신복 차림은 이렇다. 머리에 화관花冠을 쓰고 흰 깃소매가 달린 붉은 두루마기를 입은 다음에 홍띠(관디)를 매게 된다. 양손에는 부채와 바라, 방울을 갈라 쥐고서다. 삼색띠의 흔적은 부채에 매달린 긴 띠에 보인다. 그 모습이 이채롭다. 부채에는 빨강색 긴 띠와 파랑색 긴 띠가 매달린다. 그러면 노란 띠는? 노란 띠의 등장은 극적이다.

노란색 상징은 홍관디에 붙어 있다. 해와 달에게 굿하게 된 사실을 고해야 하는 일월성신맞이에서도 이 홍관디는 등장한다. 그 용도는 다 입은 신복을 안정시키는 데에 있다. 가슴 부위가 매는 위치다. 묶는 위치는 등 뒤다. 반면에 상산맞이의 홍관디는 앞으로 묶는다. 즉 무당의 두 가슴 사이가 된다. 상식적이고 일반적이지 않은 매듭법이다. 매듭을 앞에서 매다니…… 맵시 안 나게.

등 뒤를 보면 그렇게 매야 하는 이유가 드러난다. 등짝의 윗부분, 즉 '날갯죽지' 바로 위를 관디가 지나가게 된다. 물론 평평하게 펼쳐진 상태다. 그 자리에 수를 놓았다. 평평한 홍관디 표면에 노란색이 등장한다.

등짝에 박힌 팔뼈의 뿌리 부분을 '날갯죽지'라고 우리는 부른다. 해부학 용어로는 견갑골이다. 왜 이 뼈를 날아다니는 새의 '날개'라고 표현했을까. 새 날개처럼 손과 팔을 거침없이 움직이라는 덕담으로 여겨진다. 이런 측면도 있다. 새와 무당은 아주 밀접하다. 무당을 함경도에서는 '새 탄이'라고 부른다. '새를 탄 사람'이라는 뜻이다. 새처럼 하늘을 훨훨, 가고 싶은 곳을 맘대로 훨훨, 신이 산다는 하늘과 사람이 사는 땅 사이를 훠~얼훨. 자유자재로 오고가면서 연결시켜 주는 중매쟁이이자 메신저, 무당이다.

홍관디에 놓은 노란 수를 통해 음미해 볼 수 있는 생각은 무엇일까. 하늘과 땅 사이를 맘껏 날아다니는 무당이 자신의 등에 귀히 업고 다니는 존재가 있다. 바로 노란색으로 상징화 시킨 '사람'이다. 사람을 위해 그렇게 날아다니는 것이다. 저 높은 하늘을 향해 미친 듯이 뛰며, 너울너울

활개를 펴 춤을 추고, 못된 놈 삼지창으로 혼을 내 주고, 오방기를 펼쳐 점도 봐 주며, 며칠 밤낮(기본이 3일이다.)을 날아다니는 것은, 등에 업은 '사람' 때문이었다. 그러하겠다는 의지를 질끈 묶은 셈이다. 견갑골의 형태가 삼각형인 것도 예사롭지가 않다.

조선시대 관복에도 수가 놓여 있었다. 백관들의 옷에는 네모진 모양의 천에 동물을 수놓게 된다. 학, 호랑이, 기린 등이다. 여러 변화를 거치다가 영조대에 학과 호랑이로 정리가 된다. 학은 문관을 상징하고 호랑이는 무관을 상징했다. 학이나 호랑이가 한 마리면 당하관을, 두 마리면 당상관. 이것이 흉배胸背다. 가슴과 등에 달게 된다. 왕과 왕세자는 용이 수놓인 흉배를 가슴과 등과 양어깨, 이렇게 네 군데에나 붙였다.(이를 특히 '보補'라 불렀다.) 계급장인 셈이다.

신복에서는 관디에다 수를 놓고 있다. 관디와 흉배를 결합시킨 모습이다. 계급장에 해당하는 수놓는 자리, 즉 흉배에 해당하는 그 자리에 술이 달린 매듭을 세 개 달아 놓았다. 빨강, 파랑, 노랑, 삼색도 선명하다. 노란 술은 중앙에 떡하니 자리 잡았다. 빨강(땅)과 파랑(하늘)의 호위를 양쪽에서 받는 그런 구조다.

노란색의 위치는 관디의 가장 중앙, 그 중에서도 중앙이다. 직위와 계급을 상징하는 계급장(흉배) 안에서도 가장 중앙이라는 말이다. 땅과 하늘의 호위를 양쪽에서 받고서 중앙에 위치한다는 것은 무엇을 의미하겠는가. 임금의 용과 노랑 매듭은 견주어 볼 만하다. 어떤 만신들의 홍관디에는 삼색 복주머니가 매듭 대신에 달려 있기도 하다. 삼신이 가져다주는 복주머니! 아주 구체적이면서도 상징적이지 않은가.

모십니다 받으소사 고향 산천이 받으소사

　천하궁은 삼십삼천 지하궁으로는 이십팔수

　서해궁으로는 23관 경기도로는 37관

　지정으로는 나라님지정 궐내로는 부군님궐내

　월내로는 인천이요 광역시에 신기촌이라……

김매물 무당, 〈상산맞이〉 무가

　하늘(천하궁)과 땅(지하궁)을 먼저 찾고 있다. 그리고 사는 곳을 이야기 한다. 천지인이 다 만나고 있다. 그러므로 노란 띠가 등장하는 것은 이치에 합당하다.

　굿이 계속 진행되면서 실제로 사람이 확실하게 등장하는 순간이 온다. 칠성거리에서다. 굿을 하게 되면 그날의 주인공들이 생긴다. 제가집(굿을 청한 주인공의 집)의 대주(남자주인)와 계주(여자주인)가 그들이다. 아들과 딸들도 주인공이다. 일가친척도 또한 주인공이다. 구경하러 온 동네 사람들도 주인공이 될 수 있다. 주인공들은 다 굿판에 모이게 된다.

　칠성거리는 칠성님을 모신다. 칠성님은 사람의 생명을 점지해 주는 신이지 않는가. 칠성님의 은총으로 이 세상에 태어난 사람들, 그 주인공들이 한자리에 모인다는 의미도 된다. 그래서 무당이 본격적으로 칠성거리를 시작하기 전에 할 일이 있다. 제가집 사람들 무감 세우기다. 무당이 입혀 준 신복을 하나 입고 굿판에 들어서, 미친 듯 춤추며 놀아 보는 절차가 '무감'이다. 일반인도 무당처럼 신복을 입고 한 거리 하는 셈이다. 그 목적은 주인공들의 흥풀이나 신명풀이에 있다. 이 때 입는 옷차림은 흰 장삼에 고깔이다. '일월성신맞이굿(거리)'의 차림과 기본적으로 같다. 삼색 띠만 보이지 않는다.

흰옷과 흰 고깔에 담긴 흰색은 빛의 색이다. 태양의 색이다. 빨강, 파랑, 노랑의 색이 함축되어 있는 색이기도 하다. 생명의 색인 것이다. 생명을 잉태시켜 주는 빛의 색. 삼신의 표상임이 분명하다는 사실을 계속 확인하고 있다. 고깔은? 그것도 삼신의 표상이다. 모자를 이야기할 때 자세히 언급하겠다.

여하튼 무굿의 신복에서도 삼신의 숨결이 살아 숨 쉬고 있다. 풍물꾼들이 입는 삼색띠가 신복의 삼색띠와 같음을 확인한 이 순간, 풍물굿의 치복(풍물을 하기 위해 입는 옷과 고깔)에도 삼신의 숨결이 함께한다는 견해에 동의할 수 있었다. 삼신의 뜻과 그 실현을 세 가지 색깔로 선언했다. 단순하면서도 선명한, 그러면서도 움직임에 필요한 띠라는 물품을 통해서였다. 명쾌하다. 그리고 강렬하다.

조선시대 혼례복과 상복에도 삼신의 흔적이

신복이나 풍물패의 삼색띠처럼 굿의 세계관을 명확하게 드러내야 하는 의례복에서만 삼신을 만날 수 있는 것은 아니었다. 여타 다른 의례복에서도 삼신의 흔적이 발견된다. 혼례복과 상복이 그러하다. 이제 그 면면을 살펴보자.

혼례는 인륜지대사라 하여 아주 귀히 여겼다. 사람으로 태어나 일생을 살아가는 동안 가장 귀하고 복되게 치르는 대사이기 때문에 반상의 계급의식이 그처럼 철저하였던 조선시대에도 혼례에서만은 상민도 사람대접을 받도록 허용하였다. 양반, 그 중에서도 높은 벼슬을 한 양반의 복식 착용과 행세가 가능했던 것이다.

신랑은 관원이 입는 사모관대를 할 수 있었으며, 신부는 공주의 옷인 활옷도 입을 수 있었다. 이것이 가능할 수 있었던 것은 혼례란 하늘(신랑)과 땅(신부)이 만나 독자적이면서도 새로운 우주 즉, 천지조화를 만들어 가는 출발로 보았기 때문이다. 하늘의 이치와 땅의 원리陰陽之道를 삶의 현장에서 구체적으로 실현시켜 나갈 신랑과 신부이기에 양반 상민으로 구별하기 이전의 근원적인 존재로서 대했음이 분명하다. 조선시대 혼례복을 통해 읽어 낼 수 있는 생각이다. 이런 사고는 혼례의 복색과 그 예물에 잘 나타나 있다.

혼인날이 정해지면, 신랑 집에서는 혼서와 혼수를 담은 함을 신부 집에 보낸다.(이를 '납폐'라 한다.) 신랑의 사주를 적은 혼서와 함께 신부에게 전달되는 혼수는 대개 청·홍의 비단 치마저고리 한 벌씩이다. 청색 비단은 붉은 종이에 싸서 청색 명주실로 매고, 홍색 비단은 청색 종이에 싸서 홍색실로 묶는다. 함에 넣을 때는 홍색 채단이 위로 오게 순서를 맞춘다. 사주도 청·홍의 베를 앞뒤로 꿰맨 이중보를 사용하되 홍색이 밖으로 나오게 한다.

전안례를 위해 신랑이 신부 집에 가져가는 기러기도 보로 싸게 된다. 이 보 역시 청·홍의 베를 앞뒤로 꿰맨 이중보이다. 기러기를 쌀 때는 붉은색이 밖으로 나오게 해야 한다. 신랑이 혼인하기 위해 신부 집으로 떠날 때는 신랑을 표시하는 청사초롱이 배행하며, 대례 시 신랑 앞에는 대나무에 청실을 걸고, 신부 앞에는 소나무에 홍실을 걸어 놓는다. 촛불을 밝힐 경우, 신부 측에는 홍색 촛대에 불을 밝히고 신랑 측에는 청색 촛대에 불을 밝힌다.

청색과 홍색이 서로 짝을 맞추고 있다. 홍색은 신부를, 청색은 신랑을 대신하고 있음도 드러난다. 결국 홍색은 음, 청색은 양을 의미하면서 홍색은 땅을, 청색은 하늘을 각각 상징했다. 홍색이 위로 가거나 밖으로 드러나는 것은 신부 집으로 전하는 예물들이기에 신부 집을 존중하는 의미로 해석할 수도 있고, 이미 풍물 치복의 삼색띠에서 살펴본 바와 같이 지천태괘가 반영됐을 수도 있다.

하늘과 땅을 상징하는 청·홍의 분명한 사용과 조화! 그러나 노랑이 보이지 않는다. 철저히 유교의 철학과 세계관의 반영일 것이다. 표면적으로 드러나는 의식의 절차와 주된 예물에는 이 청·홍의 반영이 절대적이다.

그럼에도 불구하고 혼례 의복에 노랑의 흔적이 전혀 없는 것은 아니다. 신부의 대례복인 원삼과 활옷에서 찾을 수 있다. 그리고 활옷과 원삼 속에 갖춰 입는 신부의 치마저고리 색에서도 나타난다.

활옷은 원삼, 당의와 더불어 서민이 혼례복으로 입을 수 있는 옷이었다. 본시 활옷과 원삼, 그리고 당의는 궁중의복이었다. 원삼은 황원삼黃圓衫, 적원삼赤圓衫, 초록원삼草綠圓衫이 있는데 황원삼은 황후, 적원삼은 왕비, 초록원삼은 공주나 옹주의 예복이었다. 그 중 초록원삼은 사가와 서민의 혼례복으로 허용되었다. 조선 후기의 가장 일반적인 혼례복이었다.

활옷도 조선 후기의 공주나 옹주의 예복이었다. 당의는 원래 궁중 소례복으로 입었던 옷이다. 그러나 금박 문양과 금실을 사용하지 않은 민당의는 사가와 서민의 혼례복으로 허용되었다. 혼례복으로 착용할 경우 속옷을 갖춰 입은 후, 치마저고리 위에 이 당의를 입고, 그 위에 활옷이나 원삼을 입었으며, 원삼이나 활옷을 갖추지 못했을 때는 이를 대신하여 당의를 예복으로 사용하기도 하였다.

혼례의 대례복으로 사용된 활옷은 다홍색 비단 바탕에 장수와 길복을 의미하는 물결, 바위, 불로초, 어미봉鳳, 새끼봉, 호랑나비, 연꽃, 모란꽃, 동자 등과 함께 이성지합二姓之合, 만복지원萬福之源, 수여산壽如山 부여해富如海 등의 글씨를 수놓았다. 음양의 결합이 가져올 수복, 재복, 길복을 기원하는 문양과 글귀들이다. 그와 더불어 양쪽 소매에 청·홍 색동띠와 함께 노란 색동띠가 둘러져 있다. 삼색 색동이 등장하는 셈이다. 물론 청·홍만으로 색동을 하고 있는 활옷도 많다. 중요한 것은 그 와중에 삼색 색동도 함께 보인다는 점이다. 그리고 그 색동에 연이어 흰색 한삼이 달려 있다.

원삼은 활옷 대신에 사용된 옷이다. 활옷의 경우 그 화려함을 갖추기 위해서는 큰돈이 들었기 때문에 일반인들의 경우에는 원삼을 선호하였다. 궁중복으로 쓰일 경우는 소매에 홍색과 황색의 색동을 좁게 달고 소맷부리에는 흰 한삼을 덧댔다. 민간으로 내려오면 왕실과 달리 소매에 홍색, 청색, 황색, 분홍색, 흑색의 색동을 넓게 대고 한삼을 덧붙였으나 주로 청색, 홍색, 황색의 삼색 색동이 선호되었다.

본시 활옷, 원삼, 당의는 중국의 복식이다. 활옷이 한반도에 유입된 것은 신라의 삼국통일 전후에 당나라 제도에서 비롯된 것으로 본다. 그러나 당시의 활옷에 대한 구체적인 모습을 현재 확인할 수 없다. 그 당시 활옷에도 삼색 색동이 있었는지 조선 후기의 활옷과 견줄 수 없어 안타깝다. 주역에서도 이야기하고 있는 "삼재사상三才思想이 삼색 색동띠에 발현된 것이다."는 견해가 제기될 수 있고, 그 여부를 가늠할 주요한 근거가 될 텐데 말이다.

하지만 궁중의 원삼에서는 두 색만 나타나지만 민간으로 내려오면 삼색과 오색이 등장한다든지, 삼색의 의미와 그 삼색을 다 함축하고 있는 흰색의 한삼이 소맷부리를 장식하고 있다는 사실은 분명 삼신사상의 흔적이 활옷과 당의 속에서 그 질긴 생명력을 부지하고 있는 것이라 하겠다.

또 3의 원리가 발현돼 있는 흔적이 있으니 신부의 '저고리 삼작'에서다. 활옷 속에 입게 되는 저고리는 삼작을 갖춰야만 했다. 반가班家에서는 반드시 지켜야 하는 법칙이었다. 속적삼, 속저고리, 저고리, 이렇게 세 벌이 저고리 삼작이다. 그리고 겉저고리로는 노랑 삼회장저고리나 초록 삼회상저고리를 입었다. 서민이 삼회장저고리를 입을 수 있는 경우는 신부에 국한시켰다. 삼회장저고리란 목깃, 겨드랑이, 소매 끝, 옷고름 등에 다른 천을 대어 모양을 낸 저고리를 말한다.

치마로는 다홍치마를 입게 된다. 보다 격식을 차리는 가문에서는 다홍치마 안에 남색 겉치마를 하나 더 겹쳐 입었다. 이렇게 예복용 치마를 두 겹 입을 때는 겉에 입는 치마의 앞부분을 여며서 앞이 약간 들리게 하여 그 밑으로 남색 겉치마가 나오게 하였다. 청색 계열의 남색치마 그리고 그 위에 홍색 계통의 다홍치마를 이중으로 입은 것은 지천태에 해당하는

음양의 맞춤에 따른 것이다. 거기에다 저고리를 삼회장 노랑저고리로 갖
춘다면 이는 자연스럽게 삼색의 맞춤이 돼 버린다.

또한 신부는 노리개를 달아 멋을 더하기도 했다. 노리개란 패물의 일
종으로 계절과 용도에 따라 허리나 저고리, 옷고름에 단다. 노리개에는
단작노리개와 삼작노리개가 있다. 신부가 혼례를 치르기 위해 노리개를
할 경우, 반드시 삼작을 달아야 했다. 삼작이라 하면 노리개 세 개를 함께
묶어 만든 것이고, 단작이라 하면 하나만으로 된 것을 말한다. 반드시 삼
작을 매야 한다는 법칙은 그냥 넘길 수 없는 대목이다.

삼작노리개
노리개에 달린 술이 풍물꾼의 삼색띠와 같은 삼색이다.
경희대학교 중앙박물관 소장

한복의 비밀은
삼각형에 있다

노리개는 귀천을 가리지 않고 여인들의 사랑을 받았다. 궁중이나 상류 사회에서 평민에 이르기까지 애용되어 온 것으로 궁중에서나 민가에서나 경사가 있을 때 장식했으며, 간단한 것은 일상생활에서도 즐겨 사용하였다. 또 노리개의 문양이나 형태에서 부귀다남, 불로장생을 기원하는 의미를 담았다.[15]

노리개가 단작과 삼작만 있다는 것은 1과 3의 수리체계다. 그래서 삼작은 천지인을 나타낸다고 이미 갈파하고들 있다. 그리고 "삼작의 매듭술의 빛깔은 천지인을 나타내는 홍, 남, 황이나 연두, 자주, 분홍으로 맞추기도 했으며 삼작 중에 간혹 단색으로 만든 것도 눈에 띈다."고 하였다.[16]

그리고 연지곤지 화장법에도 유념해 볼 필요가 있다. 신부는 반드시 연지곤지를 볼과 이마에 찍었다. 연지란 자주와 빨강의 중간색으로서, 잇꽃의 꽃잎에서 뽑아낸 붉은 안료이다. 이를 신부의 양 볼에 동전 크기만큼의 원형으로 화장을 하였는데 이를 '연지 찍는다'고 하였다. 그리고 연지로 이마에 둥근 점을 하나 더 찍는데 이를 '곤지'라 하였다.

연지곤지는 신부의 얼굴에 점을 세 개 만들어 준다. 그 세 점을 연결해 보면 삼각형을 이루게 된다. 셋과 삼각형은 다 삼신신앙의 수리체계이자 도형이다. 이런 추론에 설득력을 더하는 것은 '곤지'라는 말이다. 국어사전을 찾아보면, '곤지'는 한자가 병기되어 있지 않다. 순 우리말이라는 뜻이다. 이 말은 우리에게 무척 익숙하다. '곤지곤지'라는 놀이 때문이다.

15. 김은영, 『전통매듭』, 대원사, 1989, 94쪽.
16. 김은영, 위의 책, 96쪽.

곤지곤지 놀이 방식은 왼손 손바닥에 오른손 집게손가락을 댔다 뗐다 하는 것이다. 이 때 집게손가락을 반대편 손바닥에 찍으면 점이 생긴다. 그 점은 씨앗을 의미할 수도 있다. 수로는 '하나(1)'이다. 이를 『천부경』을 연구하는 사람들은 우주만물의 근원이며, 종시終始를 이루는 '하느님'을 의미한다고 보고 있다. 그들은 또 이 점을 주재주 '울'이라 일컫는다. 단丹을 이야기한 봉우 권태훈 선생은 "우리의 첫 조상 되시는 분의 이름."이라고 언급한 바 있다. 그래서 갓난아기斡 때부터 천부의 원리와 조상의 근원에 대한 가르침을 이 곤지곤지놀이를 통해 실천한 것이라 주장한다.[17]

신부의 양미간에 찍는 점은 동전만한 크기다. 손바닥의 곤지점을 확대한 것과 다를 바 없다. 결국 그 명칭으로 보나 그 형태로 보나 주재주 '울'과 같다 하겠다. 이 자리는 불상에서 백호白毫가 있는 자리이기도 하다. 백호는 부처의 눈썹 사이에 난 터럭으로서 광명을 무량세계에 비춰 준다는 점이다. 불상에서는 백호를 나타낼 때 진주, 비취, 금 따위로 박아 표시한다. 범상치 않은 자리임이 분명하다. 이마의 범상한 자리에 주재주 '울'을 분명하게 하나 찍고, 양 볼에도 점을 두 개 찍었다. 그렇게 삼각형을 만들어 낸다. 칠성각의 치성광여래불이 좌우에 일광보살과 월광보살의 협시를 받으면 삼각형 구도의 윗 꼭지점에 좌정하는 구조나 구도와도 일치한다.

그런데, 왜 신부에게만 이런 점을 찍었을까. 사람의 역사는 하늘에서 이루어지는 것이 아니라 땅 위에서 이뤄지기 때문이라 답해 본다. 생명

17. 권태훈, 정재승 역, 『천부경의 비밀과 백두산족 문화』, 정신세계사, 1999, 46~49쪽.

굴건

상주가 쓰는 관이다. 구조는 고깔과 차이가 없으며, 바느
질도 9(3×3)로 되어 있다.
전라남도 장흥군 관산읍 방촌유물전시관 소장

의 시원은 엄마(여성)로부터이기 때문 아닐까. 붉은색으로 하는 이유는? 잡귀 잡신의 침범을 막기 위해서였을 것이다. 우리 민족은 신행이나 혼례에 잡귀 잡신이 따라붙게 되는데 이를 잘 막지 못하면 재앙이 온다고 믿었다.[18]

지금까지 살펴본 바와 같이 혼례 예복, 그리고 그 장신구나 화장법에는 알게 모르게 삼신의 전통과 믿음이 이어지고 있다. 이 견해를 전적으로 부정할 수 있을까. 끈질긴 생명력이다. 장례에서도 그 흔적은 발견된다.

현재 확인되는 전통 장례복은 조선시대의 것들이다. 그 중에서 대표적으로 삼재의 사상이 발현된 상복은 상주의 굴건이다. 머리에 쓰는 관의 일종으로서 삼베에 종이를 붙여서 둘레를 만들고 중간에 주름 세 줄을 세운다. 이 세 줄에 삼재의 뜻이 포함돼 있다.[19]

---

18. 김영자, 『한국의 복식미』, 민음사, 1992, 109쪽.
19. 권오호, 『우리문화와 음양오행』, 교보문고, 1996, 183쪽.

한복의 비밀은 삼각형에 있다

그렇다. 이 땅에서 의식을 거행하는 의례복의 제작 원리와 모습에 삼신의 원리가 완강하게 살아 숨 쉬고 있다. 결코 부정할 수 없는 '사실'이다. 그렇다면 일상복의 경우는 어떨까?

의례복의 경우는 상징성을 강하게 담을 수밖에 없는 특수복이기 때문에 어쩌면 당연한 귀결일지도 모른다. 문제는 내 살처럼 내 몸과 더불어 항상 함께 있어야 하는 평상복에서도 과연 삼신의 원리가 관철되고 있을까. 이는 옷을 통한 일상이 삼신의 원리에 의해서 이뤄지고 있는가를 가늠하는 척도가 될 것이기에 크게 주목할 수밖에 없다.

이를 살펴보기 위해서 먼저 한복의 발생과 그 구조에서부터 더듬어 볼 필요가 있다. 한복은 상의와 하의가 나뉘어 있는 구조다. 상의에 해당하는 옷이 '저고리'이고, 하의에 해당하는 옷으로는 '바지'와 '치마'가 있다. 그리고 하의와 상의를 모두 덮는 겉옷으로서의 포(두루마기)가 덧붙여진다. 이 세 개의 큰 구성에다 머리에 쓰는 모자(관모冠帽), 허리띠(대帶), 발에 신는 신발(화靴, 리履)이 첨가된다.

우리 한복은 그 연원을 북방계 의복에 두고 있다. 그리고 상의와 하의 그리고 이를 덮어 주는 포로 크게 세 가지로 구성됨도 알 수 있었다. 상의와 하의로 나누는 것은 신체의 여러 부위를 덮어서 노출면적을 비교적 적게 하고 몸에 밀착되게 하려는 목적에서다. 북방형의 한 특징이다. 남방형의 경우는 노출 면적이 많고 개방적이며, 통풍이 잘 되도록 여유 있게 트여 있어야 하기에 상의와 하의가 붙게 된다. 그 결과 남방형은 제작상으로는 평면구성을 갖게 되는 특징이 생긴다. 흥미로운 사실은 한복의 연원이 북방형에 속하면서도 제작 구성면에 있어서는 평면구성이라는 점이다. 평면적인 옷감을 직선적으로 재단하고 이를 꿰매 평면적인 옷으로 만든 다음 이를 다시 입체적인 인체에 맞도록 남은 부분을 주름잡거나 접어서 끈으로 고정시키는 방식이다. 그래서 형태상으로는 북방 한대형이나 구성상으로는 남방 열대형에 속하므로 양쪽이 절충된 온대형으로 보기도 한다.[20]

한복의 구성을 자세히 살펴보면 보다 분명하게 알 수 있다. 바지는 허리(마작), 마루폭, 큰사폭, 작은사폭으로 구성된다. 허리는 치마든 바지든 공히 필요한 부분이다. 결국 바지란 특성을 갖게 하는 것은 마루폭과 두 개의 사폭이다. 세 개의 조각이 모여 한 가닥의 바짓가랑이를 만들게 된다. 바짓가랑이 두 개를 만들려면 세 개의 조각이 각각 있어야만 한다. 도합 여섯 조각이다. 세 조각을 한 묶음으로 하여 두 묶음이 있으면 두 발을 끼울 수 있는 바지라는 옷이 완성될 뿐만 아니라 의도하는 용도와 기능에 그 쓰임새를 완벽하게 수행시킬 수 있다. 이 구성과 제작법을 우리가 살펴보고 있는 3의 수리체계로 해석해 보면 이렇게 정리할 수 있을 것이다.

큰 세 조각이 합하여 바짓가랑이 하나를 만들고, 바짓가랑이 두 개(3의 배수인 여섯 조각이 된다.)가 합쳐져 바지 한 벌을 만드니 이는 바지의 완성이자 옷으로서 생명이 불어넣어진 것이다. 사람이 입었을 때 추위와 외

---

20. 이주원, 『한복구성학』, 경춘사, 1991, 2쪽.

상으로부터 사람을 보호하기도
하고, 멋을 살려 주기도 하여
'사람을 살리는' 기능을 훌륭
히 수행해 낸다. 결국 삼신의
뜻을 완벽하게 수행해 내고 있
으며, 이것이 가능하게 하는 제
작법에도 3의 원리가 적용되고
있다.

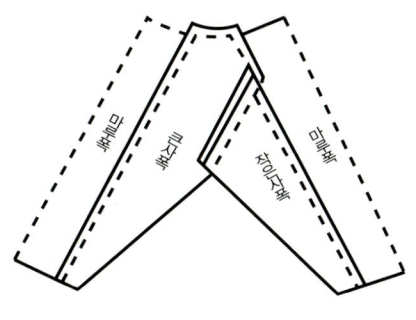

한복 바지의 구성

　더 세밀하게 바짓가랑이의
구성을 살펴보자. 바지 부리(발목과 만나는 바지 끝부분)를 보면 세 조각을
모아 놓은 바느질 선이 선명하다. 그 바느질 선에 맞춰 대님을 매기도 한
다. 그래야 바짓가랑이가 안정을 찾고 맵시도 난다. 특히, 큰사폭도 마찬
가지지만 작은사폭은 거의 삼각형에 가까운 사각형이라는 점에 주목할
필요가 있다. 삼각형을 이루게 하는 사선이 만들어 내는 넓이만큼의 효
과로 바지가 풍성해지는 것이다. 그 공간은 살과의 거리를 유지시켜 몸
을 편안하게 해 주며, 체온과 온돌의 온기가 담겨 보온효과를 얻을 수 있
으며, 좌식생활에 적합하도록 몸의 움직임을 자유롭게 해 준다. 양복 바
지와 달리 한복 바지의 구성상의 조건은 각도가 큰 '사폭'에 있다. 사폭,
즉 사선이 있는 조각으로서, 사선은 반드시 삼각형을 만들어 낸다.

　두루마기의 구성도 흥미롭다. 두루마기의 구성에서 우리가 주목해야
할 부분은 '무'와 '섶'이다. 무는 옆구리를 구성하고 있는 삼각형의 조각
이다. 소매와 만나는 겨드랑이를 꼭짓점으로 하여 밑으로 내려가면서 역

삼각형을 이룬다. 두루마기는 앞조각(앞길)과 뒷조각(뒷길)을 바로 붙여 옆구리를 만드는 것이 아니다. '무'라는 삼각형 조각이 붙음으로써 아랫 부분이 풍성해지고 여유 있어지며, 그 선은 기와집 처마 선처럼 날렵하 다. 양복의 오버나 바바리코트에서는 이런 삼각형의 무가 발견되지 않 는다.

섶은 '앞길'에 이어 붙여서 앞면을 형성하는 조각이다. 평면 구성인 한 복을 직사각형 형태의 앞길만 붙여 사람이 입게 되면 옷이 벌어지게 된 다. 여자의 가슴이나 남자의 배는 튀어나오기 십상이다. 평면 구성으로 만든 옷을 균등하지 않은 입체의 몸에 그대로 입혔을 경우엔 옷이 몸을

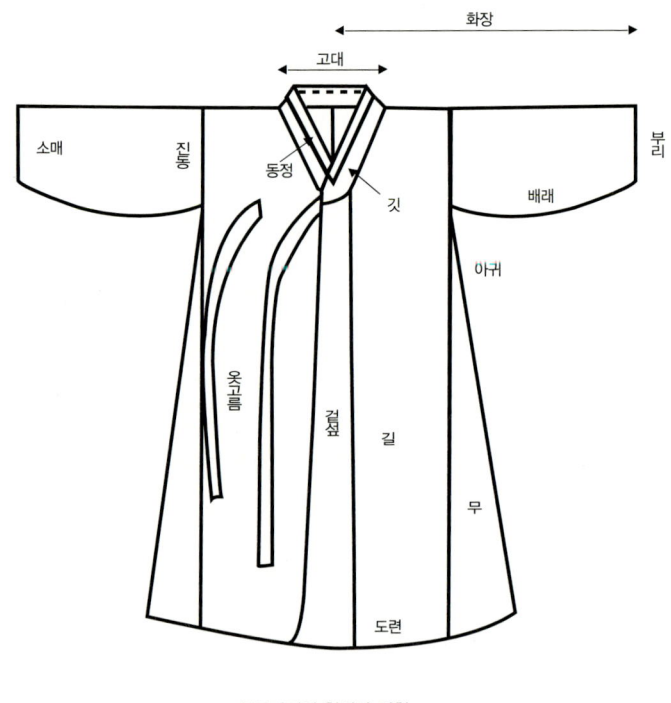

두루마기의 형태와 명칭

완벽하게 감싸기 힘들다. 특히, 몸은 정지 상태로만 있는 것이 아니다. 수없이 움직인다. 살아 있음과 건강함의 증표는 활발한 움직임일 것이다. 몸이 움직일 경우 평면 구성 상태 그대로는 옷의 본래 기능을 수행하기 힘들어진다. 그래서 개발한 것이 '섶'이다. 섶은 바지의 사폭처럼 사선을 줘 아래로 가면서 점점 넓어지게 만들었다. 두루마기의 경우는 밖으로 덮어지는 쪽에 단 앞섶과 그 밑으로 들어가는 쪽에 붙인 안섶, 이렇게 두 개의 섶을 단다. 그리고 그 섶에 고름을 달아 여미게 된다. 물론 사선이 만들어 내는 만큼의 삼각형이 여유 공간을 만들어 줌으로써 어떤 과격한 움직임을 막론하고, 아무리 굴곡이 큰 몸집이라 하더라도 그 울퉁불퉁함을 가리고 감싸 주게 된다. 외풍과 찬기도 물론 완벽하게 차단시킨다. 다 삼각형이 만들어 내는 효과다.

저고리 역시나 두루마기와 같다. 길이가 짧기 때문에 무는 필요치가 않을 것이다. 대신 섶은 절대적으로 필요하다. 여자의 경우는 더더욱 그렇다. 삼각형의 위력은 저고리에서도 발휘된다. 그것만 있는 것이 아니다. 저고리에는 아주 상징적인 삼각형이 하나 더 있다. 옷깃이 만들어 내는 삼각형이다. 저고리를 입으면 얼굴이 빠져나오고 목이 드러나는 바로 그 공간, 그 공간을 한복은 '반드시'라 할 정도로 삼각형으로 만들어 낸다. 사람이 옷을 입지 않으면 비어 있는 공간이지만 사람이 옷을 입으면 그 공간은 정확하게 삼각형으로 그 기능을 회복한다.

그 목 부분을 원형으로 만드는 옷이 있기는 했다. 허나 그것은 궁중의 상이나 관복, 그리고 선비가 입는 옷에서만 발견된다. 이런 옷은 중국의 영향을 받아서였다. 중국의 옷을 그대로 사용하기도 하였다. 단령 혹은

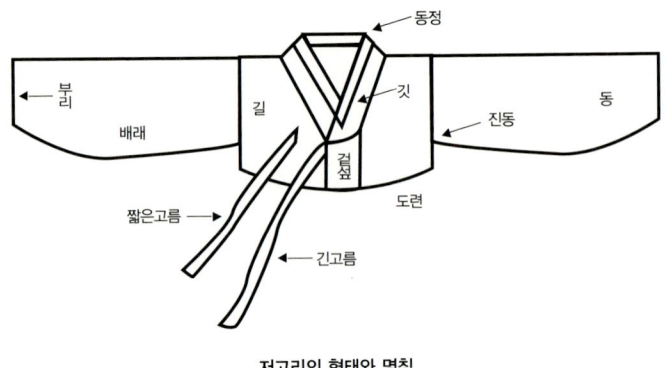

저고리의 형태와 명칭

원령圓領이라고 부르는 중국식 옷들이다. 반면에 우리 옷의 전통을 이어받은 서민들은 원형을 거부하였다. 그 전통은 지금도 이어지고 있다. 한복은 사람이 옷을 입었을 때 옷깃이 정확하게 삼각형을 이뤄야 섶이 들리거나 옷이 울지 않도록 마름질하고 짓는다. 그래야 품위가 있고 자태도 살아난다.

신체의 목과 그 윗부분은 머리다. 한복의 경우 신체에서 유일하게 옷으로 가리지 않는 부분이기도 하다. 그리고 아주 중요한 장기들이 모여 있는 곳이기도 하다. 손발이 잘려 나가면 사람이 죽지 않지만, 목이 잘려 나가면 사람은 살 수 없다. 목이 잘리는 순간 시체가 되고, 고깃덩어리로 돌변한다. 과거에 사형을 명할 땐, "저 놈의 목을 쳐라."는 표현을 즐겨했다. 지금도 이 표현을 하게 되면, 숨줄은 끊지 않더라도 밥줄을 끊으란 의미만큼은 확실하게 갖는다. 해고를 하거나 직위를 해제시키는 경우에 쓸 것이다. 밥줄을 끊으면 어떻게 되는가. 살아가는 데 장애가 생긴다.

한복은 목숨과 밥줄을 상징하는 목, 내가 '나'라는 의식을 갖게 만들어 주는 머리를 감추지 않고 세상과 하늘에 당당히 드러내 놓은 그 사리는 반드시 삼각형으로 만든다. 삼각형은 '사람'을 상징하는 도형이라고 하였다. 그리고 하늘과 땅에 이어서 세 번째에 나타나는 존재이기도 하다. 그 존재가 입는 옷이다. 하늘이 입는 옷도 아니고 땅을 덮어 주는 옷도 아니다. 바로 사람이 입는 옷이다.

삼각형만으로도 부족했는지 이런 생각과 의지를 더욱 분명하게 드러내는 것이 저고리에서 하나 더 발견된다. 바로 동정이다. 동정이란 옷깃에 덧붙이는 흰색 띠다. 색깔이 있는 옷이라 하더라도 이 동정은 반드시 흰색으로 달았다. 지금도 그렇다. 그리고 동정은 항상 청결을 유지시켰다. 동정이 더러워지면 떼어 내고 새 동정을 다는 것이 지금도 중요한 작업이다. 이는 옷 전체를 빨 때만 하는 작업이 아니었다. 수시로 갈았다. 목 부분에 직접 닿는 부분(옷깃)은 쉬이 더러워지기 때문에 옷 전체를 자주 빨지 않기 위해 개발한 장치라고도 볼 수 있다. 물론 그런 효과가 분명 있을 것이다. 그 목적이라면 흰색으로 동정을 달지 않고 색이 있는 동정을 달면 더 오래 입을 수 있을 텐데, 쉽게 때가 타는 흰색을 '반드시' 선택하였다는 점이 심상치 않다.

흰색의 의미에 무게를 더 두게 되는 것은 동정의 제작 방식과 모양새 때문이다. 동정의 끝은 각 지게 만든다. 동정의 끝이 삼각형을 형성하게 된다는 뜻이다. 제작 방식을 보면, 두꺼운 종이나 천을 심으로 삼아 흰 천을 감싸게 되는데 심을 감싸기 위해서는 천을 한 번 접고 두 번 접어야 한다. 세 부분으로 나누어 심을 감싼다는 말이다. 단단한 심을 박아 만들어 옷깃에 붙이기 때문에 옷깃이 힘을 받아 삼각형 모양을 확실하게 만들고

한복의 미덕은
삼각형에 있다

유지시킬 수 있게 된다. 철저히 3의 원리가 작용되고 있다.

일단 정리를 하자. 북방형에 연원을 두고 남방형을 절충하여 독특한 한복을 만들어 낸 우리 민족. 그 이질성과 충돌을 조화와 '하나'로 만들어 낸 비밀은 3과 삼각형에 있음을 한복의 구성에서 분명하게 확인할 수 있었다. 3과 삼각형은 여유와 풍성함이란 특성을 갖게 한다. 그 특성으로 기능상의 요구를 훌륭히 수행함과 더불어 멋과 기품도 얻어 내고 있다. 철저히 삼신사상과 원리가 한복 제작과 멋에 관철되고 있음을 우리는 부정할 수 없게 되었다.

이는 옷의 색깔에서도 드러난다. 우리 민족을 '백의민족白衣民族'이라 부르기도 한다. 흰옷을 즐겨 입는 우리 민족. 한복의 특성을 이야기할 때 백색 선호에 대한 언급이 빠지지 않는다. 그만큼 그 전통과 연원은 깊다. 그리고 질기다.

숫대를 머리에 심고 살았던 조선의 남자들

상투만 해도 그렇다. 동아시아에서 상투를 하는 민족은 우리 민족과 묘족(월남)뿐이었다고 한다. 우리의 상투는 방망이처럼 삐죽하고 단단하다는 특징을 갖는다. 그리고 하늘로 향해 수직으로 치솟아 있다. 상투는 남자만 한다는 점도 유념할 대목이다. 상투를 트는 것은 관례를 치러야 비로소 가능하다. 상민은 총각일 경우 아무리 나이가 많아도 어린아이처럼 머리를 땋아야지 상투를 할 수 없었다. 혼례를 치러야만 상투를 올릴 수 있었다. 양반가의 성인식인 관례에서 상투를 올릴 경우, 초가례(관례는 세 번 의식을 치르게 되는데 그 첫 의식을 말한다.)에서 상투를 틀어 주고 의복을 바꿔 입혔다. 관례는 정월이나 4월에 택일하여 치르게 되어 있었으나 실제로는 혼례를 앞두고 하는 것이 더 일반적이었다. 계례는 여자의 관례로서 처음으로 비녀를 꽂는 의식이다. 15세 때 치르게 되어 있었으나 이 역시 대개는 혼인날 아침에 치렀다.

상투란 어른이 됐다는 상징물임이 분명하다. 그 생김새가 남자의 생식기와 닮아 있다. 서울의 문물역사에 밝았던 조풍연은 상투의 의미에 대해 언급한 바 있다.

> 상투는 그 모양이 남성을 상징한다. 가리마와 빨간 댕기로 찌는 쪽 모양이 여성임을 상징하는 것과 대對가 되어 매우 소중한 것으로 알았다.[21]

남성의 상징인 상투. 축 늘어진 모양이 아니라 하늘을 향하여 힘껏 발기한 상태다. 생명의 씨를 뿌리는 연결구(생식기)가 하늘로 치솟을 만큼 발기하였다면 왕성한 생식력을 갖고 있음이 분명하다. 생명의 씨앗을 막밭(여자)에 뿌리기 직전의 상태이기도 하다. 그래서 혼례를 치르고 비로소 올리는 상투는 "씨를 뿌려 당당히 자식을 생산해도 된다."는 사회로부터의 공인을 상징하는 것과 같았다.

---

21. 조풍연, 『서울잡학사전(개화기의 서울 풍속도)』, 정동출판사, 1991, 57쪽.

이런 해석도 가능하다. 상투는 신체의 가장 높은 자리에 위치한 머리의 중심에 자리할뿐더러, 하늘을 향해 우뚝 솟아 있다. 결국 상투 끝이 신체에서 가장 높은 자리인 셈이다. 뒤로 처져 있는 일본인들의 머리 장식이나 여자처럼 머리를 길게 땋아 내리는 만주족들하고는 확실히 다르다. 우리의 상투는 그 모습이 마을의 중심을 잡아 주면서 하늘을 향해 솟아 있는 당산나무나 솟대와 너무도 닮아 있다. "내가 서 있는 이 자리가 바로 지구의 중심이자 하늘과 통하는 곳."이라는 의식이 반영되어 있는 '우주목宇宙木'으로서의 당산나무나 솟대 말이다. 머리 위에서 하늘을 향해 치받아 올라간 상투는 '바로 내가 내 몸에 모시고 다니는 당산나무이자 우주목'이라는 추론을 하는 데 분명한 개연성을 제공한다. '내'가 바로 하늘과 직접 통하는 '통로'이며 하늘의 기운을 직접 받아 내릴 수 있다는 기개가 이 상투에 담겨 있다. 하늘의 정기를 받는 상투, 하늘의 정기(남자의 정기)를 땅(여자)에 전해 주는 아랫도리의 상투(남자 생식기). 분명 일관된 흐름과 연관성이 있어 보인다.

그래서 매일 이 상투에 정성을 들였다. 아침에 일어나면 세면과 동시에 이 상투를 다시 틀어 올렸다. 매일 되풀이 되는 이 몸단장에 의해서 '하늘'과 '근원(조상)'과 '나'를 되새김질하게 만드는 무엇인가가 생겨났을 것이다. 본인이 의식을 하든 못하든 상관없이 말이다. 이는 멋 부림의 몸단장이 아니라 분명 정신적이고 이데올로기적인 의식이자 의례였다. 아울러, 곧추선 상투는 좌식생활에서 무너지기 쉬운 척추를 반듯하게 세워 주는 실제적인 기능도 하였을 것이다. 정신이 만들어 내는 결과든 곧추선 허리가 정신을 가다듬어 주든 우리에게 상투는 생명이자 조상이자 바른 '나' 그 자체였던 것이다.

그처럼 중요한 머리와 상투를 보호하고 감싸는 모자(冠관)가 있었다. 그래서인지 우리는 관을 무척 조심스럽게 다뤘다. 관을 밟는다든지 넘어간다든지 하는 행동이란 상상하기 힘들었다. 방 안에서는 가장 상석에 모셨다. 관에 대한 태도에는 경외감이 배어 있다고 봐야 할 것이다.

고깔 = 삼산관 = 삼신관 = 삼신 = '나'

우리의 대표적인 모자는 변弁이라고 하는 것이다. 얼마나 특징적이었으면 이 변이란 모자로 인해 변한弁韓이란 나라 이름이 생길 정도였겠는가. 변은 『석명釋名』(중국 후한의 사서辭書)에서 "양손이 합쳐질 때의 형상과 같다."고 하였다. 그래서 끝이 뾰쪽한 삼각상三角狀일 것으로 모두들 보고 있다. 우리말로는 '곳갈', '고깔'이라고도 한다. 어원적으로 해석하면 '곳'은 즉 첨각을 말하고 '갈'은 모자를 의미하여 정상이 뾰족한 모자라는 뜻으로 풀 수 있다. 삼각상의 모자라는 말이다.[22]

고깔이라는 이름을 가진 모자는 지금도 쉽게 만나 볼 수 있다. 절집의 고깔과 풍물꾼들이 쓰는 고깔이다. 모두 끝이 첨각을 이루는 삼각상의 모자들이다. 그러나 그 형태가 단순한 삼각형은 아니다. 챙 부분을 반드

---

22. 유희경, 『한국복식사연구』, 이화여자대학교출판부, 1989년, 55쪽.

시 접어 올려 밑변 양쪽에 첨각을 두 개 더 만든다. 꼭대기를 세 개 만드는 셈이다. 이 모습은 바로 산의 모습을 하고 있다. '뫼 산山'이라는 한자 형상 그 자체이기도 하다. 그래서 소자봉은 다음과 같이 주장하였다.

> 그 모습은 삼봉일산三峰一山의 모습이요 삼신일체三神一體의 뜻을 품고 있는 것이다.[23]

봉우리는 셋이되 결국 하나의 산이니, 이는 하나가 셋이며 셋이 하나

---

23. 조자용, 앞의 책, 84쪽.

가 되는 삼일三一·삼신三神의 세계관을 반영하고 있다는 뜻이다. 즉, 고깔은 삼신관三神冠이라는 주장과 다르지 않다.

산(고깔) 속의 상투, 삼신산을 밑에서 치받아 올리는 좆(상투). 아니 점잖게 표현을 하자. 우리 민족은 삼신산을 머리에 이고 다니고, 이 삼신관을 쓰고 풍물을 치며 살아왔다. 왜? 그야 물론 삼신세상을 만들기 위해서였다.

결론을 내리자. 한복과 그 장신구는 온통 삼신투성이다. 삼신님이 온몸에 좌정하고 있다. 아니 모시고 있다. 머리에 쓰고, 귀에 걸고, 옷고름에 매달고, 상하의도 모자라 한 꺼풀 더 걸치고……

그렇다.

내 몸은 삼신님 천지! 내 몸은 삼신님! 내 몸을 귀히 여길지어다.

5

삼재를 물리치는
부적 이야기

여러분 자동차에도
부적이 달려 있나요?

반바지 차림에 샌들을 끌고 집을 나서 보았다. 주위는 친숙한 모습과 물건들이 자기 자리를 차지하고 있었다. 스카이라인을 형성하는 아파트 행렬과 그 속의 사람들. 그 사이사이를 메우고 있는 자동차들. 늘상 보는 모습들이다. 생활이 정신없이 돌아가다 보니 무심코 지나치기 쉬운 것들이기도 하다. 그러나 그날은 자동차 안을 유심히 살피면서 동네 한 바퀴를 돌았다. 뚜렷한 주제를 갖고였다.

백미러에 뭔가 걸려 있는 것은 없는가, 변속기 막대에 뭔가 감겨 있는 것은 없는가?

물론 뭔가가 있었다. 어떤 소형 승용차에는 철 십자가가 백미러에 걸려 있었다. 어떤 승용차에는 커다란 나무십자가가 걸려 있기도 했다. 묵주가 걸려 있는 승용차도 보였다. 자동차 안을 기웃거리며 지나가는데 막 출발하려고 시동을 거는 승합차의 백미러에는 백팔염주가 묵직하게

늘어져 있었다. 손목에 감고 다니는 묵직한 염주는 무게와 부피 때문인
지 변속기에 감겨 있는 경우가 많았는데, 주로 소형 트럭에서 볼 수 있었
다. 십자가가 달린 묵주도 여럿 보였다. 어떤 개인택시의 백미러에는
'卍'자가 선명하게 붉은 글씨로 박혀 있는 금색 철함(소형 성냥갑만한 크
기)이 걸려 있었다. 열고 닫을 수 있도록 돼 있는 것으로 보아 분명 금색
철함 속에는 부적이 담겨 있을 것이다. 집 앞에 주차돼 있는 몇 십 대의
자동차를 10여 분 동안 둘러보았다. 가장 인상적인 모습이 무엇이었냐고
묻는다면 세 가지를 한꺼번에 매달아 놓은 1톤 포터를 들겠다.

그 짐차 천장의 백미러에는 복조리가 매달려 있었다. 정월 대보름이면
아르바이트 하느라고 아파트촌을 누비고 다니면서 팔았을 복조리, 그 모

습, 그 형태 그대로였다. 그리고 테니스공만한 연등도 보였다. 불은 밝히지 못하겠지만 그 연등은 붉은 색실을 늘어뜨리고 앙증맞게 흔들리고 있었다. 그것으로도 모자라 염주도 한 자리 차지하고 있었다. 그런데 염주의 모양새가 특이했다. 그 염주에는 나무로 깎은 종(모양)이 하나 달려 있었는데, 그 나무 종의 표면에는 돌아가면서 부적 문양이 새겨져 있었다. 종이에 찍어 놓은 부적이 아니라 종에 새겨진 부적 문양! 좋다는 것은 죄다 동원되어 있었다.

10여 분간 둘러본 우리 집 앞 자동차의 20% 이상이 십자가가 됐든, 묵주가 됐든, 염주가 됐든, 부적이 됐든 뭔가를 달고 있었다. 물론 젊은 애들이 마스코트로 장식해 놓은 강아지 인형이나 배추인형, CD 플레이어 등은 제외하고서이다. 앞에서 살펴본 바와 같이 뭔가를 다는 마음가짐과 똑같은 심리가 젊은 애들이 매단 마스코트에도 잠재돼 있을 가능성이 높다. 자동차 고사를 지내면서 상에 올려놓았던 명태를 보닛(Bonnet) 안에 달고 다니는 자동차, 그리고 뭔가를 자동차에 달고 다니지는 않지만 대신 부적을 몸 안에 품고 다니면서 운전을 하는 사람까지 감안한다면 그 비율은 30~40% 이상을 훌쩍 넘어설 것이다.

역시 어쩔 수 없다! 아무리 과학문명이 발달한다고 하여도 예측할 수 없는 불안감 때문에 뭔가에 의지하려는 심리. 첨단과학의 결과물인 자동차에까지 뭔가를 덕지덕지 달고 다니는 엄연한 현실. 우리 땅에서 벌어지는 어쩔 수 없는 모습이다.

이 불안감과 불안에 대한 예방 심리는 백미러에 매달아 놓은 뭔가의 형태나 종교와 상관없이 똑같을 수밖에 없다. 묵주나 염주나 십자가나 부적이나 명태나 다 같지 않겠는가. 묵주나 염주나 십자가는 미신이 아니고 부적이나 명태는 미신이라고, 혹시 누군가 분명하게 구분을 하고 있다면? 글쎄…….

백미러에 매달려 사고를 막아 주고 안전운행을 보살펴 주는 십자가나 염주 혹은 묵주는 그 종교의 상이함과 상관없이 기능과 역할은 대동소이하다. 우리 식으로 이해한다면 부적의 기능과 역할이지 않겠는가. 소원 성취를 빌고 재앙을 쫓을 목적으로 몸에 지니거나, 적당한 장소에 붙여놓는 물건이나 그림, 글자인 부적!

백미러에 매달려 부적의 기능과 역할을 하고 있는 뭔가는 종교 행위와 연관되어 있다. 새 차를 뽑으면 밤에 사거리에 나가 무당을 불러 고사를 지내는 것이나, 절에 가 스님께 부적을 해와 다는 것이나, 친지나 친구들이 모여 고사를 지내거나, 이도 저도 아니면 막걸리 한 통 사다가 자기 차의 앞뒤 네 바퀴에 뿌리며 무사운행을 기원하는 모습은 그 전통과 뿌리가 깊어 그러려니 하겠는데 언제부턴가는 신부님을 모셔 무사운행을 기원하고, 목사님을 모셔다 안전운행을 기도하는 모습까지도 목격하게 되었다.

이 땅다운 모습이라고 웃어넘길 수도 있으나, 각 종교를 대표하는 종교적 상징물들이 부적의 기능과 역할을 아주 천연덕스럽게 하고 있다는 엄연한 사실에 주목할 필요가 있다. 혹시 시대나 종교를 초월하여 보편적인 현상으로 봐야 하는 것은 아닐까?

부적은 지금도 살아 있는 모두의 문화

일찍이 나일 강 유역에 정착하여 살았던 고대 이집트인들은 신이나 성스러운 상징물을 나타낸 부적과 호신부에 크게 의지한 삶을 살았다고 전한다. 대표적인 부적이었던 풍뎅이를 신성시 여김과 동시에 부활의 상징으로 반지에다 풍뎅이 문양을 새겨 끼고 다녔다. 알래스카 에스키모인들은 병이 난 아이의 영혼을 부적으로 치료한다고 한다. 고대 멕시코의 아즈텍인들은 손 모양의 붉은 무늬가 재앙으로부터 가정을 보호해 준다고 믿어 집 벽에다 그 무늬를 그렸다. 호랑이 발톱은 돌발적인 놀라움을 막아 줌과 아울러 용기를 북돋워 준다고 믿어 중국이나 한국에서 부적으로 사용되었다.

이슬람 사회에서는 재난과 흉사를 모면하는 예방법으로 부적이 가장 널리 사용되었다. 악으로부터의 보호를 의미하는 '히르즈'라는 부적, 커튼 등으로 물건을 가린다는 뜻의 '히자브'라는 부적 등등. 아랍의 경우에는 파란 염주 목걸이가 일반적인 부적의 형태로서 해를 입기 쉬운 사람이 목에 걸었다. 그 밖에도 계란형의 헝겊과 같은 부적도 있는데 이것은 정원의 나무나 숲 속에 매달아 둔다고 한다. 특히, 코란의 글귀가 적힌 종이는 이슬람 교도들의 부적으로는 대표적이다. 중세 유럽인들은 성모상과 성화를 부적처럼 모셨다고 한다. 성화는 단순한 그림이 아니라 성스러운 물건이어서 신앙심 깊은 사람은 이를 보기만 해도 신령한 세계에 도달할 수 있을 뿐만 아니라 악령을 퇴치해 준다고 믿었다. 집은 물론 마구간이나 관공서, 그리고 마을 우물에도 성화를 걸어 놓았다.

중국과 일본과 한국의 부적문화도 대단한 점이 있다. 부적을 일본에서는 주부呪符라 일컫고 중국에서는 부주符呪라 부른다. 장도릉이 창시한 것으로 전해지는 중국의 부주는 동양오술(東洋五術: 산山·명命·의醫·복卜·상相) 중의 하나로 분류된다. 동양오술이란 '더 행복한 삶을 추구하기 위해 설계한 취길피흉(取吉避凶: 길한 것은 취하고 흉한 것은 피한다.)의 방술이나 술수를 일컫는 것'으로 부주는 오술 중에서도 산山[24]에 해당하며, 산 중에서도 수밀修密[25]에 속한다. 그 부주의 내용도 여산파(가장 활발하다고 한다.), 곤륜파, 서갑파, 객여파, 모산파 등 여러 분파가 있어 저마다의 특징과 효능을 겨루는 실정이다.

우리의 부적을 살펴보아도 그 쓰임새와 종류 또한 헤아릴 수 없이 많고 광범위하다. 만사가 대길하고 소원성취를 목적으로 한 부적(칠성부, 소원성취부, 목적달성부 등), 가업 번창과 가택 안전을 목적으로 한 부적(백사대길부, 안택부, 가업번영부, 미혼부, 번영부 등), 부부, 남녀애정, 자손 및 임신 해산에 대한 부적(인연부, 남편바람방지부, 아내바람방지부, 화합부, 권태방지부, 난산부, 보태부, 유산방지부, 부부해로부 등), 신수를 좋게 하고 재앙을 막기 위한 부적(삼재예방부, 삼재부, 관재부 등), 관직 및 재산을 모으기

---

24. 육체와 정신 수련을 통하여 완인完人의 경지에 도달하는 것을 궁극적인 목적으로 삼는 방술이다. '산'이라는 명칭이 붙는 것은 이러한 것을 수련하기 위해서 심산유곡이나 명산을 찾아갔기 때문이다.
25. 육체 수련을 통하여 체력을 증진하고 몸을 보호할 목적의 권법과 부적, 주물呪物을 통하여 질병, 재앙, 사귀를 물리치고자 하는 부주가 있다.

위한 목적의 부적(여의부, 사업흥황부, 부귀안택부 등), 동토와 부정을 막기 위한 부적(동토부, 가옥개수부, 조왕동토부 등), 선신의 수호와 가호를 받기 위한 부적(금강부, 호신부 등), 악신 퇴치를 위한 부적(태을부, 파사부 등), 이사에 대한 부적(이사대길부 등), 꿈자리가 사나울 때나 악몽, 흉몽을 꾸었을 때도 부적을 하며, 영혼을 달래고 장례와 풍수에 관련해서도 부적을 한다. 육축이나 풍수해를 막기 위한 부적(풍수해부, 모기쫓는부 등), 사주관상을 보아 안 좋은 것을 막기 위한 목적의 부적(일반관상, 소아관상, 원진살, 도화살 등), 질병을 치료할 목적의 부적(식욕촉진부, 위통부, 복통부, 오줌싸개치료부, 옴치료부, 지혈부, 종기치료부 등등 내과·외과·산부인과·정신과·소아과 등 모든 병에 대한 부적) 등, 수도 없이 많다. 생활 전반과 이승과 저승의 모든 영역에 대해 부적이 사용되고 있으며, 그 효과를 기대하고 있음을 발견하게 된다. 주목할 것은 이 부적이 과거의 풍습이 아니라는 것이다. 현재도 알게 모르게 우리 생활 깊숙한 곳에서 살아 숨 쉬고 있다.

이미 지적하였듯이 부적에 대한 믿음은 결코 옛이야기가 아니다. 홈런왕 베이브 루스는 "시합 전에 꼽추를 보면 재수가 좋다."고 믿어 시합이 있는 날에는 언제나 자기가 지나가는 길목에서 우연히 꼽추와 마주치도록 했다고 한다. 무솔리니는 불의의 사고를 막아 줄 것이라고 굳게 믿으며 외출할 때는 반드시 성모상 인형을 휴대하였다고 전한다. 내 경우도 대학입시를 눈앞에 두고 버스 속에서 주운 연필을 왠지 몸에 지니고 싶어 시험장에도 부적처럼 가져갔으며, 입학 후에도 그 연필을 계속 지니고 다니다 첫 미팅 때 파트너 정하기 용도로 그 연필을 내놓은 경험이 있다. 입시 철이 되면 입시지옥을 성공적으로 벗어나기 위한 학부모들의 몸부림이 결국 점집과 부적 해 주는 집 문전으로 발길을 옮기게 만드는 세태에서도 부적의 강한 생명력을 확인하게 된다. 부적문화는 시대를 초월하여 존재하였던 전 세계적인 현상이며, 지금도 계속되고 있으며, 앞으로도 결코 사라지지 않을 것이라는 예측을 가능케 한다.

우리는 이 대목에서 '부적이 무엇인가?'라는 의문을 갖지 않을 수 없다.

대개 우리나라에서 부적이라 하면, 백지나 치자물을 들인 노란 종이(괴황지槐黃紙)에 결명주사나 먹으로 그림을 그리기도 하고 글자나 기호를 쓰기도 하여 만든다. 손바닥만한 크기로 접거나 오려 몸에 지니기도 하고 집에 붙여 두기도 한다. 부적을 만들어 지니는 이유는 분명하다. "자신에게 닥친 재앙을 사전에 예방하여 재난을 가능한 한 극소화하고 복록과 행운을 최대한 증가시키기 위해서."[26]이다.

이런 목적으로 사용하는 주물呪物은 종이 형태뿐만 아니라 원시시대부터 사용해 온 돌, 뼈, 조개, 호랑이 이빨, 씨앗, 장신구 등의 물건도 있다. 그래서 일부 부적 전문가들은 종이가 아닌 주물까지 포함하는 개념으로 '부작符作'이란 용어를 쓰자고 주장하기도 한다.

여하튼 부적의 효능이 어떤 메커니즘에 의해 이뤄지며, 정말 효과가 있는가? 하는 궁금증은 여전히 남는다. 이에 대해 "부적에는 인간의 지극한 정성과 의지에서 발생되어 나오는 강한 기氣가 내재되어 있다고 볼 수 있고, 그 내재된 기가 어떤 힘을 발휘하는 것이 아닌가."[27]라고 설명하기

26. 귀곡, 유선덕 역, 『만사형통부적』, 이가출판사, 1989, 18쪽.

도 한다. 기의 실체를 부정할 수 없다면 위의 견해를 주목해도 될 것이다. 이제 '기'의 존재 여부에 대한 논의는 끝난 것으로 보인다. 단지 일반적으로 수용하기 힘들어하는 선입견이 문제일 뿐이다. 중국 정부는 기를 물리적으로 실재하는 존재로 공식 인정하여 그에 대한 연구를 활발하게 전개하고 있으며, 1996년에 기공사 자격제도를 도입하였다. 우리나라도 1998년에 '기 관련 분야 진흥특별법' 제정이 일부 과학자와 과학자 출신 정치인들에 의해 제기되었다. 기의 실재에 대한 과학적 논의는 무의미하다. 이제는 기를 어떻게 활용할 것인가의 단계로 넘어가 있다고들 이야기하기 때문이다.[28]

부적을 지니고 있는 사람은 그렇지 않은 사람보다 몇 십 배, 몇 백 배의 노력과 수고를 아끼지 않을 '성심誠心'이 있어야 한다고 한다. 그래야 바라는 바대로 부적의 효험을 볼 수 있다는 것이다. 그저 지닌다고 효험을 보는 것이 아니라는 뜻이다. 특히, 부적의 효험을 믿는 사람에게 그 효능이 크게 나타난다고 한다. 이런 메커니즘은 부적을 만드는 과정에서도 발견할 수 있다. 제작 과정에 들이는 정성을 헤아려 본다면 부적에 어떤 기운이 투영된다고 볼 수 있기 때문이다.

부적을 만드는 방식은 사람에 따라 나라에 따라 차이가 있다. 일반적인 우리 방식을 알아보면, 우선 사용자의 나이에 맞춰 택일을 한다. 택일이 되면 부적을 만들 사람과 사용할 사람 모두 다 부정을 피해야 한다. 화

27. 오상익, 『진짜 부적 가짜 부적』, 삼한출판사, 1993, 20쪽.
28. 방건웅, 『신과학이 세상을 바꾼다』, 정신세계사, 단기 4330(1997), 284~286쪽.

내지도 말아야 하며, 싸움을 피해야 하며, 시기하거나 질투하거나 거짓말을 해서도 안 되며, 술을 마셔서도 안 되며, 사심을 갖는 것도 금해야 부정을 피할 수 있다. 제작하기 전날에는 반드시 목욕재계를 해야 한다. 택일한 날이 돌아오면 아침 일찍 일어나 세수하고 깨끗한 옷을 입고 동쪽을 향하여 정화수를 올리고 분향(향을 세 개 준비하는 사람도 있다.)한 뒤, 세 번 숨을 크게 들이마시고 내뿜어 몸 안의 나쁜 기를 모두 토해 낸다. 그리고 이를 딱딱 세 번 마주치고(혹은 일곱 번) 주문을 외운 다음에 비로소 부적을 그리게 된다. 부적을 그리고 난 다음에도 신력을 불어넣기 위해 『천수경』이나 부적의 용도에 맞는 경을 읽기도 한다.

온갖 정성과 염원을 소리를 통해, 그림과 글씨를 통해 부적에 불어넣고 있음을 알 수 있다. 그래서 소리는 우주의 내면적인 파동이고 그것은 가장 근원적인 씨앗이기에 '주문'이라고 칭하며, 그 소리에 표현된 여러 모습을 형상화한 것이 '부적'이라는 견해[29]가 제시되나 보다. 이 관점에서는 소리와 형태, 즉 주문과 부적은 마치 디스켓이라는 형태 안에 소리가 내장되어 있는 것과 같아 결코 분리될 수 없는 연결에너지로 이어져 있다는 것이다. 뿐더러 그 효력은 항상 공존한다고 본다. 또한 소리와 형태는 기에너지인 동시에 하나의 신호이며, 기에너지에는 생성에너지와 파괴에너지가 있어 나를 돕기도 하고 해하기도 한다.

다음과 같은 견해도 있다. 인간의 의식 수준이 발전하는 것은 사람의 몸과 마음에 그 기초를 두고 있다는 것이다. 이러한 몸과 마음에 기초를

---

29. 운담, 『부적을 지니면 행운이 보인다』, 깨침의 소리, 1999, 서문.

둔 의식 수준을 확장하는 수단으로서 소리(주문)와 형상에너지(부적)는 정밀한 효과를 나타내니, 소리와 형상에너지가 개인적인 원력에 집중되고 그것에 자신의 마음이 집중될 때 마음이 평온해지며 명상 상태에 들게 된다고 한다. 이 상태에서 질병 치료 및 건강, 운명의 전환, 행운, 부의 획득, 일의 성사, 정신적인 안정, 대인관계의 조화, 영적 체험 및 깨달음 등에 이르기까지 많은 도움을 받을 수 있다고 한다. 그리고 인간의 몸에는 수많은 에너지의 선과 흐름이 있어서 그것은 정신의 진화와 의식의 상태로 연결되며, 에너지의 음양 흐름이 서로 조화를 이루면서 그 에너지를 각성시키는데, 그러한 흐름을 '쿤달리니' 상태라고 한다.[30]

삼재부는 삼신의 기운

결국 이런 견해와 방법론은 몸과 마음이 분리돼 있는 것이 아니라 결국 하나라는 심신일여心身一如의 세계관에 입각하지 않고서는 이해될 수 없다. 그래서 몸과 마음을 다른 것으로 보는 이원론적 사고로는 결코 소화가 되지 않는 것이다.

　일찍이 우리 선조들은 사람(생명)이란 심기신心氣身으로 되어 있다고 보았다.[31] 심신에 기라는 존재가 추가되어 있다. 그리고 그 심기신은 결국

30. 박지명, 『생명공학과 부적』, 깨침의 소리사, 1997.
31. 임훈, 『한단고기』, 배달문화원, 1985.

'하나'라고 본다(삼일사상, 삼신사상). 사람이 심기신의 세 가지 요소로 되어 있다는 것은 우주가 천지인으로 구성되어 있다고 보는 견해와 같은 맥락이다. 즉 천지인도 결국 심기신으로 구성되어 있기 때문에 인의 강력한 염원은 신성과도 통하여 원하는 바대로 움직일 수 있으며, 일이나 사물에도 통하여 변화를 줄 수 있다고 보는 것이다. 다시 말해서 하늘과 땅과 사람의 일이 한 가지 이치로 통한다는 '삼재일치사상三才一致思想'[32]이 부적에 적용되고 있다는 말이다.

앞의 이야기들을 심기신에 입각하여 정리를 하자면, "정성과 염원心을 강력하게 쏟아 부은 부적身에 기가 전달되어 응축돼 있기에 사용자가 그 기를 받아들이려는 강렬한 믿음과 정성을 들이면 그 기를 흡수하여 원하는 바대로 변화를 줄 수 있다."가 될 것이다. 그래서 부적의 제작 과정에 '3'이라는 숫자가 일관되게 관철되고 있음을 또 한 번 발견하게 된다. 부적의 구체적인 형상이나 모습에서도 마찬가지이다.

원래 안산安産과 다산多産을 기원할 목적으로 만들었던 제주도 지방의 '조개부작'의 경우, 여자의 성기를 닮은 부작을 **세 개** 한 줄에 꿰어 만든다. 후에는 이 부작을 몸에 지니면 재수 있는 일이 생긴다는 믿음이 추가되었다. '도끼부작'이라는 것도 있다. 구리나 쇠로 자그마하게 도끼 모형을 **세 개** 만들고 이를 끈이나 수판의 살대에 꿰어 주머니에 넣고 허리에 차면 나라의 큰 인재가 될 아들을 얻을 수 있다고 믿었다. 『동의보감東醫寶鑑』에 기록된 내용이기도 하다. '나무조롱'이라는 부적은 나무를 파서

---

32. 김민기, 『한국의 부작』, 보림출판사, 1987.

만든 조롱 **세 개**에 청색, 홍색, 황색을 각각 칠한 뒤 채색실로 끈을 꿰어 허리에 차고 다니다가, 정월 열나흗날 밤에 떼어 돈 한 푼을 매어서 몰래 길가에 버리면 일 년 동안 액을 면하고, 그 조롱을 주워 가거나 몸에 닿은 사람은 액을 물려받게 된다는 부적이다.

'한눈박이 세 물고기 부적'의 경우도 홍미롭다. 종이에 물고기를 **세 마리** 겹치게 그려 놓고서 눈동자에 바늘을 꽂거나, 땅바닥에 그렸을 때에는 가시를 꽂는다. 그러고는 눈을 감은 상태에서 "물고기야, 물고기야, 내 눈의 티를 빼 주면 니(네) 눈의 바늘도 빼 줄게."란 주문을 외운다. 그러면 어느 사이에 티가 눈물에 씻겨 나가는 효험을 본다고 한다. 개업고사에 쓰였던 명태를 **한 마리**나 혹은 **세 마리**를 출입문 위에 걸어 놓으면, 사업이 성업을 이뤄 번창한다고 믿는다. 요즈음도 흔하게 목격할 수 있다.

우리 부적의 제작원리이자 형성원리인 삼재일치사상을 가장 웅변적으로 보여 주는 부적이 있으니 머리가 셋이고 다리가 하나(삼두일족三頭一足)인, 혹은 머리가 하나이고 다리가 셋인 매가 그려진 삼재부三災符를 들 수 있다. 머리가 셋 달린 무서운 매가 삼재충三災蟲을 다 잡아먹어 버린다는 의미를 담고 있는 삼재부이다.

삼재란 수재水災, 화재火災, 풍재風災 또는 병난, 역질, 기근의 세 가지 재앙을 말한다. 삼재란 누구나 9년에 한 번씩 맞이하게 되는 것이로되 같은 해라도 삼재의 해에 해당하는 사람과 그렇지 않은 사람이 있다. 삼재운은 3년에 걸쳐 들게 되는데 첫째 해를 '들삼재', 둘째 해를 '누울삼재', 셋째 해를 '날삼재'라고 한다. 가장 불길하기로는 들삼재이고, 다음이 누울삼재, 날삼재 순이다. 이 삼재를 면하기 위해서 설날에 머리가 셋인 삼재부를 문도리에 붙인다. 이 삼재부를 붙이는 것이 가장 일반적인 모습이고, 세 갈래 갈림길에 나가서 삼재가 든 사람의 옷을 태우기도 하였다.

여하튼 이 삼두일족응의 삼재부는 조선 후기에 크게 유행하던 부적으로 알려져 있다. 그러나 이 부적은 모두들 고대 동북아 민족들이 숭배한 세발까마귀와 맥을 같이한다고 본다. 즉, 까마귀의 세 발과 매의 세 머리, 까마귀의 한 머리와 매의 한 발은 같은 의미로 해석한다. 액을 쫓고 복을 부르는 신령한 형상으로서의 뜻이 담겨 있으며, 이는 까마귀에서 매로 전이되었다고 말한다.

그런데 어떻게 머리가 셋인 새가 있을 수 있겠는가. 여기에는 필시 숨겨진 의미와 사연이 있지 않겠는가. 이 의문을 풀기 위해서는 먼저 까마귀라는 새에 주목해야 한다. 까마귀를 우리는 흉조로 혐오하지만 원래는 길조로 여기는 문화권이 많았다. 고대의 우리 민족도 까마귀와 까치를 모두 신령스런 길조로 여긴 것으로 보인다. 〈견우와 직녀〉라는 설화가 이를 뒷받침하고 있다. 특히, 고구려인들은 '세 발 달린 까마귀三足烏'를 두꺼비와 함께 숭배하였다. 대개 고구려의 삼족오는 해 속에 있으며日中三足烏, 두꺼비는 달 속에 그려져 있다. 즉, 삼족오는 태양을 상징하고 있음을 알 수 있다.

삼족오는 분명 기형이다. 다리가 세 개인 새는 없다. 기형의 새를 굳이 그려 숭배한 것은 3이라는 수를 강조하고자일 것이다. 태양 속에 들어 있는 삼족오의 형상에서 중요하게 드러나는 수는 1(머리)과 3(세 다리)이다. 1과 3의 상관관계를 읽어 내야만 그 의미가 풀린다.

1과 3의 수리관계를 잘 설명하고 있는 글이 전해 온다. 『천부경』과 『삼

삼재를 물리치는
부적 이야기

일신고三一神誥』이다. 두 경전은 우리 민족의 사유세계와 우주관을 정리해 놓은 귀중한 글로 알려져 있다. 위서 논쟁에서 완전히 벗어나 있는 것은 아니지만, 두 경전의 내용을 보면 1을 체體로 삼고 3을 용用으로 하는 3수 분화의 세계관을 가장 핵심으로 삼고 있다. 『천부경』은 첫머리에서 "하나가 시작되기를 무無에서 했고, 비롯한 하나가 셋으로 나뉘니 무無가 다 본本이다.(일시무시일 석삼극 무진본一始無始一 析三極 無盡本)"로 시작한다. 하나는 곧 무無이며, 무無는 우주만물(생명)의 근본이다. 그 무가 지극한 삼극으로 나뉘니 삼극은 곧 하늘과 땅과 사람의 지극한 이치를 일컬음이다. 이 삼극은 다시 삼극하여 구(9)변하기도 한다. 그래서 3수 세계관(삼신사상)에서는 9가 또한 중요한 의미를 갖게 된다.

『삼일신고』에서도 무無에서 일기一氣가 나와서 삼극三極으로 나뉘고, 이것이 곧 삼신三神이니 삼신은 바로 천일天一, 지일地一, 태일太一의 신이라고 보고 있다.[33]

결국 삼족오에는 이와 같은 3의 세계관(삼신사상, 삼일사상)이 살아 숨쉬고 있으며, 이와 맥을 같이하는 '다리 하나에 머리 셋 달린 매'의 삼재부도 삼신사상의 발현물임을 알 수 있다. 그래서 부적을 몸에 지닐 때 부적 종이를 가로로 두 번 접고, 세로로 세 번 접어 간직하게 된다. 즉, 아홉 조각으로 만듦으로써 3의 수리체계가 갖는 생명의 기운과 창조 기운을 획득하여 원하는 바를 성취하고자 함이다.

또한 부적을 손바닥 크기를 넘지 않게 만드는 이유도 자연스레 풀리는

---

33. 임훈, 『한단고기』, 배달문화원, 1985, 150쪽.

158

데 이는 다음과 같이 보기 때문이라고 한다.

> 대우주와 자연의 운행을 자기의 수중에서 바꿔 소원하는 방향으로 돌려놓는
> 것이기 때문에 움켜쥐면 가려질 정도의 크기여야 제 효과를 발휘한다.[34]

이 모습은 부적이라는 것이 신에 의지하여 원하는 바를 획득하는 구조
라기보다 오히려 사람이 자신의 의지와 염원을 지극하게 발동시켜 신의 영
역을 조종하고 스스로 자신의 소원을 이룩해 나가는 구조임이 분명하다.

이는 우리가 지금까지 누누이 살펴본 바와 같이 세상이라는 것은 사람
이 나는 나라고 인식함으로써 비로소 의미를 갖게 되며, 하늘(아버지)과
땅(어머니)은 사람(나)을 위한 조건이며, 그 조건일 때 비로소 하늘과 땅은
존재 의미를 갖게 된다는 삼신사상의 세계관이나 인식론과 맥을 같이하
고 있다. 아니 그 토양 속에서 배태된 부적문화임이 분명하다.

삼신의 믿음으로 부적을 활용하면?

우리 민족은 삼신사상에 입각하여 부적을 만들었고 이를 잘 활용하였다.
지극한 생명의 지극한 발현을 살아 있는 동안 이룩하고 누리기 위해서는
이를 방해하는 여러 장애요소(질병, 배고픔, 살, 갈등, 동토, 부정, 천재지변

---

34. 귀곡, 앞의 책, 18쪽.

등)를 미리 예방하거나 치유해야 하는데, 부적이라는 것이 그 한 방편이었다. 그리고 그 부적의 쓰임은 여전히 계속되고 있다. 앞으로도 절대 사라지지 않을 것으로 보인다. 자동차문화가 일상생활이 되든, 자가용비행기문화가 일상생활이 되든, 우주선이 오고가는 우주시대가 되든 불안과 초조, 앞날에 대한 두려움이 인간 내면에서 사라지지 않는 한 결코 없어지지 않을 것으로 본다.

우리의 부적은 단순히 초조와 불안을 벗어나기 위한 심리적 안정을 기대하는 차원에 만족하지 않고, 우주자연과 생명의 원리라고 믿는 3과 삼신을 통해 '나' 스스로 원하는 바를 이룩해 나가는 주체적이면서 적극적인 방편이기도 하다. 아니 발명품이라는 표현이 더 적절해 보인다. 부적을 만들어 지녔다고 마음을 놔 버리느냐, 아니면 그 발명품이 제대로 작동할 수 있도록 믿음을 바탕으로 한 성심으로 기를 불어넣느냐 여부가 갈림길이기는 하다. 미신이 되는지 훌륭한 방편이자 도구가 되는지는 여기에 달렸다.

'삼신'의 믿음으로 부적을 간직하여 더한 노력을 한다면 신의 영역까지 내가 조절하여 원하는 바를 성취해 나갈 수 있는 것이다. 감나무의 감이 떨어져 내 입에 쏙 들어오기를 기다리는 나태함과 미혹함이 문제일 뿐이지 부적을 통해 내가 기운을 성심껏 쓰기만 한다면 내 손 안에 꼭 쥐고 있는 부적은 나를 위해 훌륭한 방편으로서의 기능을 수행해 나갈 것이다. 삼신과 함께하는 우리 부적의 마력이자 매력이기도 하다.

6

홍어요리는
삼합을 맞춰야
제맛!

전주 콩나물국밥 '삼백집'

전주에서 그 지방 음식을 조사할 때다. 전주 하면 빼놓을 수 없는 게 음식 아닌가. 전주한정식, 전주콩나물국밥, 전주비빔밥, 전주이강주 등 전국적인 지명도를 획득하고 있는 먹을거리가 여럿이다. '전주10미味'라 하여 음식에 대한 이 지방 사람들의 자부심은 대단하다. 그 지방의 음식문화에 대한 책이 단행본[35]으로도 나와 있을 정도다. 이 책을 뒤적이면서 발견한 재미있는 에피소드 하나다.

전주에 가면 '삼백집'이라는 콩나물국밥 전문집이 있다. 어느 날 박정희 전 대통령이 전라북도 순시 차 전주에 왔을 때란다. 대통령도 소문을 듣고 이 집을 찾게 됐다. 삼백집 주인할머니는 유명한 욕쟁이였다. 박정희 전 대통령에게 콩나물밥을 내놓으면서 이 할머니가 한마디 했다. 책에 적힌 대로 옮겨 보면 이러하다.

이놈 봐라, 니놈은 어쩌믄 박정희를 그리도 닮았냐. 이놈아! 누가 보면 영락없

---

35. 이종근, 『온고을의 맛 한국의 맛』, 신아출판사, 1995.

흥어요리는
삼합을 맞춰야 제맛!

이 박정희인 줄 알겠다. 이놈아! 그런 의미에서 이 계란 하나 더 처먹어라.

할머니의 이 말로 인해 수행원들과 기자들은 사색이 됐고, 신문과 방송에 기사화 되면서 전주의 콩나물국밥이 더욱 유명해졌으며, 그 후 박 전 대통령은 전주에 오면 꼭 삼백집에 들렀단다. 이 사건으로 "삼백집 욕쟁이 할머니로부터 욕을 얻어먹은 사람은 그날 재수가 좋다."는 말까지 생겨났으며, 욕먹기 위해 출근하기 전에 일부러 삼백집을 찾는 사람까지 생겨났다나 어쨌다나.[36]

이 에피소드는 여러 가지를 생각하게 해 준다. 불운했던 우리의 현대사를 되씹게 하며, 풍자와 해학이 갖는 힘과 저력을 다시금 되새기게 한다. 풍자와 해학으로 절대 권력의 양반을 여지없이 조롱하던 탈춤의 한 대목이 현실화된 강렬함도 맛봤다. 이 글을 읽으면서 요절복통하던 나는 다음 글귀에 다시 한 번 눈이 번쩍 뜨였다. 이 콩나물국밥집의 이름이 '삼백집'이 된 내력에서였다.

그 욕쟁이 할머니는 살아생전 새벽 네 시에 가게 문을 열되, 콩나물국밥을 3백 그릇만 팔았다. 3백 그릇이 다 팔리면 문을 닫아걸었다. 이처럼 하루에 3백 그릇만 팔았기 때문에 '삼백집'이라는 이름이 붙게 됐다는 것이다. 물론 나는 어김없이 '왜 하필 3백 그릇인가?'라는 의문을 던지고 있었다.

장사를 하는데 3그릇이나 30그릇 팔아 가지고는 수지타산이 안 맞을

36. 이종근, 위의 책, 24쪽.

것이니 '삼집'이나 '삼십집'이 안 된 연유는 이해가 가지만, 왜 하필 3백 그릇인가? 5백 그릇이고 1천 그릇이고 많이 팔면 팔수록 좋은 것이 자본주의 경제 감각에 익숙한 우리들의 상식이런만 그렇게 팔 능력이 충분하면서도 왜 적당한 선에서 돈을 포기하는 것일까?

적정한 선에서 욕심을 자제하는 모습이 예사롭지가 않다. '욕심이 과하면 돈은 많이 얻을지 모르지만 더 소중한 것을 잃을 수도 있다.'는 생각 때문이었을까. 적정선만을 생산함으로써 철저한 품질 관리에 힘썼기 때문인가. 음식 하나하나에 정성이 배이게 하여 '사람'에 가치를 두고자 하는 분이기 때문일까. 자기 콩나물국밥에 대한 자부심의 결과인가. 여하튼 이는 과욕을 피하게 할 것이고, 철저한 품질 관리를 이룩함으로써 맛과 인심과 명성을 동시에 가져다줬을 것이다. 결국 한때 반짝하는 것이 아니라 꾸준하면서도 충만한 이익과 복을 자손대대로 나눠 가질 수 있어 상인이나 고객 모두에게 이익이 돌아가는 현명함이 어른거리기도 한다. 아주 고도의 경영술이라는 판단도 가능하다.

또 한 가지, 새벽 네 시에 문을 연다는 대목도 놓칠 수 없다. 새벽시장 나가는 사람이나 택시 운전기사들을 위해 일찍 열었다고는 하지만, 우리 어머니 할머니들이 성경책을 들고 교회로 성당으로 향하는 새벽 기도시간을 연상시킨다. 새벽 기도 하는 우리 어머니와 할머니의 모습에서는 분명 가족의 안위와 만사형통을 기원하는 간절한 정성과 애절한 마음이 배어 나온다. 교회가 이 땅에 들어오기 전에는 우리 어머니들이 조왕님께 똑같은 기원과 정성을 드렸다. 조왕님은 부엌을 관장하는 가택신이다. 어떤 잡인도 손대기 전의 깨끗한 우물물을 떠다 부뚜막에 모셔 둔 조왕님께 '조왕물'을 바치면 그 집에 복이 온다고 믿었던 신앙이었다.

수도꼭지만 틀면 물이 콸콸 쏟아지는 시절이 아니었다. 마을 사람 전체가 함께 사용해야 하는 공동우물에서 깨끗한 물을 어떻게든 얻어야 했다. 남들보다 먼저 길으러 가는 수밖에 없었다. 일찍 일어나는 부지런을 떨어야 했다. 하루 이틀도 아니고 매일 그런 부지런을 떨기란 쉽지 않았을 터, 신앙과 결합된 정성이 배었을 때 가능하지 않았겠는가. 바로 조왕님과의 결합이었다.

이놈들, 깨끗한 정화수만 바쳐. 하루라도 빠지면 안 돼.
안 그러면 너희 집에는 콧물도 없어.

부뚜막에 앉아 계시는 조왕님이 새벽같이 일어나 눈 부라리며 정화수만 기다리고 계셨다. 설사 그 집에서만 사용하는 개인 우물이 마당 한 구석에 있다 하더라도 먹을 식수는 멍멍이나 식구들이 활동하기 전에 떠올리는 것이 좋지 않으셨는가. 공동 우물이든 코앞의 우리 집 마당 우물이든 조왕님이 먼저 드셔야 하니 게으름은 피울 수 없었다.

그렇게 길어 온 정화수로 음식을 만들면, 우리 집 밥은 위생적이면서도 맛깔스러워질 것이다. 그런 정성이 밴 음식을 먹고 일터에 나가는 식구들은 분명 건강하고 밝을 것이다. 그 자체가 복이다. 또한 정성스런 음식을 먹고 즐겁게 시작한 그날 사업은 분명 활기찰 것이니, 좋은 결과를 가져올 가능성은 더욱 높아지게 된다. 복을 스스로 만들 수 있는 힘을 갖게 되는 셈이다. 다 조왕님이 주는 복이었다.

삼백집의 욕쟁이 할머니에게서 바로 새벽 기도 하러 나가는 우리 어머니, 조왕물을 뜨러 나가는 우리 할머니의 체취를 느끼게 된다. 그날 맞을 손님 호주머니에만 관심을 갖는 것이 아니라 그들을 조왕물 뜨는 마음 씀씀이로 대했을 것이다. 내 자식이나 식구에게 먹일 음식이나 진배없이 콩나물국밥을 준비하였고, 손님들의 행동거지나 안위까지도 간섭할 정도로 진한 관심을 갖고 있었으니 그 어떤 놈이 와도 당당할 수 있었을 것이며, 또한 욕을 해댈 수 있었으리라. 그렇게 단골은 생겨났을 것이고, 이들을 통해 전주의 문화와 심성엔 욕쟁이 할머니의 새벽 기운이 알게 모르게 스며들게 됐을 것이다.

이런 마음과 세상살이를 담아 내는 적정선이 3백 그릇이었나 보다. 3백은 분명 3이 갖는 신심의 연장선으로 보아도 무리가 없어 보인다. 단군 신화에서는 3천 명의 무리가 고조선을 건국한 토대였다. 3의 세계관과 그 신앙, 그리고 3이 만들어 내는 문화와 역사가 삼백집에서도 관철되고 있음을 발견하게 된다.

발효식품은 제 3의 식품

발효라는 것이 뭔가? 우리 식으로 표현하면, 삭힘과 썩힘이다. 이 삭힘과 썩힘은 생명체의 순환법칙이기도 하다. "썩거나 삭지 않는 플라스틱의 공포, 이것이야말로 3천 년 전의 미라를 보는 섬뜩함이다."라는 감상도 들려온다. 그 썩힘과 삭힘을 적절히 활용한다는 점에 발효의 매력이 있다. 썩힘과 삭힘으로 가다 죽음의 길로 인도하는 것이 아니라 '살림'과 그 맛의 세계로 핸들을 과감하게 꺾는 마술을 부리니 말이다. 더 삭거나 썩어 죽임으로 넘어가기 직전의 절정까지만 끌어올려 생명과 생기 돋음으로 전환시켜 버리는 감각과 기술. 그렇게 얻은 맛을 '개미가 있다'고 표현하였다.

젓갈문화가 발달한 남도의 경우, 사람의 목소리까지 적절하게 삭히려 들었다. 그 삭힌 소리를 최고의 예술로 승화시켰다. 판소리가 그렇다. 타고난 목소리를 천구성, 해맑은 목소리를 양성이라 해서 별로라고 치는 대신, 오랜 삭힘 끝에 '시김새'가 붙은 즉, 연기가 낀 듯한 수리성을 '그늘이 있는 소리'라 해서 최상으로 쳤다. 젓갈의 개미나 그늘이 있는 소리나 그 세계가 그 세계고 그 경지가 그 경지일 것이다. '삭힘의 문화'라고 할 이런 것들은 다 음식과 깊은 상관성을 갖고 있을 수밖에 없다. 그 맛을 알아야 그 맛을 알 터이니.

미식가들은 젓갈의 땅인 남도에서도 대표적인 것으로 다섯 가지를 꼽기도 한다. 영광의 토하젓, 고흥의 진석화젓, 여수의 밤젓, 해남의 참게 젓, 함평의 염삭젓. 토하젓은 새우젓인데 민물에서 나는 새우인 토하로 만든다. 충청도에서 밥상에 어리굴젓과 무젓이 빠져 있다면 양반골의 밥상이 아닌 것처럼 남도의 식탁에서도 젓갈이 오르지 않은 밥상은 생각조차 할 수 없다.[37] 전라도 충청도만 그런 것이 아니다. 강원도 바닷가로 가도 삭힌 가자미식해가 밥상에 오르지 않는가.

---

37. 송수권, 『남도의 맛과 멋』, 창공사, 1995, 132~138쪽.

한국 음식의 특성을 이야기할 때 장류와 젓갈류와 김치가 빠지지 않는다. 된장이고 청국장이고 간장이고 젓갈류고 모두 발효식품이라는 공통점을 갖고 있다. 이들 음식은 반찬 종류를 세는 '첩'의 셈법에 포함되지 않는다. 기본이기 때문이다. 밥, 국, 김치, 찌개(조치), 간장, 고추장, 초고추장 등이 그러하다. 변함없이 올라야 할 음식이라는 뜻일 게다. 매일 아침 점심 저녁으로 먹는 세 끼니마다 한국인들은 삭힌 음식을 먹었으며, 맛을 살리면서도 영양과 소화에 탁월한 기능을 발휘하도록 발효식품을 기본 식단으로 정착시켰다. 발효식품이 한식의 80%를 차지한다는 말까지 있다. 멋은 덤으로 따라오는 것이고.

옛날 행세깨나 하는 집안의 안방마님들 사이에서는 이런 말도 전해온다.

'서른 가지 이상의 김치에,

서른 가지 이상의 장에다,

서른 가지 이상의 젓갈'을

담글 줄 알아야 제대로 대접을 받을 수 있다.

"그리어. 여기도 3이구먼." 반찬의 수이니 삼백집처럼 3백 그릇이 아니라 '30가지'가 적절한 표현일 게다. 안방마님 행세를 단단히 할 수 있는 조건 중에 음식이 빠질 수 있겠는가. 그 기본 조건으로 인식된 감각에 역시 3이 떡 버티고 계신다.

안방마님들의 3에 대한 감각을 이렇게 음미해 보기도 한다. 해양성 음식과 대륙성 음식을 한데 버무려 제 3의 독특한 음식문화를 창출해 낸 자신감의 표현이라고.

발효식품을 '제 3의 식품'이라고 칭하는 것도 예사롭게 들리지 않는다. 미래학자 토플러(Alvin Toffler)가 인류는 이제 '제 3의 식품' 시대에 접어들었다고 진단한 바 있다. 소금만으로 맛을 낸 '제 1의 식품'과 각종 소스나 양념으로 맛을 낸 '제 2의 식품' 시대를 벗어나 가장 이상적인 음식인 발효식품이 각광받는 '제 3의 식품'의 시대라는 것이다. 발효식품은 단백질 분해작용이나 콜레스테롤 원료인 지방질 분해작용이 뛰어나고, 유산균, 비타민, 무기질 등 인체에 유익한 알짜배기 영양소의 집합체이다.

그런 '제 3의 식품'을 기본 식단으로 매일 섭취해 왔던 한국인은 이미 과거 속에서 현대를 살았던 셈이다. 아무리 피자와 스파게티로 입맛이 길들여졌다 하더라도 이 땅에서 태어나고 늙어가는 사람들은 늙어갈수록 그 맛에 허전함을 느낀다. 그렇다고 피자와 스파게티를 버리는 것도 아니다. 이제는 그 모든 음식을 다 버무려 낸 새로운 입맛과 개미를 위한 음식 개발이 진행될 수밖에 없다. 그 창조 과정에서도 해양문화와 대륙문화를 버무리고 섞어 잘 삭혀 냈던 감각과 원리가 여전히 유효할 것이란 믿음을 가져 본다.

어느 민속학자는 한국문화의 특성을 한마디로 '비빔밥의 문화'라 정의한 적이 있다. 재료마다 갖는 저마다의 맛과 영양소를 잃지 않은 상태에서도 하나로 뒤섞여 독특한 제 3의 맛을 내는 음식이 비빔밥이다. 물리적 결합의 극치라고나 할까. 그 조리법과 맛의 비밀은 고추장과 참기름에 있다. 고추장이 재료마다 갖는 저마다의 특성을 존중하면서도 비빔이 갖는 조화와 결집력을 살려 전혀 다른 차원의 맛을 만들어 낸다. 비빔밥의 맛은 고추장이 엮어 주는 '하나'이자 '제각각'인 맛이다. 참기름이 있으면 금상첨화이지만 참기름이 없어도 비빔밥이다.

아주 혜안이라고 본다. 한국문화의 특성을 아주 잘 집어 낸 멋진 비유다. 서양 음식, 동남아 음식, 중국 음식, 러시아 음식 등 전 세계 어떤 음식과도 만나고 있고 만날 수 있는 시대에 '비빔밥의 철학'과 그 조리법은 큰 역할을 해낼 수 있을 것이다.

3의 원리로 만든 강장식품

이런 이야기가 전한다. 3천 궁녀를 거느렸다는 의자왕이 강장식품으로 애용한 것이 '참새세마리죽'이었다고 한다. 메뚜기를 잡아먹고 자란 가을과 초겨울 사이의 참새와 참새알은 어떤 강장식품의 추종도 불허한다. 특히 강장효과가 가장 큰 부위는 참새의 머리라고 한다. 그 죽 만드는 방법을 잠깐 살펴보면, 먼저 부리를 자르고 털과 더러운 것을 깨끗이 제거한 다음 대충 씻어 물기를 뺀다. 마늘 즙을 조금 넣은 청주 속에 손본 참새를 담가 냄새를 제거한 후, 쌀을 넣고 강한 불로 끓인 다음에 중간 온도로 죽이 되게 만들고, 간장과 후추와 소금으로 간을 한 후, 다시 한 번 낮은 온도로 천천히 끓이면 엷은 갈색 죽이 된다고 한다. 문제는 왜 참새 세 마리인가이다. 참새 한 마리를 쓰게 될 경우 그에 맞게 다른 재료로 양을 맞추면 될 일이다. 그런데도 굳이 세 마리로 죽을 쑤는 심리를 헤아릴 필요가 있다. 다분히 3의 세계관과 그 신앙의 토대에서 나옴 직한 조리법이라 아니할 수 없다. 3의 원리가 조리법에도 영향을 미치고 있다는 증거인 셈이다.

조리법에 있어서도 그렇다. 우리 음식에는 유독 삼합을 따져 조리하는 사례가 자주 발견된다. 우리는 음식을 만들 때 재료 선택과 배합에 있어서 궁합을 따졌다. 그 궁합의 조건으로 세 가지의 어우러짐을 추구했다. 영양 면에서나, 기능 면에서나, 맛에 있어서나 서로 잘 어울리는 재료의 배합과 조리법을 궁합이라는 개념으로 맞춰 나갔다. 남자와 여자가 짝을 맞출 때 속궁합, 겉궁합이 잘 맞나 견주어 보듯이 식품끼리의 만남도 궁합이라는 개념으로 짝을 찾았다.

궁합이라는 개념의 기저에는 음양이라는 원리가 자리하고 있다. 음식의 성질도 음양으로 가려 본 것이다. 찬 식품(음)과 더운 식품(양), 매운 것(양)과 싱거운 것(음) 등으로 식품의 성질을 나누고, 서로 상생이 되는 식품은 음식으로 적극 개발하고, 서로 상극이 되는 식품은 함께 조리하는 것을 피했던 것이다. 서로 상생하는 음식으로는 우거지와 선짓국, 돼지고기와 새우젓, 닭고기와 수삼, 된장과 부추, 두부와 미역, 쌀과 쑥, 냉면과 식초, 선짓국과 콩나물, 인삼과 벌꿀, 추어탕과 박나물 등등 헤아릴 수 없이 많다. 반대로 장어와 복숭아, 오이와 무, 게와 감, 조개와 옥수수, 문어와 고사리, 미역과 파, 간과 수정과, 도토리묵과 감, 된장과 참기름 등은 상극관계로서 함께 먹는 것을 피한다.

이런 배합의 원리는 서양식 영양 분석으로도 증명이 되고 있다. 선짓국과 콩나물의 만남을 살펴보자. 선짓국은 빈혈이 있는 사람에게 가장 추천되는 식품이라고 한다. 철분이 많이 함유되어 있기 때문이다. 철분이 많은 식품으로는 동물의 간, 심장, 콩팥 등의 내장기관이며, 이밖에도 살코기, 콩, 달걀, 미역, 김, 톳, 조개, 녹색 채소 등을 꼽는다. 그러나 뭐니 뭐니 해도 으뜸인 것은 동물의 피란다. 혈액이기 때문이다. 동물 중에서 쉽게 많은 양의 피를 구할 수 있는 품종이 소나 돼지였으므로 자연히 선짓국을 많이 끓여 먹게 되었다. 그러나 선지가 고단백에 철분 함량이 많은 재료이긴 하지만 콜레스테롤 함량도 많다. 많이 섭취하면 변비 증세를 보인다는 결점이 있다. 이 결점을 보완하는 재료가 우거지나 콩나물 등 채소다. 우거지나 콩나물에는 비타민과 무기질이 풍부할 뿐만 아니라 펙틴·섬유소·리그닌 등 식이성 섬유가 풍부하다. 이 식이성 섬유는 소화기관 내에 자극을 주지 않고 인체 생리에 도움을 주는 역할을 하여 변비를 예방한다는 것이다. 육식 위주의 식생활을 하면 식이성 섬유 섭취가 줄어들고 변비에 시달리는 경우가 많아지며, 직장암·담석증·당뇨병 발병률이 높아진다고 알려져 있다. 선지의 과다 섭취가 자칫 가져올 수 있는 이런 악영향을 우거지나 콩나물이 상쇄시켜 버리는 것이다. 특히, 콩나물에는 식이성 섬유뿐만 아니라 비타민 C가 많다. 철분은 단백질이나 비타민 C가 많은 식품과 함께 먹으면 흡수율이 크게 향상된다. 철분을 최대한 흡수시키면서도 변비를 예방하는 콩나물과의 만남이 선지의 경우 찰떡궁합인 셈이다.[38]

---

38. 유태종, 『음식궁합』, 둥지, 1998, 70~73쪽.

중국의 음식도 음양의 원리와 철학에 입각하여 식품의 균형과 인간과의 조화를 꾀하였다. 그런데 한식은 음양이라는 쌍합에 만족하지 않고 삼합을 추구한 사례가 발견된다. 이 점이 특징적이다. 젓갈을 담그는 데 '굴+낙지+주꾸미' 이렇게 세 가지의 종류를 한 항아리에 함께 버무려 담는 사례가 그러하며, 돼지고기와 새우젓, 그리고 상추를 곁들여 삼합을 맞추는 경우가 그러하다. '홍어+김치+돼지고기' 이렇게 삼합을 맞췄을 때 홍어요리의 최고로 치는 경우라든지, '콩나물+된장+두부'에 명태나 북어를 넣고 끓일 경우 콩으로 만든 세 가지가 들어갔다고 해서 삼태太탕인 사례들이 그러하다. 삼합으로 끓인 우렁토장국도 여기에 명함을 내밀 만하다.

유독 3을 좋아하는 감각이 음식의 조리법에서도 유감없이 발휘되는 모습들이다. 둘로 맞추는 음식 궁합으로는 뭔가 부족하여 세 가지로 궁합을 맞추는 이 조리감각은 다 삼신의 기운이 영향을 미친 결과라고 해석할 수밖에 없다. 생명의 사상이며, 더할 수 없는 생명력의 발현과 고양을 지향하는 삼신신앙과 그 취향이 생명을 유지하고 기운을 충당시켜 주는 먹을거리에 있어서도 3의 원리를 결코 외면하지 않았다.

밥을 해결하고 밥을 맛있게 먹는 것은 삼신의 뜻을 구현해 나가는 가장 일차적이고도 직접적인 책무임이 분명하다. 그래서 '살림'이다. 우리는 어머니가 부엌에서 음식을 만들고 의복을 마련하는 가정사를 '살림'이라고 표현한다. 숨을 끊어 버리는 '죽임'이 아니라 가족을 살리고, 살아 있는 존재인 '사람'을 살리는 '살림'인 것이다. 생명체를 살려야 하는 것은 그 생명을 주는 삼신의 본분이다. 음식 궁합도 세 가지일 수 있으며,

그렇게 조합을 맞췄을 때의 영양가와 '개미'에 집착하였던 것이다. 썩힘의 극치라 할 홍어요리에 있어 세 가지 조합은 우리 귀에 너무나 익숙한 조리법이다. 입천장이 확 벗겨질 정도로 썩은 홍어 한 점과 숭숭 썬 돼지고기 한 점을, 몇 년 김장독에서 잘 삭힌 김치에다 둘둘 말아 탁배기 한 잔을 입 안에 털어 넣고 꿀떡!!!

그런 3의 조리법은 우리 술이 대부분 약술인 점에서 극치를 이룬다. 술이라는 것이 본시 서로 공존할 수 없는 상극을 한 몸 속에서 섞어 버리는 식품이다. 무슨 말인고 하니, 술은 물과 불의 성질을 함께 갖고 있다는 말이다. 알코올은 불이다. 알코올 도수가 40~50도만 넘어가도 불이 확 붙는 음식이 술이지 않는가. 물과 불은 결코 한 몸에서 공존할 수 없는 성질임에도 불구하고 한 몸이 돼야 술이라는 음식이 된다. 그래서 '수불水火'이라 부르기도 한다. 전혀 공존할 수 없는 상극의 양 차원이 원활하게 소통하여 한 몸이 돼 버린 술, 그래서 인간과 전혀 다른 세상에 있는 신과 만나려는 제례의식에 술이 '감응'과 '통'하는 물질로 준비되나 보다.

술은 전 세계 어디를 가나 있다. 물성과 불성을 다 가지고 있다는 뜻이다. 그렇다면 한국의 전통주가 술이 가지는 일반성과 차별화 되는 점은 뭘까. 한국 술에는 '약'이라는 성질이 더 붙는다. 물론 어떤 술도 잘 쓰면 약이 된다. 너무 과하면 독이 되고……. 한국의 전통주가 약술이라 함은 과하게 먹어도 최대한 독이 되지 않도록 만들며, 구체적으로 병을 고치는 치료약이 되도록 만든다는 뜻이다. 아예 만들 때부터 약재를 주요한 재료로 선택하고 약효가 최대한 살아나도록 적절한 조리법이 개발되어 있다. 또한 최대한의 정성을 들인다. 심지어 약재가 전혀 들어가지 않는 막걸리는 농사에서 병충해를 제거하는 농약으로도 그만이다. 경남 울산에 사는 김재홍, 신응희 부부는 논밭에 벌거지가 일 때쯤 되면 막걸리를 걸러 담아 푹 썩힌다. 식초가 된 막걸리에 설탕을 적절히 배합하여 농약통에 넣고 살살 뿌려 주면 시퍼런 벌레가 다 떨어져 버린다. 벌레에 약하기로 으뜸인 배추며 케일에서 '막걸리술약'의 효험을 볼 수 있다.[39]

삼합의 극치는 술

우리의 식품은 대부분 약리효과를 갖고 있어 한약재로 쓰이는 경우가 허다하다. 하여 식품과 약품의 경계를 넘나들고 있으며, 몸을 상하게 하기 십상인 술의 제조에 거의 대부분 몇 가지의 한약재가 첨가됨으로써 나름대로 약효를 갖게 만든다. 약재로도 동시에 쓰이는 식품은 무, 배추, 배, 생강, 고추, 벌꿀, 대추 등등 수도 없이 많다.

조선의 5대 명주, 3대 명주에 빠지지 않았던 전주이강주의 경우 주재료인 배와 함께 생강, 계피, 울금이라는 약재를 넣고 꿀을 넣어 만들기 때문에 피로 회복에 좋고 건위 작용이 있다고 한다. 전국적으로 널리 빚어졌던 두견주를 보자. 두견주에 주요하게 쓰이는 재료는 진달래이다. 진달래는 삼천리 방방곡곡에서 봄이 되면 피어나는 꽃이다. 이 두견주는 단맛과 점성이 있을 뿐 아니라 향취도 좋고 매운 맛마저 있다. 알코올 도

---

39. 안혜령, 『농부의 밥상』, 소나무, 2007, 54~56쪽.

수도 높은(20도 정도) 고급술로 알려져 있다. 하루에 한두 잔을 마시면 진

해鎭咳와 류머티즘 치료에 아주 효과가 높다. 약용 목적으로 두견주를 담

글 때는 진달래의 양을 증가시키면 된다. 약재를 넣지 않고 만든 가장 대

중적이고 서민적인 막걸리의 경우도 곡주인데다 발효가 계속 진행되고

있는 '산술(살아 있는 술)'이다. 그래서 들에서 일할 때 새참으로 먹으면

밥을 먹은 것처럼 든든해지며 낮은 알코올 도수가 만들어 내는 기분의 변

화는 피로를 씻어 주고 힘을 북돋워 주기에 안성맞춤이다.

'물+불+약'의 성질을 하나에서 통합시켜 낸 음식. 한국 전통주의 큰 특성이다. 살림을 지향하는 삼신의 뜻으로 보나, 세 가지 성질로 그 뜻을 실현해 나가는 조리법으로 보나 다 삼신의 품자락이다.

약재의 경우도 마찬가지다. 약재 중 최고의 영약으로 치는 산삼의 경우만 해도 그렇다. 삼蔘이라는 용어 자체가 심상치 않다. 읽는 음이 '삼'이며, 글자가 만들어진 모양새가 모두 세 개의 조합이다. 세 개가 모이면 삼蔘과 같은 영약이 된다는 말인지, 아니면 3 속에 그런 신비스런 기운이 숨어 있다는 뜻인지 알 수는 없지만 산삼에 얽힌 현상들도 3의 행렬이다. 산삼을 발견하면 "심봤다!"(작은 뿌리를 발견했을 때), "장초봤다!"(큰 뿌리를 발견했을 때)를 세 번 크게 외치며, 동시에 왼발을 세 번 굴러야 한다.

제의에 올리는 음식이나 술도 모두 3의 원리에 입각하고 있다. 굿을 할 때 굿상에 올리는 음식들이 모두 3에 맞춰져 있으며 특히, 술잔의 경우 세 잔 올리는 것을 기본으로 한다. 굿 치성 중의 핵심이라 할 당산굿은 상을 삼단으로 올리는 경우도 있다. 풍물굿에 술굿이라고 있는데, 술굿은 굿을 한참 치다 쉴 참이 되거나 음식이 마련되어 나올 경우에 한다. 음식을 먹기 전에는 치던 북장구를 내려놓고 반드시 술굿이라는 것을 해야 한다. 음식을 가운데 놓고 풍물꾼들이 빙 둘러선 다음에 "술 먹세, 술 먹세, 빨리 치고 술 먹세."란 고사반에 맞춰 가락을 친 다음에 그 음식을 작은 상에 조금 차린다. 그 음식상은 영기를 대접하기 위해서이다. 여기에서 영기는 삼지창에 '명령 령令'자가 쓰인 깃발로서 군령, 천지신명의 명령을 상징한다. 영기 아래 부분을 'X'자로 겹친 다음 그 겹친 부분에 술을 세 번 뿌려 주는 것이 술굿의 핵심이다. 그 후에야 사람, 풍물꾼들이나 구경꾼들이 음식을 먹을 수 있다.

유교식 집안 제사에서마저 3의 원리가 숨 쉬고 있다. 과일이나 나물을 다섯 종류, 일곱 종류로 준비하여도 꼭 '삼색과일', '삼색나물'이라는 표현을 즐겨 쓰며, 한 접시에 세 가지 나물을 맞춰 올린다든지, 술을 따를 때도 한 번에 따르기도 하지만 세 번을 따라 한 잔 채우거나, 술을 퇴주할 때 세 번에 걸쳐 나눠 한다든지, 모사에 술을 부을 때도 세 번에 걸쳐 하는 모습에서 드러난다.

굿상의 치성음식

마을 대동치성상에 잘 차린 음식들이다. 결국 동네 사람들이 나눠 먹게 되는 이 음식들은 복이 담겨 있다고 믿는다. 고깔이 씌워진 떡시루가 인상적이다.

서울시 역촌동, 1997, 사진 정수미.

'주법'이라고 하는 술 마시는 방법에서도 이 뜻은 관철되고 있다. 최근에는 양조장에서 만든 후 플라스틱통에 담아 유통시킨 막걸리를 주로 먹는다. 쌀막걸리 제조가 허용되고 민속주의 제조판매가 가능해지면서 칡막걸리, 조껍데기술, 사과막걸리 등등 지역의 특성을 살린 막걸리들도 등장하였다. 재미있는 현상은 플라스틱통에 들어 있는 막걸리 먹는 방법도 제각각이라는 점이다. 막걸리통에 하루만 담가 둬도 밑에 침전물이 생겨 분리가 된다. 지역이나 사람에 따라서는 밑에 가라앉은 침전물은 마시지 않고 맑게 된 윗부분('웃국'이라고 표현한다.)만 따라서 먹는 주당들도 보았다.

대부분은 골고루 흔들어서 먹게 되는데, 어떤 주당은 막걸리통을 흔들 때 좌로 세 번, 우로 세 번, 밑으로 세 번, 위로 세 번 흔들고 병마개를 따야 한다고 주장했다. 시범을 보일 경우, 대부분 의연한 자세로 당당한 표정을 짓기 마련이다. 주당들의 운치나 멋이 나름대로 느껴지는 순간이기도 하다. 전에부터 내려오는 주법인지의 여부는 확인하지 못하였지만 3의 수리체계가 플라스틱병에 든 막걸리 마시는 방법에서도 위력을 발휘하고 있다. 좌우상하로 흔들면 제 아무리 오래 놔둔 막걸리라도 골고루 섞일 것임이 분명하다. 비록 집에서 정성껏 빚은 막걸리가 아니더라도 막걸리를 맛있고도 멋있게 먹기 위한 나름대로의 주법에다 3이란 숫자를 적용시킨 모습은 무심코 지나치기 힘들다. 왜 그렇게 흔드는가의 이유에 대한 몇 가지 해석을 시도해 본다.

첫째, 3이 갖는 살림과 생명에 대한 신심이 무의식적으로 전승되고 있다는 설명이 가능할 것이다. 지나치면 독이 될 수 있는 술, 잘 마시면 심신에 활력을 주어 약이 되는 술, 그 술을 약으로 만들기 위한 배려가 담겨 있다.

둘째, 술을 먹으면 뵈는 게 없어진다. 뵈는 것이 없다는 것은 확실하게 '나'의 입장에 선다는 뜻일 것이다. 술을 먹으면 억눌렸던 나의 기세와 존엄성이 되살아난다. 그러기 위해 술을 일부러 찾기도 한다. 술은 "나는 나여."를 회복하고 또한 주장하게 만드는 묘한 힘을 갖고 있다. 나를 찾고 나의 주체성을 회복하는 것과 3과는 깊은 연관을 갖고 있다. 3은 하늘과 땅마저도 나를 위해 존재한다고 생각하는 세계관이다. 주체사상 그 자체다. 그래서 세 번 흔들어 주는 행위는 한 잔의 막걸리를 마시며 확실하게 '나'를 찾자는 워밍업이자 자기최면일 수 있다.

셋째, 술이 거나해지면 감정이 풍부하고 솔직해진다. 자신의 뜻과 감각이 맞는 상대에 즉각적이면서도 격정적으로 반응하기 마련이다. 같다는 것을 확인할 때, 서로 통한다고 느낄 때 술잔은 불꽃을 튄다. 내가 마시던 술잔을 상대에게 권하여 술을 따르면 다시 술잔이 건너오고, 두 사람에 그치지 않고 여러 사람과 동시에 술잔 하나가 도는 모습도 쉽게 접하는 풍속도다. 주거니 받거니 이야기와 감정이 오고가면 술잔이 오고가고, 술잔이 오고가면서 일치된 감정은 증폭되고……. 이 맛 때문에 술을 찾고 술판을 좋아하는 한국 사람들이 많을 것이다. 술이 '너와 나', '너희와 나'가 하나임을 확인시키는, 하나로 만드는 데에는 탁월한 매개체이다. '너'를 '나'나 진배없는 '우리'로 만들어 버린다. 너(2)와 나(1)가 아닌 제3의 '우리'이다.

자신의 술잔을 남에게 권하고 남의 술잔을 받아 마시는 것은 비위생적이고 강압적인 술 습관이니 '폐습'이라고 질책하기 전에 술을 어떻게 생각하고 어떻게 활용하는가에 주목해 보자는 것이다. 술을 매개로 한 '소통'과 '하나' 됨을 최고의 술맛으로 생각했음이 분명하다. '우리'가 되기 위한 방식인 것이다. 소통을 위한 장애 요인은 모두 해소시켜야 한다. 술기운에라도 맘껏 자신을 드러내어 불만도 토로하고, "나는 나다!"라고 부르짖어도 보고, '간댕이'가 한껏 부은 호기도 부려 보는 곳이 우리의 술자리이다. 여럿이 모여 판을 이루면 더 효과적이라고 믿었음도 알 수 있다.

개인적으로 술판의 최고는 굿판이라고 생각한다. 굿판에서 먹는 술맛 이상을 난 아직 발견하지 못했다. 생음악 연주를 들어가며 인생의 희로애락이 적나라하게 펼쳐지는 이야기와 표정과 짓거리 속에 내가 있을 수도 있고, 신명이 나면 나도 일어나 덩실덩실 함께 춤을 춰도 좋다. 꼬이고 꼬여 병이 나고 탈이 난 인간사도 풀어내고, 신과의 소통과 교감까지 이뤄 내는 굿판에서 술과 음식은 절대 빠지지 않는다. 그만큼 역할이 크기 때문일 것이다. 이는 굿판에 몇 번 앉아 보면 바로 확인할 수 있다. 술판을 굿판으로 가져가야 직성이 풀리는 민족이었다. 조용하고 우아한 자리보다 뭔가 웅성거리고 활기가 넘치는 술판을 더 선호한다. 술상에 젓가락으로 장단을 맞춰야 제맛이다. 우아한 술자리라 하더라도 시를 읊는다든지, 가객을 불러 소리를 주고받는다든지 뭔가 예술적(?)으로 놀아야 직성이 풀리던 술맛이다. 우리는 술집의 젓가락문화를 다시 회복할 필요가 있다.

술을 따르고 받아먹다 보면 이런 말을 듣기도 한다. "살아서도 삼배, 죽어서도 삼배."라고. 이 말 속에서는 우리가 술을 대하는 자세나 마음,

술을 통해 이루고자 했던 세상이 무엇인지가 깊이 배어 있다고 항상 느낀다. 살아 있을 때도 삼배고 죽어서도 삼배이고자 한 술자리를 삼신의 뜻으로 마무리하는 주법도 있어 한번 소개하고 싶다.

전주 시내에서 조금 벗어나면 전주대학교가 있다. 전주대학교 앞에 '묵거실'이라는 마을에서 전해 오는 주법이다. 이 마을은 재인촌이었다고 한다. 소리꾼도 살고, 춤꾼도 살고, 줄꾼도 살고, 땅재주꾼도 살고, 무당도 사는 광대촌이었다는 말이다. 1970년대 후반 소리판도 끼웃거리고 풍물판도 끼웃거리면서 한국문화가 도대체 뭔지 알고 싶어 싸돌아다니던 자칭 '개開잡놈'이라는 친구가 있었다. 지금은 흙집에 미쳐 삼남 지방을 여전히 싸돌아다니지만 당시는 전북대학교 철학과에 적을 둔 학생이었다. 이 개잡놈이 묵거실을 찾았을 때는 빨치산 소대장 출신 소리꾼도 살고 있었다. 지금도 신명이 잡혀 노는 개잡놈을 보면 50줄에 가까웠음에도 불구하고 귀엽기(?) 그지없는데, 그 당시 대학생이었던 친구의 노는 모습이 어른들 눈에는 얼마나 기특하고 이뻤겠는가. 노인회장님이 어린 대학생과 함께 술잔을 나누다 마무리 하는 순간엔 반드시 이렇게 말했다.

"어이, 회계타세."

이제 술판을 끝내기 위해 마지막 잔을 동시에 들자는 뜻인데, 그 마지막 잔을 마시기 전에 한 가지 의식을 거행해야 했다. 좌중의 술잔을 똑같은 높이로 서로 따라 주고받으면서 잔 속의 술 높이를 맞추는 일이다. 그다음에는 동시에 잔을 비웠다.

좋아요라는
삼합을 맞춰야 제맛!

술판을 통해 이제 우리는 하나가 됐으니 나이나 재력이나 사회적 지위와 상관없이 똑같다는 사실을 서로 확인하자는 마지막 절차인 셈이다. 마지막으로 계산을 다 해 보니 밑질 것도 없고 남는 것도 없이 서로 같다는 이 확인 의식이 감동스럽지 않은가. 이런 의미도 포함돼 있을 것이다. 진정한 '우리'란 각각 분명한 주체로 선 토대 위에서의 조화로움이었으니 이제 다시 각각의 주체로 되돌아가자는 선언. 똑같은 마음으로 똑같은 위상으로…… 이 주법을 창출해 내고 일상적으로 생활화한 사람들은 바로 재인 광대들이었다. 이들은 놀이판, 굿판을 만들어 내는 전문가들이었다.

이 '회계타세' 주법을 통해 삼신이 지향한 '하나 됨'과 '우리'는 '각각 분명한 주체로 선 토대 위에서의 조화로움'이라는 것을 재확인하는 기쁨이 있다. 비빔밥 조리법의 철학과 같은 맥락이다.

나눔의 식습관
"고시레, 고시레, 고시레"

주법만 그러했겠는가. 밥 먹는 방식에도 이 삼신의 뜻과 철학은 배어 있다. 이제까지 살펴본 3의 세계관이 가장 감동적으로 드러나는 모습을 고시레 풍습에서 찾게 된다. 이제는 거의 사라지고 없지만, 밥을 먹기 전에 먼저 '고시레'를 외치며 먹을 음식의 일부를 산천에 뿌리는 식사습관이다.

'고시레'는 '고시씨'에 대한 경배로서, 농사법을 최초로 우리에게 가르쳐 준 인물(단군왕검의 신하로 알려져 있다.)인 고시씨에 대한 고마움을 담고 있다는 설이 있다. 고시레를 하는 행위에는 농사법을 가르쳐 주신 그 은덕에 힘입어 밥을 먹게 되었으니 먼저 고시씨에게 바침으로써 그 은혜를 결코 잊지 않겠다는 의지의 표현이라는 것이다. 그러나 이는 표면적인 해석일 뿐이다. 우리가 진정 주목해야 할 것은 그 이면의 기능과 지혜이다.

고시레는 음식을 버리는 짓거리가 아니다. 고시레는 자신의 음식을 누군가와 나눠 먹는 식사법이다. 산천에 뿌려 주니 함께 나눠 먹는 상대가 사람은 분명 아니다. 흙바닥에 떨어진 음식을 반갑게 먹을 상대는 누구겠는가? 새나 곤충이나 짐승일 수밖에 없다. 그들이 먹지 않는다면 땅에 사는 미생물의 몫이 될 것이며, 이는 땅을 기름지게 할 거름이 될 것이다. 나눔의 대상이 인간에 한정되어 있지 않다. 살아 숨 쉬는 생명체면 무조건 모두가 나눔의 대상이다. 내 주위에 있는 모든 것은 밥을 함께 나눠 먹어야 할 식구인 것이다. 더불어 살아가야 할 이웃인 것이다.

여유가 있어 고시레를 하는 것이 아니었다. 지지리도 먹는 것에 한이 많았던 시절에는 어김없이 지켜져 내려오던 이 땅의 식사습관이었다. 고시레를 통해 나눔의 영역과 그 실천 의지가 어느 정도였는가가 드러난다. 특별한 경우나 고매한 사람만 행하는 식습관이 아니었다. 누구나 밥 먹을 때가 되면 무의식적으로 행할 만큼 보편적인 식습관으로 정착해 있었다. 이 점이 위대해 보인다.

어렸을 때 듣고 자랐던, "콩알 하나라도 쪼개서 나눠 먹어라."는 어른들의 말씀은 고시레 신앙과 나눔 토양 속에서 나온 자연스런 모습이라 판단된다. "한 번 주면 정 없어."라며 밥 두 숟갈을 떠 옆사람에게 주는 식습관 또한 마찬가지이다.

습관적으로 '고시레'를 세 번 외치면서 미물에게까지 나누는 나눔의 실천행은 분명 천지인(삼신)의 조화로운 공존과 통합을 지향하는 삼신신앙과 그 사상이 생활의 전반을 관통하고 있었기 때문에 가능한 모습이리라. "한 번 주면 정 없어."란 식습관을 통해서도 재차 확인할 수 있다. 내가 두 번에 걸쳐 준 밥을 세 번째에는 네가 먹게 된다는 이 방법과 나눔 의식이 '정'이라는 것을 바탕으로 생활화되어 있다.

아까운 내 밥까지 나눴을 때 생기는 정신적인 충만감도 맛에 포함시킨 셈이다. 어떤 문인의 맛에 대한 정의가 경청할 만하다.

무릇 맛이란 이와 같이 신토불이의 매운 정신과 신화까지를 아우를 때, 하나의 식탁문화로 자리 잡았다고 할 수 있을 것이다. 그래서 맛은 멋에서 왔다고 전제하는 말 또한 허투루 들을 일은 아닌 것이다.[40]

우리는 이 대목에서 한 걸음 더 나아가 생각해도 될 것 같다.

고시레 식사법과 그 '밥상 나눔 정신'은 인류의 식문화로 거듭나도 손색이 없어 보인다. 시대에 맞는 고시레 식사법을 고안하여 세계시민의 식사법으로 정착시킨다면 어떻게 될까. '제 4의 식품시대'라고 표현을 해야 하나. 나눔의 정신까지 '식재료'로 인식하는 발상의 전환이 절대적

---

40. 송수권, 앞의 책, 50쪽.

으로 필요한 시점이다. 현 인류는 기능성과 분위기뿐만 아니라 '나눔의 식품', '나눔의 식사문화' 시대를 기다리고 있을 것이다.

이런 정신과 노력은 이미 시작되어 있다. 그 중의 하나다. 경기도 화성에 산안마을이라고 있다. 이 마을은 '돈이 필요 없는 사이좋고 즐거운 마을'을 표방하여 실천하고 있다. 이런 목표와 실천은 야마기시즘에서 나온 것이다. 일본의 야마기시 미요조라는 사람에게서 비롯된 사상을 따르는 곳으로, 산안이라는 이름은 야마기시의 한문식 표기를 그대로 읽은 것이다. 20년째 지속하며 그의 사상과 실현 방식을 실천하는 중이다. 닭을 키우던 농부였던 야마기시 미요조는 젊어서부터 중국 철학과 선불교, 마르크스주의와 비폭력주의 등을 두루 섭렵하며 '모든 사람이 하나가 되어 평화롭게, 고루 잘사는 이상적인 사회'를 꿈꿨다. 유기순환체계에 의한 양계법을 전파하는 한편 연찬이라는 독특한 방식을 통해 자신의 사상을 전파하게 됐고 이를 따르는 사람들이 일본뿐만 아니라 스위스, 브라질, 태국, 독일, 오스트레일리아, 미국 등 국제적으로 늘어나면서 야마기시즘의 실체가 확고해졌으며, 한국의 산안마을도 생겨나게 된 것이다.

산안마을은 그 뜻을 따르는 30여 명이 '자연과 인위, 즉 천지인의 조화를 도모하여, 풍부한 물자와 건강과 친애의 정으로 가득 찬, 안정되고 쾌적한 일체사회'를 인류에 가져오기 위해 노력 중이다.

이 일체사회에서 중요한 가치는 무소유 개념이다. 이 무소유를 실천하기 위해 '풀어놓기'란 방법을 취한다. 일체사회에 참여하는 사람은 자아를 고집하지 않고, 자신을 옭아매고 있는 모든 물질과 수단, 재능을 다 풀어 공동의 재산으로 하는 방식이다. 이런 생활을 사회와 나누는 자리를 매년 '거저' 축제라는 잔치로 마련하기도 한다. 광고하지 않았는데도 알고 찾아온 사람들이 저마다 김밥을 싸오고, 음료수를 가져오고, 이런저런 축제 준비를 돕는 등 제 가진 능력과 재주를 풀어놓았다. 1998년에는 2천 5백여 명이나 몰려들 정도로 그 기운이 퍼져 나가는 중이다.[41]

고시레 식사법과 그 기저를 이루는 나눔 정신에서 세계일체사회를 꿈꾸는 야마기시즘과의 친연성을 느낄 수 있다. 전 세계인이 공감하면서도 쉽게 실천할 수 있는 고시레 식사법을 개발한다면, 세계인들이 그 식사법으로 밥을 먹는다면, 이처럼 '모든 사람이 하나가 되어 평화롭게, 고루 잘 사는 이상적인 사회'를 꿈꾸는 다양한 시도들과 만날 수 있을 것이다. 그 밑바탕으로서의 역할이 크리라는 판단이다.

그래서 이런 생각도 해 본다. 장래 희망이 대통령인 아이들 못잖게 요리사가 꿈인 남학생들도 많이 생겨나는 시절이 됐다. 이들이 훌륭한 요리사가 되는 학습 과정에 '고시레' 식사법과 그 식사법에 밴 나눔의 정신도 주요한 커리큘럼이 됐으면 좋겠다. 인류가 실천해 온 그런 식문화에 대한 소개와 더불어 그 역사와 전통에 대해서도 알려 줬으면 좋겠다. 현대판 고시레 식습관이 개발되어 함께 교육된다면 더욱 좋겠다.

---

41. 안혜령, 앞의 책, 103~128쪽.

7

성주님 근본은 무엇일까?

정신이상을 굿으로 고친다?

정말 마음에 쏙 드는 사람을 만나 혼인하여,

언덕 위에 그림 같은 집을 짓고,

그 집에서 예쁘고 씩씩한 아들딸을 낳아 오순도순 살 수 있다면…….

청춘 남녀의 경우에는 이에 대한 생각만으로도 가슴 벅차오를 낭만이 생길 것이다. 그러나 모든 처녀 총각이 그 소망대로 뜻을 이루지 못한다는 데에 인생의 다양함과 아픔이 있으리라. 그 소망을 이루지 못한 처녀 총각들은 어떤 모습으로 세상살이에 대처하게 될까. 만약 문제가 생겼다면 이를 어떻게 해결해 나가야 되나. 병이 든다든지, 자살을 한다든지, 행패를 부린다든지……. 시대와 개성에 따라 천차만별일 모습들. 굿은 이에 대해 어떤 해결책을 제시할 수 있을까.

이 글을 쓰기 닷새 전, 나는 철원 땅으로 내닫고 있었다. 채 열 살이 못 돼 황해도에서 월남하여 인천에 터를 잡고 신의 길을 가고 있는 박 선생(박인겸 박수)이 전화를 주었기 때문이다. 내용에 대한 상세한 설명 없이 철원으로 내려오라는 전갈이었다. 굿이 있다고 직접 전화를 줄 정도면 뭔가 흔치 않은 굿임에 틀림없지 않겠나. 다음날의 약속과 계획을 부랴부랴 취소하거나 연기하고 달려간 곳은 북녘 땅과 불과 직선거리로 40리밖에 안 된다는 곳이었다. 굿당이 아니라 소를 키우는 목장이었다. 그 목장에는 젖소가 한 마리도 보이지 않고 모두 누런 토종소만 있었다. 바로 옆에 있는 젖소목장과는 규모에 있어 상대가 안 될 정도로 작았으나 목장임에는 분명하였다. 동네와 많이 떨어져 있고, 바로 뒤에는 군 사격장이 있어 소를 키우기엔 아무 문제가 없어 보였다. 시끄럽게 굿을 하더라도 전혀 개의치 않아도 될 자리였다.

굿을 필요로 하는 곳에서 직접 굿을 하다니! 요즘 들어 흔치 않은 상황을 접하게 된 셈이다. 굿에 대한 편협한(?) 일반인들의 시각과 소음에 대한 신경질적인 반응으로 인해 집에서 직접 굿을 하는 경우란 도심에서 찾아보기 힘들어졌다. 그래서 굿을 하려면 도심에서 벗어나거나 인가와 뚝 떨어진 곳을 찾아야만 한다. 굿을 할 수 있는 공간이 산속이나 한적한 곳에 생기게 된 연유다. 이를 '굿당'이라고 부르며, 이 굿당은 굿을 하는 데 필요한 모든 것을 구비하고 있다. 요즈음 행해지는 거의 모든 굿이 이 굿당이라는 공간에서 소화된다고 봐도 된다. 그럴진대 굿당이 아닌 가정(그 목장은 살림집도 겸하고 있었다.)에서, 그것도 문제 발생의 현장에서 하는 굿은 분명 현장감뿐만 아니라 정겨움도 있었다. 물론 촌이고 마을에서 뚝 떨어진 곳이라 가능했겠지만.

벌써 굿은 새벽부터 시작하여 여러 거리[42]가 끝난 상태였다. 굿 하는 집으로 들어서자 집주인의 친구가 분명한 동네 아저씨들이 막 돼지를 잡고 있는 중이었다. 인근 군부대에서 짬밥을 먹고 컸다는 그 돼지는 우리가 도착하기 바로 전에 만신들에 의하여 타살되어 동네 사람들에게 해체를 당하고 있는 상태였다. 굿의 전문용어로 표현하자면 '생타살'이 막 끝난 순간이었다. 굿 하는 집의 문제를 해결하고, 제화초복除禍招福하기 위해 돼지는 희생물로 바쳐져 뜻 깊은(?) 생을 마감한 셈이다. 그날 그 돼지는 그 목장 집 둘째 아들의 병을 낫게 하기 위해서 신령님(성주님)께 제물로 바쳐졌다. 마당과 집 주위에는 벌써 잡귀를 쫓고 살을 풀어내기 위해서 돼지 피가 뿌려져 있었으며, 그 붉은 색깔은 방문객의 시선을 강하게 끌어당겼다. 집 쪽을 보자 마당과 접한 처마 밑에 상이 하나 차려져 있었다. 넘칠 정도로 쌀을 수북이 담은 큰 양푼, 쌀 위에 올린 막걸리 세 잔! 그것은 '성주토지지신상'이었다.

그리고 방문객을 맞이한 사람이 있었다. 집주인이었다. 50대 후반쯤으로 보이는 건강한 남자. 그 풍채에다 이미 술기운이 얼큰하게 올라 있는 분위기까지 더해져 위압감마저 느껴졌다. 그럼에도 불구하고, 민감할 수도 있는 가정사를 냉정하게 훔쳐 낼 카메라와 '비지(비디오, 박 선생의 가시 돋친 농담 표현)'를 선선히 받아들이는 모습이 방문객의 입장에선 고마

---

42. 굿은 '거리'라는 작은 굿거리가 여러 개 합쳐져서 이뤄진다. 보통 '12거리'라고 하여 이를 기본 틀로 삼는다. 연극으로 치면 '거리'는 '막'과 비슷한 개념으로 볼 수도 있다. 굿은 12거리가 내용 상 제각각 독립되어 있다. 연극으로 보면 옴니버스 스타일인 셈이다. 그래서 굿을 하는 상황에 따라 거리를 통째로 추가하여 넣기도 하고 빼기도 한다. 순서를 바꾸기도 한다. 그래도 굿의 진행에 문제가 되지 않는다. 오히려 상황과 현장성을 적극적으로 굿이 수용하기에는 더 적절하다.

울 수밖에 없었다. 비록 박 선생과 이야기가 이미 끝났다 하더라도 공개하기 부끄러울 수 있는 흉사에 대한 것이기 때문이다. 27세라는 둘째 아들은 아버지를 닮아 인물이 준수하였다. 그런데 몇 달 전 병을 얻게 되었다. 정신이상 증세를 보이기 시작한 것이다. 서울의 유명한 대학병원에서 이런저런 검사를 해 보았으나 별 이상이 없다는 진단뿐이었다. 그래도 매일 철원에서 서울까지 왕래하며 치료를 시도하였으나 차도가 없었다. 결국 굿을 하기에 이른 것이다. 결코 적지 않은 '굿비'를 마련할 길이 없어 농협에서 떼를 쓰다시피 빌렸다. 이렇게라도 굿을 하게 된 것은 부모이기 때문이란다. 자식! 끝까지 포기할 수 없다고 하였다.

둘째 아들은 마당에서 이뤄지는 모든 상황을 창문을 통해 보고 있었다. 가끔 마당으로 나와 바람도 쐬다 들어가는 등 외관상으로는 별 이상이 없어 보였다. 텔레비전도 정상인처럼 보았으며, 말을 걸면 대답도 곧잘 하였다. 같은 방에서 함께 잠을 자도 아무 이상을 느낄 수 없었다. 이상이 있다면, 가끔 하늘을 멍하니 바라본다든지, 어떤 질문에 대해서는 입을 다물어 버린다든지 하는 정도였다. 굿판이란 엉덩이를 붙이고 굿을 보는 사이 여러 가지 사실들이 드러나기 마련이다. 좋은 사실이건 숨기고 싶은 비밀이건…….

둘째 아들은 형과 함께 인천의 남동공단에서 생활하고 있었다. 아버지는 천만 원대의 집세를 마련하여 줬었다. 그런데 그 돈을 몽땅 날리게 된 사건이 발생하였다. 둘째는 집에 이 사실을 숨기고 다른 방법으로 채워 놓으려 시도했으나 실패하고 말았다. 그러는 와중에 애인이 등을 돌리고 떠나 버렸다. 그 뒤로 둘째의 행동에 이상이 생겼다. 증상은 악화되고, 마침내 집에서 부모가 알게 된 것이다. 아버지의 말대로 마음이 약해서였을까. 둘째는 그 충격을 이기지 못했다. 기억하고 싶지 않은 대목에 대해서는 정말 기억이 없다고 말하는 둘째. 이 증상에 대해 굿을 주재하는 70세의 노만신(김황용 무당)은 다음과 같은 원인 규명과 처방을 내렸다.

> 목장에 들어서 보니 온통 동법·동토[43]가 산발을 하였다. 목장을 지으면서 땅을 함부로 다뤄 동토가 난 것이다. 그 액살이 아버지에게 들어온 것으로 아버지가 죽지 않으면 아들이 죽을 수다. 지금의 상황은 아버지 대신에 둘째 아들에게 들어온 것이다. 설사 아버지를 피해 자식에게 들어왔으나 아버지가 죽지 않는다 하더라도 그 고통과 액을 살아생전에 겪게 된다. 그러므로 '동법을 잡아내어' 지신을 잘 달래고 성주를 잘 모셔 살을 풀어내야 한다. 그리고 화전으로 환자에게 따라붙은 도깨비나 사귀(사악한 잡신들)를 물리쳐 내면 반드시 나을 것이다.

그 노만신은 의료보험증이 나오기 전까지만 해도 연평균 20건 이상 미친 사람 고치는 '화전굿'(병굿의 일종. 정신병 치료 의식)을 집전한 임상경력자였다. 그 임상경험과 신력을 바탕으로 확신에 가까운 진단과 처방을 내렸다. 함께 굿을 돕는 박 선생과 다른 여자 만신도 같은 진단이었다. 모두들 30년 이상 신을 모시고 굿을 해 온 최고 수준의 황해도 만신들이다.

---

43. 땅을 잘못 다루면 지신이 노하여 가족에게 병을 앓게 한다는 뜻. 땅 이외에도 가구의 위치 변경이나 반출·입 또는 가옥 구조의 변경에도 운이 나쁘면 동티가 난다고 믿는다.

정치력이 없고, 그런 세계를 오히려 거부해서 인간문화재라는 것이 못 돼 그렇지 능력으로 따지자면 결코 뒤질 수 없는 연륜과 실력들을 갖춘 사람들이다. 그러나 그 치료 방법인 화전굿을 할 줄 아는 만신은 세 사람 중 노만신뿐이었다. 이제 황해도굿을 하는 만신들 중에서 이 굿을 할 수 있는 만신은 손가락으로 꼽을 정도가 되었다고 한다. 만신들도 각기 전문 영역이 있어 병을 치료할 수 있는 능력을 신으로부터 부여받지 못하면 병굿을 주재할 기회가 드물기도 하지만, 점점 더 굿 하는 기회가 드물어져 전수가 단절됐기 때문이다. 노만신의 경우 의료보험이 시행된 이후로는 환자가 모두 병원으로 직행하여 일 년에 한두 번 할까 말까 하는 상황이 되었다. 그 화려했던 과거의 치료 사례를 듣는 것은 흥미 이상이었다.

정신병을 치료해 주는 성주님

그런데, 정말 동토(동티)가 난 것일까?

그 목장과 살림집은 집주인이 직접 지었다고 한다. 어려서부터 고아나 다름없이 떠돌면서 안 해 본 것 없이 고생하며 배운 재주 중의 하나가 집 짓기였다. 그 집의 경우, 산소 용접이 필요한 철골 구조물과 지붕만 처남의 도움을 받았지 벽체와 보일러 깔기 등 나머지 부분은 전부 집주인의 작품이었다. 그런데 정작 집짓기보다 더 힘들었던 것은 집을 지어도 좋다는 건축 허가였다. 이 지역은 접경지대라 군의 허가 없이는 건축이 불가능한 곳이었다. 10년 가까이 허가 획득을 위하여 노력하였지만 헛수고였다. 천신만고 끝에 허가가 떨어져 집을 짓기 시작한 때가 바로 3년 전이었다. 소 키우기로 직업 전환을 할 수도 있었다. 맨주먹으로 갖은 고생 끝에 직접 지은 집이며 목장이었다. 그 기쁨이 어떠했을지 상상이 간다.

그런데 그 기쁨의 웅지를 막 펴 보려는 순간 IMF 귀신이 들이닥친 것이다. 사료 값을 감당할 수 없어 소를 헐값에 팔아야만 했고, 남은 17마리의 소는 그냥 굶겨 죽일 수 없어 부인이 식당에 일을 나가야만 했다. 사료 값을 해결하기 위해서 말이다. 그런 판국에 아들마저 그 지경에 이르고 말았다. 물론 집을 지을 때, "땅을 사용하겠다."는 허가를 받기 위해 지신님께 고사를 지낸 것은 아니었다. 정말 그래서일까. 뭔가 꼬이고 있는 것은 분명하였다. 아들이 금전 손해를 보고 애인으로부터 버림받아 저렇게 정신을 못 차리는 것이 다 집을 지으면서 땅을 잘못 건드린 때문이라고 하지 않는가.

이 화전굿에서 가장 특이하고 인상 깊은 광경은 성주굿과 동법 잡는 모습이었다.

목장집에서 이제는 쓰지 않는 무쇠솥을 깨뜨려 조각을 낸 쇠붙이, 동전만한 크기로 반대기(달 모양의 떡)를 만든 메밀, 왕소금, 가루를 내지 않은 붉은 고추 그리고 약쑥을 준비한 후 동법을 잡으러 마당으로 나갔다. 절구공이를 든 박 선생이 건물의 기둥 앞 땅을 찧으면 다른 만신이 부정 칼을 세 번 두드리고 오방기로 다시 세 번 돌렸다. 그런 다음에 그 자리에 먼저 쇳조각을 놓고, 왕소금을 올린 다음에 붉은 고추를 놓고, 다시 그 위에 메밀반대기를 올린 후, 마지막으로 약쑥을 올렸다. 그리고 약쑥에 불을 붙였다. 같은 방법과 절차를 기둥이라고 생긴 곳마다 빠짐없이 되풀이하였다. 마지막으로 집 주위의 사방 공터와 집 마당에도 하였다.

집을 짓기 위해 기둥을 세우느라 땅을 손댄 곳들이다. 분명 이 자리에서 동법이 발동하였을 것이고 이 자리에 쑥뜸을 놓음으로써 치료 행위를 한 셈이다. 연기를 내며 타들어 가는 쑥뜸은 병을 치료하기 위해 사람 몸에 뜨는 뜸이었고 냄새도 같았다. 차이라면, 부정을 막고 잡귀를 쫓아낼 소금, 잡귀가 두려워하고 무서워하는 붉은색의 매운 고추, 도깨비가 싫어하는 메밀이 추가됐을 뿐이다. 땅을 살아 있는 생명체로 생각하지 않고서는 시도할 수 없는 치료 행위다. 어떻게 보면 장난 같아 보이는 이 우스꽝스런 행위! 그러나 나름대로는 대단한 세계관이 담긴 행위였다. 땅을 생명체로 생각하고 대하는 세계관 말이다.

동법 잡기 위해 땅에 뜸을 들이는 모습(좌)
맨 밑에 깨뜨린 무쇠 조각을 놓고 차례대로 왕소금, 붉은 고추, 메밀반대기, 약쑥을 올린 후 불을 붙였다.
강원도 철원군 갈말읍 토성리, 1998.

동법 잡는 모습
절구공이로 건물 기둥 앞 땅을 찧고 있다.
강원도 철원군 갈말읍 토성리, 1998.

성주님은 인간이 창조해 낸 천신

환자가 굿 구경을 하든, 마당으로 나가 바람을 쐬든, 텔레비전을 보든 전혀 개의치 않고 내버려두던 굿의례가 드디어 환자를 굿 속으로 끌어들이는 순간이 왔다. 성주굿에서였다. 성주굿은 저녁밥을 먹고 시작되었다. 마당에 있던 성주토지지신상의 쌀을 쌀자루에 담아 방 안으로 갖고 들어온 후 환자를 불러들였다. 노만신은 그 쌀자루 위에 앉아 굿을 시작하였다. 성주신을 맞이하는 청배의식을 마친 다음, 노만신은 낮에 잡은 돼지고기를 자르던 식칼을 휘두르며 환자를 위협하기 시작하였다. 환자에게 붙은 사귀를 물리치고자 함이었다. 순간 환자는 겁을 잔뜩 집어먹고 벌떡 일어나며 거부하였다. 왜 가만있는 사람을 죽이려 하느냐고 부르짖었다. 환자의 아버지와 어머니는 황급히 아들의 양 팔을 잡고 진정시키기에 여념이 없었다. 아버지는 "내가 널 살리기 위해서지 죽이기 위함이 아니니 가만 앉아 있기만 하라."고 설득하느라 진땀을 뺐다. 노만신은 무섭게 환자를 얼렀고, 바가지를 환자 머리에 씌우고 잡귀를 쳐 내는 의식을 계속하였으며, 결국 환자는 기세가 수그러들었다. 그러자 노만신은 머리 여기저기에 침을 놓아 피를 뽑아 주었다. 이 성주굿에서는 환자에 대한 구체적인 치료 행위가 굿의례를 통해 이뤄지고 있었다. 성주님의 힘을 빌려 환자를 치료하는 구조와 내용임을 알 수 있다. 과연 성주님은 어떤 존재이기에 치병의 능력과 힘을 갖고 있는 것일까? 무심코 지나쳐 버릴 수 없는 의문이다.

성주님이 가족의 안녕에 직접적으로 관여하는 모습에서 우리는 다음과 같은 사실을 알아낼 수 있다. 그림 같은 내 집을 짓거나 마련한 것으로 행복이 완성되는 게 아니라는 것. 그 속에서 아무 탈 없이 생활할 수 있어야 하며, 복락을 누릴 수 있어야 한다는 명제가 대두되니 이는 내 집을 마련하는 것 못지않으며, 이것에 영향력을 미치는 어떤 존재가 바로 성주님이라는 사실이다.

성주님은 한 집안의 길흉과 재복을 관장하는 신으로 알려져 있다. 집을 지으면 그 집에 여러 신들이 좌정하게 된다. 집이 들어선 자리에 계시던 토지신, 부엌의 조왕신, 안방 윗목의 삼신과 조상신, 우물의 샘각시(신), 뒷간의 측간신, 대문의 문전신, 대청에 업 그리고 성주신! 옛 가정에서는 이들 가신(家神: 집에 있는 신)들 중에서 가장 높은 신을 성주신으로 믿어 지금까지 받들어 왔다. 성주님의 근본을 알려 주는 〈성주본가(서사무가)〉에 보면 이렇게 나온다.

천상의 신이 하강하여 인간들에게 집 짓는 방법을 가르쳐 주었으니
그 분이 성주님.

인간의 살림살이가 인공구조물을 전혀 모르고 그저 나무 밑이나 바위 밑, 동굴 속에서 눈비를 피하고 바람을 피하면서 혹은 물과 맹수를 피하면서 살던 때를 상상해 보자. 분명 인류의 역사로 볼 때 요즘과 같이 집을 짓고 생활했던 기간보다 굴속에서 생활했던 시기가 더 길었을 것이다.

집이라 할 인공구조물의 초기 모습은 소위 '움집'이라고 하는 것이다. 구석기시대부터 움집의 형태는 나타난다. 그러나 완전히 굴살이를 벗어나 움집 생활이 일반화된 것은 신석기시대인 듯하다. 이 때는 나무 위에서 생활한 흔적도 나타난다. 보통 여름에는 나무 위에서 생활하고, 겨울에는 동굴 속에서 생활하지 않았을까 추정하기도 한다. 한반도의 경우 보통 한쪽 길이가 6미터 정도의 땅을 60~100센티미터 깊이(추운 지방은 깊고 따뜻한 지방은 얕은 특성을 보인다.)로 파고 들어간 다음에, 그 웅덩이를 간단한 골조와 지붕으로 덮어 움집을 만들었던 것으로 본다.

여하튼 구석기시대는 지금으로부터 40~60여만 년 전으로 보고 신석기시대는 1만 년 전 이후로 보는 견해들을 고려해 본다면, 인공구조물에 기반을 둔 집[44]이라는 의식의 생성은 굴살이의 의식과 그 생활 감각이 존속한 기간에 비하면 아무것도 아니다. 게다가 그 움집의 형태가 땅을 파고 들어간다는 사실에서 동굴 생활이나 바위 밑 생활의 잔영이 이어지고 있다는 추측을 해 봄 직하다.

'굿'이라고 하는 말의 어원을 동굴을 의미하는 '굴'에서 찾는 학설[45]이 제기되는 것을 보더라도 동굴과 사람의 살림살이는 밀접한 관계를 분명 갖고 있었다. 나무나 풀을 이용하여 간단한 구조물(움집)을 만들어 동굴을 벗어나다가 점점 복잡한 구조물로 발전해 나갔을 집. 특히, 농경을 기반으로 정착생활에 접어들면서 집도 정착하게 되어 살림살이에서 차지

---

44. 후기 구석기시대의 유적이라고 알려진 공주 석장리 유적에서 구석기인들이 만들어 사용한 것으로 추측되는 움집 형태의 주거지는 약 2만 년 전에 만들어진 것으로 추정한다.
45. 정호완, 『우리말의 상상력 1』, 정신세계사, 1995.

하는 비중이 분명 증대됐을 것이다. 안락하고 편안한 정착생활, 안락하고 편안한 집! 그 때의 기쁨과 고마움은 상상이 되는 대목이다. 분명 집이라는 의식은 굴살이에서부터 형성됐겠지만 인공구조물을 갖게 되면서 집이라는 의식, 집안이라는 개념이 분명 강화됐을 것이다.

집. 집의 발견과 발명은 분명 획기적이었을 것이다. 그러나 그 과정은 지난한 세월과 시행착오의 연속이었을 것이다. 그 과정에서의 도전은 '인간이 스스로의 힘과 능력으로 이뤄낸 성과'라는 성취감에 만족하도록 내버려두지 않았던 모양이다. 이를 가능케 허용해 준 존재가 있다고 믿게 됐을 개연성에 주목해 보자. 그런 존재가 있다고 믿게 됐다면, 얼마나 고마운 일인가. 얼마나 축복 받을 일인가. 우리 민족은 그런 존재를 '성주님'이라고 보았다. 그렇게 믿었다. 그리고 365일 집안에 모시면서 365일 함께 생활하였다. 『단군고기檀君古記』에 보면 다음과 같은 말이 나온다.

단군은 성조(성주를 성조라고도 칭한다.)에게 명하여 집을 짓게 하고……,

집에 발원함은 성조대군이라…….

이런 기록으로 보거나, 성주 모시기가 전국적인 분포를 보이는 것으로 미루어 '성주(혹은 성조)'라는 표현과 존재의식은 그 연원이 깊다고 봐야 할 것이다. 그렇다고 성주님을 뛰어난 집짓기 발명자로 지칭하는 것 같지는 않다. 실제 일상생활 속에서는 성주님이 신격으로서 신봉되고 있으니 말이다.

집 짓는 법을 가르쳐 준 신으로서의 성주님. 성주님은 그 역할에 만족하지 않는다. 집 짓는 법을 가르쳐 주었을 뿐만 아니라 그 집이 무너져 없어질 때까지 그 집안의 가족을 보호하고 지켜 주는 수호신으로서의 역할도 담당한다. 앞에서 살펴본 화전굿처럼, 병이 났을 때 병을 치료해 주는 능력도 갖고 있다. 사람들은 성주를 안 모시다가도 집안에 누가 아프면 무당을 불러 성주를 새로 모시기도 하였고, 집안에 우환이 계속 발생할 땐 모시던 성주마저 미련 없이 교체하기도 하였다. 임종은 반드시 성주님을 모신 안방에서 해야 한다는 사례까지 보인다. (충남 당진의 '대란지도'라는 섬) 가족의 생명까지 직·간접으로 관여하고 있다는 말이다. 내 목숨을 다시 거두어들이는 분이 성주님이라고 믿었다는 뜻이기도 하다. 단지, 그 담당 범위가 집이라는 공간과 구조물이라는, 자기 울타리 속의 사람과 살림살이에 한정되고 있을 뿐이다. 우리 집, 우리 집안의 성주님인 셈이다. 그래서 성주는 보통 큰집(장남)에서 모시는 것이 일반적이었다.

성주님이 집이라는 구조물 안에서는 최고인 셈이다. 그래서 성주님이 거처하는 곳은 대들보와 깊은 관계가 있다. 한옥의 구조는 대들보가 올라감으로써 집의 형상을 갖추게 되므로 대들보란 한옥에서 중심이 되는 구조체다. 대들보가 올라가는 날 상량고사를 지내며 상량식을 하지 않는가. 올라갈 대들보를 고사상에 올려놓고 고사를 지내는 지역도 있다. 그만큼 중요하다는 이야기다. 사람들은 성주님의 신체를 대청마루의 대들보에 올려놓거나 걸어 놓든지, 대들보를 떠받치는 '가운데 기둥(동자주童子柱)'에 붙여 놓거나, 대들보 밑의 안방에 모시거나, 대들보 아래의 대청마루 한쪽 구석에 모셨다. 새집을 짓고 성주를 모시는 성주굿을 할 경우 성주상을 바로 대들보 밑에 놓고 해야 했다. 대들보를 성주 그 자체라고 믿는 지역도 있다. 고건물을 해체할 때 가장 감격스러운 대목은 상량보(종도리장혀) 위쪽 가운데에 있는 복장腹藏을 개봉할 때라 한다. 그 속에는 보물과 함께 상량축원문이 들어 있기 때문이란다. 상량축원문! 그것은 바로 성주님께 드리는 기도문이자 성주님의 출생기록부이기도 하다.

그런데, 성주는 스스로 새집을 선택할 권한이 없다. 새집이 완성되는 순간을 놓치지 않고 직접 찾아가 "오늘부터 내가 너희 집안의 성주이니 앞으로 지극 정성을 다하라."고 명령할 권한과 실체가 없다는 말이다. 성주님은 새집 주인이 모셔 들여야만 비로소 그 집안의 성주가 될 수 있다. 성주로서의 '신격 부여', '성주 모시기'는 사람의 선택과 의향에 크게 좌우된다는 뜻이다. 사람이 원하는 바와 상관없이 항상 존재하면서 영향력을 미치는 토지신地神과는 다른 점이다. 집이라는 구조물이 인간들의 창조물이듯이 성주의 성립도 인간의 의지에 달렸다. 그래서 우리는 집을 새로 짓는 행위와 결과를 '새집을 짓는다'는 표현 못지않게 '성주한다.'거나 '성주 새로 올린다'는 표현을 즐겨 썼다. 집이라는 인공구조물과 성주는 불가분의 관계다. 역설적으로 성주의 탄생은 '인간들의 집 짓기 행위'에서 비롯된다 하겠다.

새집을 짓고 나서 성주를 모시고 싶은 집주인.

앞으로 그 안에서 밥 먹고, 잠자고, 애 만들고, 쉬고, 일하면서 가정을 이루게 해 줄 그 집.

잘돼야 할 텐데!

아무 탈 없이 오순도순 잘살아야 할 텐데…….

복 많이 받고 잘살아야 할 텐데…….

새집은 성주님을 모셔야
비로소 완성

우리 가족을 잘 보살펴 줄 성주님을 모셔 들여야만 실질적으로 집이 완성되는 것이다. 적어도 우리 식의 사고로는 그렇다. 대들보 올리고, 지붕 덮고, 대문 세우고, 창문 바르고, 장판 바르는 것으로 집이 다 완성된 것이 아니다. 사람이 살지 않는 집이란 무의미하다. 사람의 온기가 사라진 집은 한 달이 지나지 않아 흉가로 변하는 것을 목격할 수 있다. 집과 그 집에 살 사람들과의 '만남'이 이뤄져야만 그 집이 진정으로 완성된다는 생각이었음을 알 수 있다. 그 만남을 극적으로, 공개적으로, 또한 우주적으로 의례화한 의식이 바로 '성주 모시기'다. 성주님을 모셔 들이는 의식(굿)을 치러야 집이 완성되는 셈이다. 이 굿이 성주굿이다.

성주굿을 하게 되면 성주님만 모시는 것이 아니라 조상님도 모셔 경과 보고 겸 신고를 하며, 기쁨을 함께 나누게 된다. 그뿐인가. 일가친척과 이웃들이 모두 찾아와 축하도 하고, 집 구경뿐만 아니라 굿 구경도 하면서 잔치를 벌이게 된다. 그것만이 아니다. 그 집을 지었던 목수와 일꾼들도 참석하는데, 특히 목수는 무당과 함께 성주굿 의례를 이끌어 가는 경우도 있다. 그런 자격을 갖게 된다. 성주님이 만들어 주는 자리다.

이 자리는 자연스럽게 낙성식의 효과를 갖게 되며, 조상신까지 참석하는 집안 잔치가 되기도 한다. 동네 사람들이 다 모이는 동네 잔치가 돼 버린다. 그리고 집 짓는 과정에서 이웃간에, 동기간에, 목수와 일꾼 간에,

또한 터주신과의 관계에서 생긴 수많은 갈등을 이 굿판에서 다 해소해 버릴 수 있다. 쌓인 긴장과 갈등을 부드럽게 풀고 없애 버릴 수 있는 좋은 자리다. 어차피 집이라는 것은 사람이 살아가는 데 필요한 도구이고 물건일 뿐이다. 그 물건이 궁극적인 목표일 수 없고, 가장 소중하고 중요한 것일 수 없다. 그 집안에서 살아갈 사람들, 이 집과 저 집에서 살아가는 사람들간의 관계에서 생기는 문제를 최소화하고 미리 예방하는 것보다 더 소중한 가치를 가질 수 없다. 복은 거기에서 생기는 것이다. 그 복을 만들어 내는 자리를 성주님이 마련해 주지 않는가.

새집을 완성하고, 이사를 들어오고, 성주님을 모시는 그 순간이 비로소 그 집에서 앞으로 살아갈 그 집안 살림살이의 시작임이 분명하다. 집 짓기의 마무리와 새로운 국면의 성공적인 창조를 위한 자리, 그 자리가 성주굿판이다. 그 자리는 성주님의 이름으로 마련됐을 때 이승에서 저승까지 더 많은 이들이 모이고, 분명 더 효과적이다.

그 순간, 성주님을 모셔 들이는 그 순간, 한갓 도구와 물건에 지나지 않던 집은 생명력을 갖게 된다. 독자적인 생명체가 되는 것이다. 그 집안 사람들과 동심일체가 되는 생명체! 그래서 성주를 모시면서 이런 말을 자연스럽게 할 수 있는 것이다.

성주는 대주를 믿고 대주는 성주를 믿으니 오동나무 행낭지보안과 같이 믿으셔서 도와주시며 우방토지지신과 성주조왕님 화의동심하셔서 아무쪼록 우리 집안 농사 잘 짓고 편안하게 해 주십소서.[46]

집을 하나의 생명체로서 대접하는 마음에는 집을 단순히 상품으로만 생각하는 탐욕이 자리하기 힘들다. 집을 투기 목적의 이용가치로만 계산하는 냉정함이 자리하기 힘들어진다. 집을 관리하고 아끼는 자세가 내 몸과 우리 가족을 대하는 바로 그 모습일 수 있다. 집 구석구석에 정이 스며들고 인정이 오고갈 것이다.

성주굿은 대개 무당의 힘을 빌려 마련한다. 그렇다고 꼭 무당만 할 수 있는 것은 아니다. 풍물패의 힘을 빌리기도 한다. 동네 사람들이 풍물패가 되어 해 주는 성주굿, 이는 어떤 면에서 보면 성주굿을 행하는 목적에 더 부합될지도 모른다. 이도 저도 아니면 집안의 할머니나 어머니가 모시는 것도 가능하다.

그런데 성주님을 모시는 것으로 끝나는 것이 아니다. 자주 성주님을, 성주님의 뜻을 되새기는 자리를 마련해야 한다. 궁극적으로 성주님이 주는 생명과 복락은 인간의 행위로서 구현되고 귀결되기 때문이다. 그 뜻을 몰라도 상관없다. 행하는 의례 자체가 성주님의 뜻을 되새기고 구현하는 것이기 때문이다. 주기적이면 더욱 좋을 것이다. 매일 한다면 더욱 좋을 것이다. 그 선택 또한 전적으로 본인의 자유의사에 달렸다.

그 구체적인 모습이 '지신밟기'다. 일 년에 한 번씩, 그것도 헌 해를 보내고 새해를 맞이하는 정초에 동네 사람들 다 모여 집집마다 돌아다니며 굿 치는 지신밟기에서 그 집의 성주님을 되새기게 된다. 쌀과 정화수를

---

46. 강원도 명주군 왕산면 대기리 2구 5반 최선연 – 문화재관리국, 『전국민속종합조사보고서─강원도편』.

올린 성주상을 마련하여, 성주님의 근본을 되새겨 보는 성주풀이도 부르고, 그 집안의 무사안녕과 재수 소망을 기원하는 덕담도 주고받을 수 있다. 개인적으로 성주님만을 되새기고자 할 때는 10월 상달에 날을 잡아 무당을 모셔서 성주굿을 하는 경우가 많았다. 무당을 부르지 않을 경우 성주 단지의 묵은 쌀을 햅쌀로 교체하는 것으로 간소화하기도 하였다. 설, 대보름, 칠석, 한가위 등 명절에 성주상을 따로 차려 성주님을 뵙기도 하였다. 그리고 조상님을 만나는 기제사 날 반드시 성주상을 따로 마련하여 먼저 술잔을 올리는 지역이나 가정도 있었다. 아니, 지금도 있다.

성주님? 그분도 역시 삼신이다

그렇다면, 도대체 성주님은 어떤 모습을 하고 있으며, 어떤 뜻을 사람들에게 설파하고 있을까.

성주님의 성격과 실체를 가늠할 수 있는 것이 성주님의 신체다. 성주님의 신체는 몇 가지의 형태로 나타난다. 가장 일반적인 형태가 대들보나 동자주에 붙이거나 매다는 흰 종이(한지)다. 그리고 '성주단지'나 '성주독'이라고 부르는 쌀 단지(항아리)이다. 이 두 가지가 결합된 형태도 많다. 댓가지와 북어 대가리를 흰 종이(한지)로 묶는 형태도 발견된다. 북어가 함께 모셔지는 경우도 있다. 구체적인 사례를 들어 보자.

대들보 가운데 기둥(동자주)에 **흰 종이**를 접어 매기도 하고 삼베를 접어 달기

도 하는 것이 일반적인 통례였다. 서울

장방형으로 정갈하게 접은 한지로 성주를 받아 모신다. 안동

작은 단지에 **흰쌀**을 넣고 한지로 위를 덮는다. 이를 다락 위나 대청 시렁 위에
안치한다. 칠곡

직경 4~7센티미터의 반구형 벽지를 뭉쳐 물에 축여 붙인다. 당진

구들을 깐 안방의 들보를 성주보로 삼는다. 이 성주보에 **한지**를 접어 붙이고
성주신을 모신다. **백지** 두루마리에 실을 감아 신체로 삼은 **삼신**을 구들 서벽
귀퉁이에 걸어 둔다. 연평도

신우대 가지를 꺾어 그 가지에 북어 대가리를 꿴다. 그 북어 대가리를 길게 접
은 **한지**로 **삼각형**이 되게 감아 안방 들보에 못을 박고 걸어 놓는다. 진도 지방

문종이(흰 종이) 온 장으로 신체를 접어 마루의 벽에 흰 **무명실타래**로 매어 모
신다. 그 아래에 '성주섬'이나 '성주단지'를 두고 나락을 넣는다. 추수를 하면
먼저 성주단지의 벼를 갈아 넣으며 성주곡식을 궂은일에 쓰거나 팔지는 못하
나 양식으로는 쓸 수 있다. 예천

성주는 집 지키는 귀신을 말한다. 지내는 이유는 토지지신에게 발동을 하지

말고 집안이 화평하게 해 달라는 것과 이루고자 하는 모든 일을 쉽게 이루게 해 달라는 뜻이다.

강원도 명주군

삼신과 성주신은 오누이 관계로 믿고 있다. **삼신**의 신체는 깨끗한 짚을 한 줌 씩 묶은 짚단이며, 안방의 선반에 얹어 놓는다. 또한 삼신바가지에 **쌀**을 담아 **흰 종이**로 덮어 안방의 아래쪽 구석에 매달아 놓는 경우도 있다.

부안

위의 몇 가지 사례만으로도 성주님 신체의 핵심은 '흰색'과 '쌀'임을 알 수 있다. 흰 창호지가 그렇고, 흰 실타래가 그렇다. 쌀도 흰색이다. 단지나 항아리의 경우 백자를 썼다는 이야기가 있다. 쌀은 새 생명을 잉태해 낼 수 있는 씨앗이자, 우리 민족의 생명을 유지시키고 고양시키는 '밥'이기도 하다. '성주단지'를 모실 경우, 반드시 추수 후에 첫 햅쌀은 사람이 먹기 전에 성주단지의 헌 쌀을 갈아 준다. 이는 전국 공통의 현상이다. 매년 성주단지에 먼저 수확물을 바침과 동시에 이를 성주신체로 삼는 행위에는 새로운 생명력에 대한 강한 희구와 경배의식이 담겨 있으며, 풍요에 대한 염원이 담겨 있다. 매년 이 의식을 거행함으로써 계속 변화 순환하는 생명의 원리, 우주의 섭리에 확실하게 합일할 수 있다.

우리는 이미 〈할매 할매 삼신할매〉에서 삼신의 신체도 흰색과 쌀이었음을 확인한 바 있다. 흰색과 쌀이 갖는 의미에 대해서도 이미 살펴보았다. 삼신님 신체와 성주님 신체의 명확한 일치. 위의 부인과 연평도의 사례에서 우리는 삼신과 성주님은 결국 같은 존재였음을 또다시 확인하게 된다. 전라도 서남 해안 지방의 마당밟기(지신밟기)에서는 아직도 성주상

을 차릴 때, 반드시 성주상 밑에 짚을 한 주먹 까는 이유이기도 하다. 삼신과 성주님의 관계는 단순한 오누이 관계가 아니라 성주님이 바로 삼신 그 자체라는 것. 본질은 같되 그 현현하는 모습이 다를 뿐이다.

그런데 왜 다른 이름을 갖고 한 공간에서 공존하는가?

그 이유를 우리는 이미 살펴보았다. 집이라는 의식意識이 생기면서 집이라는 공간을 통해 더욱 직접적으로 생명과 삶의 숙제를 풀어 줄 그런 친근하고 명확한 실체! 그것이 필요했던 것이다. 그 자리와 그 상황과 그 시기와 그 일에 가장 적합하고 가장 효과적일 수 있는 방법 모색과, 그에 따른 행동과 장치의 개발, 그런 지혜의 산물일 뿐이다. 여자로서의 여자의 명확한 모습, 애인으로서의 애인의 명확한 모습, 엄마로서의 엄마의 명확한 모습, 아내로서의 아내의 명확한 모습, 며느리로서의 며느리의 명확한 모습, 할머니로서의 할머니의 명확한 모습, 아줌마로서의 명확한 아줌마의 모습……. 한 사람의 다양한 모습들이다. 집이 있을 때나, 집이 없을 때나 생명의 본질과 원리는 같지 않겠는가. 집을 통해 가장 잘 발현될 삼신의 모습으로 성주님이 설정되지 않았겠는가!

'성주님 = 삼신'이라는 등식에 설득력을 더할 수 있는 사례를 몇 가지 더 들고 마무리를 하자.

다음은 한양에서 새집을 짓고 무당을 불러 성주굿을 할 때 성주를 모셔 들이는 모습이다. 남자 주인이 성주대를 세워 잡고 있으면 무당이 성주님이 내리기를 축원한다. 성주가 성주대에 내려 움직이면 집주인은 성주대가 가리키는 곳을 따라가 가리킨다. 그 곳에 술 세 잔과 떡 등을 떼어 놓은 다음 무당이 비나리를 하고 춤을 춘다. 그러고 나서 성주를 집안으로 모셔 들인다. 성주의 신체로는 창호지 한 장을 따끈한 술에 적셔 동전 세 닢을 넣어 만들게 된다. 성주는 '삼부인'이라 하여 아버지, 어머니, 큰아들을 쳐들어 부른 후, 동전을 싼 창호지인 '삼부인'을 대들보 중간에 잘 붙인다. 그러고 나서 본격적으로 성주굿을 한다.

성주님에게 술 석 잔을 올리고 있다. 그리고 성주님을 '삼부인'이라고 분명하게 부르고 있다. '삼'의 뜻은 〈할매 할매 삼신할매〉에서 이미 살펴본 바 있다. 그 '삼부인'을 모시는 당사자가 아버지(하늘)와 어머니(땅), 그리고 큰아들(인간)이다. 완벽하게 삼신사상을 생활 현장에서 구현하고 있는 모습이다.

황해도 성주굿(김금화 만신 본)을 할 때는 만신이 부채에다 흰 종이를 접어 엎고는 굿상에 꽂아 두었던 흰 꽃을 들고, 실 한 타래를 뽑아 들고, 서리화(흰 종이로 말아 올린 나무 형상의 꽃)를 든다. 그리고 이런 대목을 연출하기도 한다. 〈성주풀이〉에 나오는 대목이다. 〈성주풀이〉란 성주굿을 하면서 부르는 노래다. 집 짓는 과정과 그 모습을 소리로써 묘사한다. 제

칠성시루(황해도굿)
흰쌀 위에 참기름으로 불을 켠 세발심지를 올리고 고깔을 올린 다음 칠성 서리화꽃을 꽂았다.
여기에 실타래를 올리면 완벽하게 칠성님을 대접하는 상징체계를 갖추게 된다.

대로 하면 두세 시간짜리 긴 이야기이기도 하다.

……도편수 거동 보소, 쟁기 망태 둘러메고 명산대천 들어갈 제, 사해용왕 물을 빌려 상탕에 메를 짓고, 향로상탑 불을 갖춰 소지 삼 장(세 장)을 올린 후에, 산신님께 축원드리고 한 나무를 쳐다보니…….

왜 소지가 세 장인가? 의문을 품어 봄 직하다.

굿이 진행되다 보면, 목수들이 만신과 함께 굿의례에 직접 참가하는 놀이가 벌어진다. 그 중 한 대목. 직접 그 집을 지었던 목수 세 명이 지경 닦는 흉내를 내며 만신과 함께 집을 돌며 술과 떡을 뿌려 지신을 누르고 달래게 되는데, 한 목수는 붉은 두루마기를 입고, 또 한 사람은 푸른 두루마기를 입고, 다른 한 사람은 일복 차림을 한다. 이 때 붉은 두루마기를 입은 목수는 암부엉이, 푸른 두루마기를 입은 목수는 수부엉이를 상징한다. 일복을 입은 목수는 일꾼이자 사람 그 자체다. 부엉이는 족제비, 구렁이와 함께 '업'으로 여겨지는 동물이다. '업'이란 집의 수호신이자 복을 가져다준다고 믿어 왔다. 이 행위에는 집이 상서로운 음(암부엉이)과 양(수부엉이)의 조화로 생겨난다는 의미가 담겨 있으며, 그 음의 기운과 양의 기운을 형상화시키는, 즉 집을 만들어 내는 존재가 '사람'인 '목수'임을 극명하게 드러내 보이고 있다.

천지인의 기운이 조화를 이뤄 창조해 낸 집, 그리고 신으로서의 성주님, 다 삼신의 품자락 안에서의 살림살이임을 다시금 확인하게 된다.

8

한옥을 짓는
원리로서의
삼신

초가삼간 집을 짓고…

성주님을 살펴보면서 우리는 성주님이 삼신 그 자체라는 결론을 내린 바 있다. 집과 사람, 그 관계망 속에서 탄생한 존재였다. 사람의 삶과 생명을 잘 갈무리해 줄 수 있는 주거 공간이어야 한다는 절대 욕구가 찾아낸 묘안이기도 하다. 그 실체가 삼신이었다. '집'이라는 실체에 가장 적합한 '성격'으로 삼신이 변신한 것이다. 그래서 성주님을 삼신의 분신으로 보기도 한다.

그렇다면 이런 의문도 가져 볼 만하다. 집을 짓는 방법, 집의 구성 요소나 구조 결정, 이런 기술과 전문성에서도 삼신은 건축사이고, 토목기사이고, 인테리어 전문가였는지 말이다. 기둥을 세우고, 지붕을 만들고, 터를 닦고, 담을 둘러치는 구체적인 집짓기 행위에도 삼신의 뜻과 3수 원리는 여전히 작용하고 있을까?

'초가삼간'이라는 말이 있다. 가난한 살림살이라는 것을 나타낼 때 자주 사용하던 표현이다. '간'이라 하면 집 정면의 구조 형상을 일컫는 말이다. 삼간이라 하면 기둥 넷이 서서 기둥과의 사이, 즉 '주간柱間'이 셋이라는 의미를 갖는다. 대개 삼간이라 하면, 부엌 한 칸, 방 한 칸, 대청 한 칸의 아주 간단한 구조와 단출한 살림살이를 생각해 볼 수 있다. 기와집 삼간도 아니고 이엉을 이은 작고 초라하여 볼품없는 초가집 삼간이라는 말이니 빈한한 살림살이가 먼저 떠오르기 마련. 외거노비들의 초가삼간이 좋은 사례일 것이다. 혼인하기 전에는 주인집 행랑채에 거주하지만, 혼인한 후에는 주인집 주위에 마련된 집에서 살림을 차릴 수 있는 노비가 외거노비였다. 지역에 따라 호지집(전라도), 가랍집(경상도), 마가리집(평안도), 웃집(황해도)이라 불렸던 이들 외거노비의 살림집들은 그 규모가 부엌까지 포함하여 초가삼간 정도였다고 한다.[47]

비록 살림살이는 초라하지만 크게 물욕을 탐하지 않고 안빈낙도하는 삶에 가치를 둔 인생! 이런 가치관이 풍겨 나오기도 한다. 또 이런 맛도 있다. 가정의 따뜻함과 평화로움! 요즘 젊은이들도 단칸 초가집에 함박눈이 내리고 있는 엽서그림을 보게 되면, 설명할 수 없는 안온함이 느껴지리라 본다. 초가삼간에서 우러나오는 정서들이다.

초가삼간이 그렇게 작은 규모가 아니었다는 연구 결과가 보이기도 한다. 구한말에 작성된 호구대장의 기록 가운데 현존하는 건물을 비교해 본 결과 실제로는 기록상의 삼간보다 더 컸다는 것이다. 이에 대해서 연구자는 기록이 틀렸거나 옛적에는 지금과 다른 칸수 계산법이 있었을 것이라는 추론을 하면서 후자의 가능성에 주목한다. '삼간'이라 한 것은 부

---

47. 홍형옥, 『한국주거사』, 민음사, 1992, 131쪽.

초가삼간
산골 속의 초가삼간. 마당에 걸린 빨래가 정감스럽다.
경북 봉화 1993.

얼이나 부속 건물은 셈에서 제외하고 주거 공간 위주로 계산한 결과라고 보았다. 삼간이라 하여도 실제로는 그렇게 초라한 살림살이가 아니었다고 결론짓고 있다.[48]

우리는 이 사례를 통해 실제와는 달리 '삼간'이라는 표현을 선호한 그 의식세계와 인식체계에 더 주목하게 된다.

3의 그림자는 한옥에 눈과 귀를 쫑긋거리며 기웃거릴수록 불쑥불쑥 튀어 나온다. 벌목하는 현장에서도 3이란 수리감각이 스며들어 있다. 궁궐 등 국가 차원의 건물을 짓기 위한 나무는 따로 관리하며 키웠다. 춘양

정면 삼간, 측면 삼간의 기와집

목이라고도 하고 금강송이라고도 하던 최고 품질의 소나무를 벨 때가 되면, 먼저 고유제를 지냈던 모양이다. 고유제가 끝나면 도끼를 든 벌목꾼이 나무 밑동을 내리치면서 소리까지 질러 댔다. "어명이요!"

한 번만 외치는 것이 아니었다. 세 번이어야 했다. 어명이니 꼼짝 말고, 불만도 꺼내지 말고 그저 목을 내놓으라는 협박이자 통보임이 분명하다. 무시무시하다. 그런데 그 협박이 3회 되풀이 되는 동안 살짝 느낌이 달라지려고 한다. "어명이 천명이라는 뜻인가!" 하늘의 뜻이니 기쁜 마음으로 재목이 되어 좋은 집 짓는 데 한몫 해 보자며 금강송이 마음을 바꾸는 것은 아닐까. "어서 가자 바삐 가자. 새 성주님 만나 뵈러." 그렇게 받아들일 것만 같다.

대패로만 일일이 나무를 다듬어야 했던 시절에 대팻날 갈기는 목수를 알아보는 바로미터였다. 근래에 한옥과 흙집에 관심이 높아지면서 목수의 길에 뛰어든 청년들이 많이 생겼다. 어떤 초짜 목수는 대팻날을 갈면서 "대팻날을 가는 건지 숫돌을 가는 건지 모르겠다."며 푸념을 하곤 했단다. 다들 이런 푸념을 하면서 목수가 되었나 보다. 그만큼 대팻날 갈기는 목수들에게 중요한 일이었고, 그들은 마치 자기 수련이라도 하는 양 열심히 대팻날을 갈아야 했다.

지신밟기를 하면서 읊어 대는 대목 중에 목수(대목大木)에 관한 부분에서도 3이라는 숫자가 등장한다.

---

48. 신영훈, 『한국의 살림집』, 열화당, 1986, 56~70쪽.

앞집에 김 대목아 뒷집에 박 대목아

집을 삼간 지어 주소.

대목장군 거동보소 연장망태 가추릴 때

옥도끼도 가리엏고 금도끼도 가리엏고

서른시 가지 연장망태 왼 어깨에 둘러미고

찾어가자 찾어가자 남산을 찾어가자.[49]

삼간이고 33가지 연장이다. 연장망태에 담는 연장의 개수를 33가지로 상징화시키는 이 수리감각은 굿을 하면서 부르는 무가에서도 발견할 수 있다.

마자가오 마지를 가오 제부제석님 마지가오

천하궁에 삼이삼천 지하궁으론 이십팔선

사바세계 남선부주 해동하구는 조선국에[50]

하늘과 땅을 이야기하는데 하늘(천하궁)은 3·3이고 땅은 28이라 하였다. 집을 짓는 목수의 연장을 천하궁의 3·3과 같은 감각으로 표현하는 그 심리의 기저에서 분명 삼신의 훈기가 느껴진다.

---

49. 강영환, 『집으로 보는 우리문화 이야기』, 웅진닷컴, 1992, 131쪽.

50. 이선주, 『인천지역 무속 – 곶창굿 연신굿 I』, 동아사, 1987, 65쪽.

지금도 집을 직접 지어 본 사람들은 이런 말을 한다. "내 집을 짓고 나니 세상을 좀 알겠다." 예전부터 이런 말도 전해 온다.

삼대가 접선해야 좋은 집을 지을 수 있다.

'삼대'란 좋은 목수, 좋은 나무, 좋은 주인이란다. 셋으로 궁합을 맞추는 감각엔 분명 음식을 살펴보면서 확인했던 '삼합'의 감각이 되살아난다.

상량식에서도 3은 어김없이 등장한다. 건축 행위에 있어 '상량'이란 마룻대, 즉 지붕을 받치는 구조체 중에서 제일 꼭대기에 올라가는 도리를 없는 공정이다. 한옥의 구조상 마룻대가 설치되면 건물의 골격이 완성된다. 한옥에서는 실질적인 건물의 완성으로 여긴다. 그만큼 중요하니까 집을 다 짓지도 않았는데 성대한 의식을 거행하였을 것이다. 그 순간에 신고를 받는 분들이 있다.

상량문도 쓰고, 상량고사도 다 끝내면 흰 끈으로 잘 묶인 마룻대가 하늘 높이 치솟아 자기 자리를 찾아가는 순간, 상량식 한다고 깨끗이 목욕하고 옷도 갈아입은 목수들이 마룻대를 들어 올리면서 외친다.

"○씨 댁 상량이요."

집주인 성씨를 붙여 하늘에 대고 크게 외치는 "상량이요!"란 외침도 반드시 세 번이다.

"상량이요!"라는 표현법으로 보아 분명 신고식이다. "드디어 마룻대

(종도리)를 올리게 되었습니다. 기뻐해 주십시오. 나머지 공사도 순조롭게 마무리되도록 살펴 주십시오." 뭐 이런 뜻을 담고 있지 않겠는가. 세 번이라면, 먼저 하늘에 고했을 것이고, 지신에게도 고했을 것이고, 나머지는 성주님일 것이다.

하늘과 땅과 성주님, 집이 완성되면 좌정할 성주님은 시작에서 언급했듯 새로 짓는 집에서 살 사람들과 함께할 분이니 결국 이 집에 살 집주인과 식구들이 포함된 의미일 수밖에 없다. "상량이요!"라는 말은, 고사도 같이 지내고 있고, 마룻대 올리는 그 현장에서 보고 듣고 있는 집주인과 그 가족들 귀청까지 울려 댄다. 집이 잘 마무리되고 성주님이 제대로 자리를 잡을 수 있기 위해서는 도편수 이하 일꾼들과 집주인과의 순조로운 관계가 무척 중요하다. 이렇게 기분 좋게 올라가는 마룻대처럼 마무리까지 잘해 보자는 신고이며 제언이자 협박(?)이기도 하겠지.

상량문에는 이런 글귀가 들어가기도 한다. "하늘의 해, 달, 별님은 감응하시어 인간의 오복을 내려 주소서(응천상지삼광 비인간지오복應天上之三光 備人間之五福)."라고. 삼광三光, 해와 달과 별을 포함한 개념이다. 이렇게 본다면 하늘에게만 고하는 것이라고 반론이 나올 수도 있다. 그러나 이를 다 포함한 개념으로서의 3이라는 것을 다음의 축원문에서 확인하게 된다. 새집에 들어가거나 이사할 때 먼저 택일하여 지내는 고사祭 축문이다. 먼저 아래 축문을 세 번 읽고 절을 한다고 한다.

천지의 음양신과 해와 달과 별님의 두루 살피심이여
상서로운 기운이 집안에 깃들기를 바라옵니다.

여섯 신이 악령에 들지 못하고

물이나 불이 침범하지 않게 하소서.

문신門神이 집을 보호하여 잡귀를 물리치며

태을에 명하사 가문을 지켜 주고

술술이 풀어지게 하소서.[51]

천지도 등장하고 삼광도 등장한다. 이 모두를 합해 여섯 신이라 통칭하고 있다. 3과 3의 배수 6은 3의 수리체계 망에서 벗어나지 않는 숫자다. 직접적으로 언급되고 있지 않은 나머지 신은 우리가 추단해 본 성주님으로 보아 무리가 없다. 성주님은 사람이 만든 존재이고, "상량이요!"를 세 번 외치는 것은 결국 집주인이 들으라는 뜻이 함께한다는 점에 비춰 볼 때, 인신人神과의 밀접한 상관관계 속에서의 성주님으로 봐야 하지 않겠는가. 결국 '여섯 신'이라 함은 천지인 삼신과 삼광을 합하여 여섯 신임이 분명하다.

한옥을 짓고 사는 사람들에게는 하늘과 땅과 성주라는 분들이 무척 중요한 존재임이 드러났다. 이들을 중시하는 심리에는 이런 생각이 자리잡고 있지 않겠는가. 이분들이 헛바지가 아니라 집과 그 집 사람들에게 실질적으로도 영향을 미치는 실세라는 생각. 하늘과 땅과 '우리'와의 조화로움, 그 속에서의 살림살이를 전제하지 않고서는 불가능한 의례이자 문화이기도 하다. 그래서 한옥은 자연과의 조화를 지향했다는 평을 듣게

---

51. 강영환, 앞의 책, 186~191쪽.

되며, 인위적인 건축 요소도 굳이 자연스럽게 만들려고 애를 썼나 보다. 이 시대의 대목으로 평가받는 신영훈의 다음 말을 이쯤에서 깊이 음미할 만하다.

집 짓는 법을 가르치는 것이 아니라 '왜 집을 짓느냐?' 부터 가르쳤다.

지붕은 하늘, 기단은 땅, 그 '사이' 기둥은 사람

'천지인'간의 조화로움을 먹고 살려는 삶, 그 삶을 담아 낼 공간으로서의 집, 그 집 안에서는 생기가 충천하여 생명력이 용솟음쳐야 한다는 희구. 이런 바람이 살펴본 대로 3이라는 숫자놀음을 통해 깊이 투영돼 있다고 봐야 할 것이다.

이런 해석이 터무니없지는 않나 보다. 건축 구조물로서의 한옥에 대한 정의와 해석에서는 더 구체적이다. 미술사학자이기도 하고 미술평론가이기도 한 박용숙은 다음과 같이 말한다.

지붕은 하늘이요, 아래 몸통은 땅, 그리고 처마 밑 용마루는 사람이 된다.[52]

---

52. 박용숙, 『신화체계로 본 한국 미술론』, 일지사, 1986, 258~270쪽.

이런 삼분법적 인식체계는 이미 실학자들에 의해 소개된 바 있다. 서유구의 『임원경제지林園經濟志』에서는 유호의 『목경木經』을 인용하여 다음과 같이 말했다.

무릇 가옥에는 삼분三分이 있다. 들보 이상은 상분上分이요, 땅 이상은 중분中分이요, 기단은 하분下分이다. 무릇 들보梁, 서까래, 기둥, 네모서까래, 기단은 모두 척도가 서로 대응을 이루고 있다.[53]

집이라는 구조체를 삼등분하여 나눈 다음, 실제 건축 행위에서도 척도로서 서로 대응한다는 점을 지적한 셈이다. 3수에 대한 인식과 가치관이 건축 행위에도 영향을 미치고 있다는 분명한 지적이다. 이 글을 통해 3수 원리가 집을 대하는 태도뿐만 아니라 실제 건축 행위에도 영향을 미치고 있고, 그 연원이 결코 짧지 않다는 사실까지 확인할 수 있다. 이를 3의 철학인 『천부경』과 결부시켜 설명하기도 한다.

천일天一, 지이地二, 인삼人三은 하늘과 땅과 사람이 3이라는 수로 조화하는 것을 의미하며, 건축에서도 집 지을 터와 일으켜 세우는 기둥과 덮는 지붕의 3대 요소가 이에 대응하는 의미를 갖는다.[54]

---

53. 강영환, 앞의 책, 258쪽.
54. 강영환, 위의 책, 258쪽.

이처럼 건축학에서도 이미 이에 대한 고민과 연구가 시작되었고, 그 성과 또한 높아 보인다. 이런 인식에 기반을 두고 한옥의 요소요소를 분석하면서 논증해 나가고 있는 시도 또한 눈여겨 볼 만하다.

조형예술에 있어서 표현하고자 하는 대상의 본질을 상象이라 하고, 표현된 대상의 외형을 형形이라고 한다면 전통가옥을 인식하는 전통사회의 체계는 천인지의 우주적 질서를 상으로 하고 이에 대응하는 삼분적 건축 요소의 형을 통하여 표현되었을 것이다. 이로써 집은 인간의 성화를 이루는 성역으로 인식되었을 것이라고 생각할 수 있다. 이러한 삼분법적 인식체계는 건물입면의 비례와 균제를 만들거나 각 부분의 재료를 선택하고 형상화하는 데 규범이 되었을 것으로 생각한다.[55]

역시 그렇다. 집을 인식하는 개념에 삼재관이 위력을 발휘하고 있다. 건물을 짓는 구체적인 공사 방식과 그에 의한 구조체의 특성을 살펴본다면, 집과 삼신과의 만남이 더 명확해질 것도 같다.

---

55. 강영환, 위의 책, 260쪽.

'춥고 덥고'를 한 몸에 담아 낸 한옥

한옥 비슷한 집들이 동양 삼국에 다 있는데 굳이 '한옥'이라고 할 수 있는 특징을 꼽아 보라면 우리는 무슨 답을 내놓을 수 있을까. 못을 쓰지 않고 나무끼리 이리저리 짜 맞추고 엮어서 만든 통구조체로서의 목조 건축물이라는 점, 자연과의 조화를 지향한 결과물이라는 점, 물 찬 제비가 막 하늘로 솟구치는 것처럼 날렵하게 '으쓱' 치켜 올라가는 처마의 곡선미 등 여러 이야기가 나올 것이다. 그 와중에 가장 대표적인 특징으로 신영훈은 주저 없이 "구들이라는 방과 마루가 함께 있다."는 점을 제시한다.

그것도 마루와 부엌과 방의 높낮이가 다른데, 이는 한옥에서만 볼 수 있는 독특함이라는 것이다. 단층 건물에서 내부 공간을 이처럼 높낮이에 차이를 두는 사례는 어느 나라에서도 찾아볼 수 없기 때문이란다.

신영훈의 이야기를 좀 더 들어 볼 필요가 있다. 구들이 있는 방과 마루는 함께할 수 없는 이질적인 공간이기 때문이다. 결코 공존할 수 없는 것들이 몸을 맞대고 한 공간에 있다는 사실이 놀라울 뿐이고, 그렇게 만들어 낸 조상들의 기술과 감각에 경탄할 따름이다.

그 이질성이라는 것은 성질이 전혀 다르다는 데에서 출발한다. '춥고 덥고' 이것이다. 우리 몸에 '춥고 덥고'가 같이하면 그것은 병든 상태다. 결코 같이해서는 안 될 상극이 '여보 당신'을 하고 있다는 경탄이기도 할 것이다.

발생과 발달 경로가 서로 다른 구들과 마루. 구들은 추운 북방에서 출

발한 것이고, 마루는 따뜻하고 습한 남방에서 비롯된 것이다. 구들은 방
을 덥혀 주는 온돌로서, 열의 전도·복사·대류를 이용한 우리나라 고유
의 난방 방식이다. 엉덩이가 타들어 갈 정도로 지글지글 끓는 온돌이 절
실하게 필요한 지역은 추운 북방일 수밖에 없다.

마루는 남방의 고상식 건물에 그 연원을 두고 있다. 현재도 만나 볼 수
있는 원두막이나 정자(누마루, 다락방이라고도 부른다.)가 그 원초형이다.
지표에서 일정 높이로 '사이'를 띄워 놓음으로써 습기를 차단하고 통풍
을 극대화시킬 수 있다. 다 남방의 열대성 기후를 극복하기 위한 구조물
로서 출발한 특성이다. 백제 때의 서민들 집은 이런 마루 깐 다락방이었
다는 기록이 중국 문적에 전해진다.

발생과 발달 경로가 이질적인 이 두 가지 속성을 한 몸으로 결합시켜
내기까지는 긴 세월의 진통과 절충이 있었을 것이다. 제주도의 경우 집
은 마루와 맨바닥만 있었다. 정지간(부엌)에도 부뚜막이 없었다. 이는 큰
불을 사용하지 않았다는 뜻으로 해석된다. 제주도에 온돌이 들어온 것은
17세기로 보고 있다. 아울러 신영훈은 이런 놀라운 창작품을 만들어 낼
수 있는 여건이 이미 갖춰져 있었다는 진단도 내리는데, 이는 한반도가
대륙적인 요소와 해양적인 요소가 함께 공존하는 지형 조건에서 기인한
다는 것이다.[56]

사계절 변화가 뚜렷한 우리나라는 여름에는 무덥고 거울에는 춥다. 때

---

56. 신영훈, 앞의 책, 84~93쪽.

문에 가옥 구조에도 계절에 따른 온도 변화를 고려했다. 거울이면 방을 따뜻하게 데우는 구들과 여름이면 사방으로 통풍되는 시원한 대청이 공존하는 가옥 구조를 만들어 낸 것이다. 반면 일본, 중국 등지에는 구들과 대청이 공존한 예를 찾기가 힘들다. 더구나 아궁이에서 음식을 익히고 난방까지 겸한 구조야말로 기발한 아이디어라는 평가를 받는다.

그렇다. '춥고 덥고'가 왔다 갔다 하는 사계절의 순환 속에서 몸과 마음이 춥고 덥고 변덕을 부리지 않도록 조절해 줄 수 있는 묘수풀이는 구들이 있는 방과 시원한 마루를 한 몸이 되도록 혼인시킨 '짝 지움'에 있었다.

이 대목에서 이런 생각도 해 본다. 한 몸(건물) 안에 구조적으로 공존시켜 버리겠다는 적극적인 사고와 이를 결합시킬 수 있는 방안에 대한 실험을 결코 포기하지 않았던 아이디어와 감각, 그리고 결국 성공해 내는 저력은 어디에서 오는 것일까? 물론 삼신의 감각과 세계관이 준 선물이라는 결론에 도달하고 싶다. 결코 부부가 될 수 없는 조건의 웅녀와 한웅, 쑥과 마늘을 먹으면서 인고의 세월을 견뎌 낸 동굴 속 백 일간의 견딤이 마침내 신랑 신부로 웨딩마치를 울리도록 했고, 단군이라는 걸출한 아들까지 탄생시켜 냈다는 신화 구조와 맥락이 어쩌면 그렇게 유사할까. 이걸 느끼는 순간 삼신이 바로 웬수지간일 수 있는 '춥고 덥고'를 천생연분으로 변신시킨 마법사라는 심증이 생겨 버렸다. 문제는 '춥고 덥고'에서 쑥과 마늘만 찾아내면 될 일이다.

여기에 대한 해답을 툇마루에서 찾을 수 있다.

마루는 외형적으로는 실외이지만 기능적으로는 실내라는 이중성을 갖는다. 이것이 묘수풀이의 핵심이다. 안과 밖이라는 상반된 성격을 동시에 갖고 있음으로 해서 결과적으로 독자성을 창출해 내고 있다. 그 중에서도 툇마루는 이 양극단의 속성을 동시에 결합시킨 극치라고 할 수 있다. 이 양극성을 마루가 함께 갖도록 한 이유는 열의 조절과 바람의 소통에 있다는 분석도 가능하다. 열과 바람은 난방과 냉방을 조절하는 기본 조건이자 그 요체이다. 결국 '춥고 덥고'의 영역이다. 마루에 벽체를 설치하지 않음으로써 밖이라는 속성을 기본적으로 갖지만, 이것을 기둥 안쪽으로 집어넣음으로써 기능상으로는 실내 효과를 만들어 낸다는 이 이중성.

기둥 안으로 들어옴으로써 열과 바람의 변화작용과 조절작용을 극대화시켜 낼 수 있다는 뜻일 게다. 그 효과를 극대화시키는 데 서로 꿍짝을 맞추는 구조물을 하나 더 발명하였다. 바로 처마다. 처마는 치밀한 계산에 의해 만들어진다는 점을 한옥 전문가들은 강조한다. 의도적으로 만들어진 처마가 있음으로 해서 처마 밑에 있는 공간은 안이기도 하고 밖이기도 하는 양면성을 동시에 갖게 된다. 마루의 연장선에 바로 빈 공간을 배치시켰다. 처마가 있음으로 해서 툇마루는 기둥 안쪽으로 쑥 들어갈 수 있는 셈이다. 기능적으로는 툇마루가 실내 효과를 내는 데 기여할 수 있는 조건을 강화시켜 준 것이다. 증폭 효과의 극대화에 처마라는 구조체가 있다.

즉, 처마가 만들어 내는 빈 공간이 있음으로 해서 여름에는 뙤약볕을 피하게 하여 열을 대폭 감소시킴으로써 실내 효과를 얻어 낸다. 게다가 밖과 안이 온도 차이가 나면서 대류현상이 발생하여 바람이 생겨나게 된다. 이 대류 활동이 더욱 강화되도록 뒤뜰에는 나무나 대밭을 만들어 온도를 낮춘다. 뒤뜰에서부터 생긴 바람은 활짝 열어 놓은 방문을 통해 방안을 관통하고 마루를 거쳐 앞마당으로 흐르게 된다. 이런 효과도 고려하여 대청마루는 사분합문이란 것을 만들어 달았다. 여름이면 접어 걷어 올린 다음에 천장에 매달아 놓으면 대청마루도 텅 빈 공간과 연결시킬 수 있다. 앞마당은 백토를 깐 맨땅이다. 조경을 하거나 인공구조물을 전혀 만들지 않은 텅 빈 공간이다. 이 역시 온도 차이를 만들어 내는 효과가 있다. 공간을 비우고 연결하면서 만들어 내는 천연 냉방효과인 것이다. 마루와 처마가 주연을 맡고, 뒤뜰의 대숲과 텅 빈 앞마당이 조연을 하면서 만들어 내는 합작품인 셈이다. 이를 하나로 꿰도록 소통시켜 주는 것은 바람이고, 바람이 생기고 이동할 수 있는 최적의 조건은 빈 공간을 만들어 낸 치밀한 과학이었다.

여기에다 겨울에는 낮게 뜬 태양 볕이 집 안 깊숙이 들어와 오히려 방안이 따뜻해진다. 따뜻한 공기는 위로 올라가고 거기서 서까래가 앞을 가로막아 오래 머물게 된다. 다음 그림처럼 계절의 변화에 따라 태양 볕의 양을 적절히 조절해 주기도 한다. 지역에 따라 처마의 기울기(물매)를 조절하면, 원하는 만큼 태양열을 최대한 활용할 수 있다. 계절의 변화와 위도와 경도의 차이에서 오는 시시각각의 변화를 다 수용하면서 조절해 내는 마법을 처마가 천연덕스럽게 해 내고 있다.

이는 바로 제 3의 공간을 창출시켜 냄으로써 가능해졌다. 그 공간은 마루와 처마와의 '사이'에서 발생하고 있으며, 그 사이를 비움으로써 가능

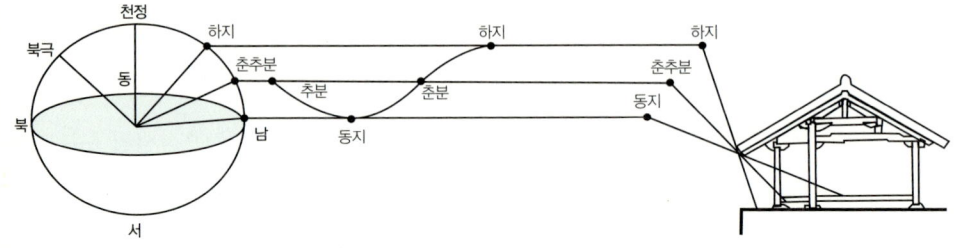

해졌다. 이 '비움'은 추위와 더위, 안과 밖, 남방과 북방, 열과 바람, 실내와 실외라는 상극을 거리낌 없이 소통시켜 버린다. 빈 공간은 양극이 구분되기 이전의 상태다. 양면성, 즉 이중성을 이미 내포한 상태이기도 하다. 이 이중성의 변화는 열이 공기에 얼마나 영향을 미치느냐에 달렸다. 결과는 상극을 찰떡궁합으로 바꿔 버렸다. 한옥의 쑥과 마늘은 여기에 숨어 있었다. 그래서 '툇마루가 있어야 한옥'이라는 말이 나올 법도 한 것이다.

'사이'가 만들어 내는 마술

우리는 한옥을 삼분하여 인식함과 동시에 건축적으로도 천시인을 각각 구현하고 있음을 이미 확인하였다. 그 각각의 세계를 상징하는 삼분구조체를 연결시키는 건축기법에 있어서도 3의 감각은 숨어 있다. 즉, 하분인 기단과 중분의 시작인 기둥을 연결할 때 바로 잇지 않는다. 반드시 주춧돌(주초, 초석)이라는 제 3의 구조물을 그 '사이'에 끼워 넣는다. 그리고 중분과 상분을 연결시킬 때도 제 3의 부재를 활용한다. 오량가구 이상일 경우 기둥과 지붕 '사이'에 끼워 넣는 동자주가 그것이다.

마루와 방을 결합시키기 위해 마루와 처마 '사이'에 빈 공간을 만들었던 것과는 방법적으로 차이가 있지만, 제 3의 영역이라는 개념이 설정될 수 있는 '사이'를 설정하고 이 '사이'를 목적에 맞게 활용, 처리한다는 점에서는 일치한다. 방법상의 차이 또한 '완전한 비움'과 '분명한 형상'으로 상반된다. 흥미롭다. 구체적으로 주춧돌과 대공(동자주)에 대해 살펴보면서 이해를 더해 보자.

기단과 기둥 사이를 직접 연결하지 않는 이유는 일차적으로 습기 차단에 있다. 지면의 습기로부터 기둥뿌리를 보호해야 한다. 기둥이 땅과 직접 맞닿은 상태에서 비가 들이치면 쉬 썩기도 한다. 비가 오기 전에 주춧돌부터 물기가 젖어 든다는 말이 전해 올 정도다. 뛰어난 습기 흡수능력과 차단능력을 갖춘 제 3의 부재가 필요하다는 뜻이기도 할 것이다. 동시에 기둥을 통해 전달된 상부의 하중을 지면에 잘 전달시킬 필요성도 아주 크다. 성능 좋은 하중의 전달 매체, 뛰어난 습기 차단장치가 주춧돌이다.

이런 기능상의 효과와 더불어 땅의 상징성을 확실하게 대변하기도 한다. 인간의 직립성을 상징하는 기둥은 하늘을 향해 직립한 상태로 기울어져서도 안 되고, 뒤틀리지도 않아야 한다. 그 직립성은 '살아 있음' 그 자체를 상징한다. 기둥과 기둥, 기둥과 지붕 '사이'의 빈 공간 안에서 살아가는 사람의 생명을 지키고 보호해야 할 책무가 있다. 그 생명들을 잘 갈무리해야 한다는 의지와 정성이 곧추선 기둥에 온통 투영돼 있다. 그래서 직립성을 살리기에 적절한 재료로 나무를 선택한다. 기능성과 더불어 생명을 잘 갈무리할 수 있어야 한다는 뜻을 살리는 의지, 그 의지를 살려 내려는 상징적인 행위, 그 모두를 다 받쳐 줄 그런 부재, 어머니 같은 존재라고나 할까, 그런 부재가 필요했다. 절대 흔들리지 않게 밑에서 단단히 받쳐 주고 품어 주는 굳건한 어머니로서의 받침대가 주춧돌이다.

주춧돌은 돌을 사용한다. 잘 다듬은 돌도 쓰지만 적당한 크기의 돌을 울퉁불퉁한 그대로 갖다 쓰는 것을 더 좋아한다. 다듬기 쉬운 나무를 선택한 가공법의 결과이기도 하다. 돌을 깎아 내는 대신 돌의 생긴 모양을 따라 나무 기둥의 밑동을 파내면 된다. 울퉁불퉁한 자연석을 다듬지 않았는데도 이상 없이 기둥을 세운다. 신기하다. 나무기둥과 주춧돌을 맞물리게 하는 고난도 공법이다. 이렇게 세우면, 반반한 돌 위에 세우는 것보다 오히려 더 단단하게 접착시킬 수 있다. 주춧돌이 생긴 모양에 따라 그랭이칼로 재단을 해서 나무 기둥의 밑동을 정밀하게 파낸 후에 바로 밀착시키면 그것으로 끝이나. 접착제나 다른 이물질의 개입이 전혀 필요 없다. 그렇게만 해도 돌과 나무라는 전혀 다른 물질이 찰떡궁합이 돼 붙어 버린다. 빈틈이 전혀 없고, 흔들거리거나 밀리는 법이 없다. 이 방법을 제대로 써서 세운 두 개의 기둥 위에 널판을 얹으면 그 위를 걸어 다닐 수도 있다.[57]

이 공법을 '그랭이질'이라고 한다. 이 그랭이질은 돌과 돌을 붙이는 데

---

57. 신영훈, 앞의 책, 280쪽.

도 적용되었다. 신영훈은 선사시대 고인돌에서도 이 공법을 발견했다. 현대 건축에서 쉽게 구사할 수 없는 고급의 공술工術이 응용되었다고 평한다. 받침돌과 지붕돌은 그저 되는 대로 세우고 올려놓은 것이 아니라, 완벽하게 맞추는 기술력을 발휘했다는 설명이다. 울퉁불퉁한 돌들을 완벽하게 밀착시키는 '석축의 그랭이질'이 이미 선사시대 고인돌에서부터 등장한다는 것이다. 대단한 공력과 시공 기술이 필요한 이 그랭이질은 장군총과 분황사탑 기단을 거쳐 불국사의 석축 하단부에도 응용됐다.

황상일 교수는 불국사가 1천 2백 년 동안 지진을 견딜 수 있었던 이유 중 하나가 그랭이질이라고 주장한 바 있다. 불국사는 반경 6백 미터 안에 활성단층이 서너 개가 지나가는 불안정한 터 위에서 779년의 큰 지진도 이겨 냈다. 석축 아래의 그랭이질 기법이 지진의 충격을 흡수하고 완충시켰다는 것이다. 불국사를 떠받치고 있는 울퉁불퉁한 돌들이야말로 현대 건축 공학이 흉내 내기 힘든 공술의 결정체라고들 경탄한다.

그랭이질이 성공적으로 마무리되면, 모든 기둥은 지붕을 기준으로 할때, 그 높이가 모두 일정하다. 그러나 기둥뿌리는 기둥마다 다 다를 수밖에 없다. 하나도 같을 수가 없다. 다양한 높이가 함께 떠받치니 일정한 높이로 떠받치는 것보다 더 튼튼할 수밖에 없고, 기둥마다의 안정감도 울퉁불퉁한 주춧돌의 표면과 밀착됨으로써 그 견고함은 더 강화될 수밖에 없다. 이런 기능상의 효과를 음미하면서 다음과 같은 의미들을 추출해 낼 수 있게 되었다.

기둥의 생김새들을 보면, 길고-짧고, 두껍고-가늘고, 곧고-휘고…… 저마다 생긴 대로다. 기둥들은 높이나 두께, 다듬질 정도, 기둥으로 쓴 나무의 수령, 성장한 곳이 모두 달라 저마다의 개성을 갖고 있다. 이를 존중하여 그 본래 특성이 그대로 살아나도록 치목한다. 배흘림기법을 활용하여 잘 다듬은 기둥도 있지만 껍질 정도만 깎아 내고 생긴 그대로 사용한 굽은 기둥도 있다. 굽은 기둥은 역학적으로 불안하다. 그럼에도 불구하고 스스럼없이 굽은 나무와 곧은 나무, 두꺼운 나무와 가는 나무를 가리지 않고 한 건물에 함께 사용한다. 이것이 가능할 수 있도록 해주는 기법이 그랭이질이다.

전체적으로는 완벽한 일치와 조화를 이뤄 낸다. 이 통일감이 만들어 내는 효과는 지붕의 무거운 하중을 서로 잘 나눠 분산시킴으로써 저마다 직립할 수 있는 힘을 갖도록 해 주는 데 있다. 전체에 완벽하게 일치시킴으로써 자아를 보장받을 수 있도록 해 주는 비결이기도 하다. 이는 멋대로 생긴 주춧돌과 그랭이질이라는 기술에서 나오고 있다. 아울러 기둥과 기둥과는 일정한 거리를 둔다. 같이하되 각각의 개성이 존중될 수 있는 '사이'를 설정한 셈이다. 그 사이들이 모여 만들어 낸 공간은 네모(각)이며, 그 공간은 '비움'으로 '채운다'. 그 비움이 '공간'을 만들어 내고 그 공간은 사람이 채운다. 사람의 몫으로 넘긴 셈이다.

거기에서 미와 멋이 나온다. 비빔밥의 철학이나 원리, '회계타세' 주법과 완벽하게 일치하고 있다. '고추장—참기름', '주춧돌—그랭이질', '쑥—마늘'의 관계는 정확히 상통하고 있다. 뭣 때문에 이런 묘수풀이를 해야 하는가? 집은 사람이 살아야 하고, 음식도 사람이 결국 먹는 것이고, 쑥과 마늘은 '단군'이라는 인간과 그가 세우는 인간세상을 만들기 위해서다. 사람, 인간에 귀결되고 있다. 부모(천지)마저도 '나와 우리(사람)'를 위한 조건이라고 여기는 생각이자 인식론이다. 바로 삼신의 철학이고 세계관이다.

마술을 가능케 하는 묘약들, 이들은 3수 문화, 삼신사상의 결정체들임이 분명하다. 아울러 초가삼간의 '간間'에 담긴 의미가 확연하게 드러나는 순간이기도 하다. '사이 간'으로 집을 인식하는 감각, '삼간'에 맞춰서 표현해야 하는 이유가 분명해지는 순간이기도 하다.

이는 중분과 상분, 즉 사람과 하늘을 연결시키는 대공(동자주) 제작기법과 그 개념에서도 적용되고 있다.

동자주는 말 그대로 나이 어린 사내아이의 키만큼 짧다고 붙여 준 이름이다. 짧은 기둥이다. 대공이라고도 부른다. 들보 양쪽 위에 세워져 지붕 종도리(마룻대)를 떠받친다. 상량식을 할 때 마지막 올라가는 그 종도리를 바로 밑에서 받치면서 들어 주는 역할을 대공이 한다. 들보 위에 작은 기둥이 올라간 형상이다.

대공을 세움으로써 지붕은 삼각형 형상을 하게 된다. 이 삼각형의 모양을 가능하게 하는 부재가 대공이다. 대공을 중심으로 좌우에 두 개의 삼각형을 만들어 내며, 전체적으로 지붕을 봐도 큰 삼각형을 만들어 낸다. 지붕 내부를 살펴보면, 대공이 기둥 역할을 하면서 받쳐 준 상태로 세 개의 도리가 틀을 짜고(가구架構) 그 위에 서까래가 걸쳐지면 삼각형 지붕이 형성된다. 삼각형의 밑변에는 대들보, 삼각형의 높이 방향으로는 동자주, 양 빗변에는 서까래, 그리고 세 꼭짓점에는 도리가 설치되는 것이다.

이렇게 만들어진 집을 삼량집이라 한다. 살림집에 있어서 가구 구성의 기본형이 이 삼량집이다.[58]

대공(동자주)의 높이에 따라서 처마의 물매(기울기)가 결정되기 때문에 기능상으로도 매우 중요한 작업으로 알려져 있다. 들보의 어느 자리에 동자주를 세울 것인가, 그 높이는 얼마로 정할 것인가 등. 동자주를 직각변으로 하는 삼각형의 빗변 각이 칼자루를 쥐고 있다.

이 동자주의 성격을 음미해 보면 두 가지 속성을 동시에 갖고 있음이 드러난다. 기둥은 기둥인데 기단과 맞닿은 기둥과는 다르다. 하늘에 떠 있는 기둥이다. 주춧돌에 뿌리를 둔 기둥들은 사각형의 공간을 만들어 내는데, 들보에 뿌리를 둔 동자주는 삼각형의 공간을 만들어 낸다. 동자주가 만들어 내는 삼각형의 공간을 내부에서 서까래가 드러나도록 그냥 터놓았다. 그 효과는 사각형과 삼각형이 '하나 됨'으로 나타난다. 현실적으로 잠자고, 밥 먹고, 텔레비전을 보는 등 일상생활을 해 나가기에는 삼각형의 공간이나 찌그러진 공간보다는 사각형으로 된 실내 공간이 효율적이겠지만 삶에 대한 이상과 생활 방식은 삼각형의 삶을 지향하고자 했다는 뜻으로 해석해 본다.

---

58. 강영환, 앞의 책, 70쪽.

방 치수 계산의 기준은 내 키

이는 성주님을 모시는 장소가 대개 동자주인 경우가 많으며, 삼신님을 안방에 모신 상태에서 일상생활이 이뤄지는 신앙체계에서도 읽어 낼 수 있는 뜻이기도 하다. 이중성을 동시에 갖게 하면서도 소통이 활발하게 이뤄질 수 있도록 '비움'을 선택한 효과이자 결과라 할 수 있다.

이런 뜻은 방 크기를 결정하는 기준에서도 드러난다. 그 기준은 자신, 사람이었다. 사각형의 공간 안에서 자유롭게 활동하면서도 안정감을 느낄 수 있는 치수를 찾았다. 일반적으로 서민집의 방 크기는 한 변이 15척(尺: 1척=1자=10치=30.3cm)이었다고 한다. 15×15척이 최소한의 평면이었다. 형편이 좋아지면 18척으로 사방을 정할 수 있었고, 신분이 높아지면 21척이나 24척을 설정했다. 15척(3×5), 18척(3×6), 21척(3×7), 24척(3×8), 27척(3×9)……. 보는 바와 같이 모두 숫자 3과 관련이 있다. 이 수리체계를 보면서 다음과 같은 해석이 따르기도 한다.

3은 천일天一, 지일地一, 태일太一의 천지 조화수와 같다. 또한 5라는 수는 한국 사람들의 평균 신장 5척과 같다. 또한 5는 오행으로 보면 토土로서 우주의 중심에 해당한다. 그런 3과 5가 합쳐 15수를 이루었다. 보통 15×15척의 방에서 기거했는데, 우주 대자연의 섭리 안에서 생활한 것이라 하겠다.

15척 중앙에서 보면 좌우와 전후에 7.5척씩의 간격이 생겨난다. 여기에 7.5척은 평균 신장 5척과 앉은키의 눈높이까지의 평균치 2.5척이 합쳐진 것이다. 평면뿐만 아니라 입면 구성도 마찬가지이다. 방의 천장 높이를 보통 7.5척으로 잡는다. 앉은키 위에 서 있는 사람 한 길(여덟 자 또는 열 자. 또는 사람의 키 정도의 길이)을 합한 수치이다. 이것은 기의 원활한 소통을 위한 것이라 해석하기도 한다.

이 견해에 의할 것 같으면, 대청마루 또한 기의 순환을 고려하여 만들어졌다는 것이다. 마루 중심부 가장 높은 자리를 열 자로 잡은 것이다. 다섯 자를 사람들 평균 신장으로 설정했을 때 마루에 서 있는 사람의 머리 위로 한 길이 되는 여유를 뒀다. 대청마루는 보통 평균 신장의 두 배로 잡는다. 마루는 서서 생활하는 것을 기본으로 하여 설계했다. 백회에서 솟아오른 기가 기세 좋게 뻗어 나가 순환할 수 있는 가장 적절한 높이로 만들어졌다는 해석이다.

사각형과 삼각형을 터서 하나의 공간으로 만든 이유는 바로 기의 원활한 순환을 위해서라고 볼 수도 있겠다. 그 기를 증폭시켜 주는 피라미드 효과를 동자주가 만들어 내는 삼각 공간이 해내고 있을지도 모른다.

한옥은 기본적으로 기를 전제한 건축물이기도 하다. 이는 터 잡는 과정에서부터 시작된다. 입택의 조건에서 가장 신경 쓰는 것은 풍수감각이다. 땅의 선택과 이용이 인간의 운명을 좌우할 수 있다고 믿는 것이 풍수사상이다. 요체는 지기에 있다. 집터를 잡는 방법인 양택풍수에 의해 터를 잡고 집의 방향까지 결정한다. 집의 방향도 집주인의 운명에 영향을 준다고 믿었다. 이를 '좌향'이라 하는데 좌향을 볼 때 가장 중요하게 고려하여 보는 요소는 안방과 부엌과 대문이다. 이를 '양택의 삼요三要'라 부르며, 풍수감각으로 이를 결정하고자 한다면 반드시 전문가(풍수)의 도움을 받았다.

삼각형 구조체의 지붕을 만드는 공법에 3과 삼각형이 쓰이는 사례는 많다. 추녀와 도리가 만나는 지점이 뜨지 않고 안정적으로 결합될 수 있도록 그랭이질을 해야 하는데 그 물매 계산에 삼각형으로 생긴 나무 조각을 사용한다. '왕찌짜기'라는 이 기법 또한 숙련된 도목수 급이 담당한다.

지붕에 기와를 얹어 나갈 때도 3켜를 물려 가면서 작업을 한다. 기와 역시 암키와와 수키와를 쌍으로 결합시켜 나간다. 암키와만 쓰는 일본의 집, 작은 기와만을 촘촘히 붙여서 만드는 중국하고는 분명 다른 제작법이다. 지붕에서 기와들이 보여 주는 음양의 끝없는 반복과 조화는 그렇게 만들어진 기운, 즉 천지 조화와 우주 창생의 바로 그 기운을 최대한 받아서 그 밑에 사는 사람들이 생명력을 왕성하게 불리며 살아가라는 뜻으로 해석해 본다.

이처럼 집 짓는 공법과 기술에서도 3과 삼각형을 통해 삼신의 기운은 영향을 미치고 있다. 되풀이 되지만 삼신신앙과 사상을 바탕에 깔고서 집도 지은 것이다. 이를 바탕으로 하면서도 좋다고 생각되고, 따를 만한 원리는 다 갖다가 활용하기도 하였다. 이미 소개한 서유구의 『임원경제지』〈부뚜막 만드는 법〉에서 부뚜막이 갖춰야 하는 형태를 다음과 같이 설명하고 있다.

길이는 일곱 자 아홉 자로 하니 위로는 북두칠성을 본뜨고, 아래로는 9주九州

에 대응함이요, 너비는 넉 자이니 사시四時를 본뜬 것이요, 높이는 석 자이니 삼재三才를 본뜬 것이다. 아궁이의 폭은 한 자 두 치이니 열두 시를 본뜬 것이요, 두 개의 솥을 앉힌 것은 해와 달을 본뜬 것이요, 부엌고래의 크기가 여덟 치인 것은 팔풍八風을 본뜬 것이다.[59]

밥을 직접 짓는 부뚜막을 만드는 원리에 투영된 살림살이 모습을 보면, 결국 우주를 부뚜막에 다 차려 놓은 셈이다. 평생 우리 집의 부뚜막 메뉴는 기본적으로 해도 있고, 달도 있고, 사시의 변화도 있고, 칠성님도 있고, 삼신님도 있고, 하루 운행하는 기운도 있고, 여덟 가지 바람도 있다. 모두 밑반찬 역할을 하는 셈이다. 매 끼니마다 이 마음의 밑반찬을 먹고 사는 살림살이. 배고픔과 수탈의 시절도 견디면서 살아날 수 있었던 마음의 양식이지 않았을까!

'비움'과 '채움'의 조화 또한 삼신의 비술

마무리를 하자.

그냥 내 주위에 있는 돌과 나무와 흙으로만 지은 집, 사시사철의 계절 변화까지 고려하여 자연의 일부로 만들어진 집, 자연의 일부가 되는 과정

---

59. 강영환, 위의 책, 207쪽.

은 우리 집을 우주로 만드는 과정이었으며, 바로 우리 집이 우주의 중심이 되는 길이었으며, 우주의 기운과 생명력을 다 우리 집에서 생성시켜 내는 길이기도 했다. 이 뜻을 이뤄 가는 집짓기 기술과 방법은 천지인의 조화와 회통을 지향하는 삼신님과 삼신신앙, 그리고 삼신철학이 제공하고 있었다.

특히, 상극간의 '사이'를 '비움'으로써 상극의 조화와 회통을 이끌어 내 결국 제3의 창조가 이뤄질 수 있는 상생을 이루고, 비움 대신 인간 의지와 그 기술을 적극적으로 발현시킨 '채움'도 함께 사용함으로써 이에 동참할 수 있었다. 집을 '사이'의 공간으로 인식한 이 3의 인식체계는 '비움'과 '채움'이라는 양 극단의 방법을 한 건물 안에서 모두 사용함으로써 뜻하는 바를 성취해 내는 묘술로서, 이 또한 삼신원리이기도 하다. 결국, 신과 사람이 함께 만들어 낸 합작품, 그것이 한옥이다.

9

지신 지신 울리세
토지지신 울리세

대도시에서 시도되는 '지신밟기'란 것

잰지잰 잰지잰 잰지잰 잰−재 재재재 잰지잰 재잰− 잰−−

지신 지신 울리세 토지지신 울리세.

잰지잰 잰지잰 잰지잰 잰−재 재재재 재재재 잰지잰 잰잰−

정월 달에 드는 액은 이월 한식에 막아 내고

잰지잰 잰지잰 잰지잰 잰−재 은재재 잰−재 재잰− 잰−−

이월 달에 드는 액을 삼월 삼짇날 막아 내고

잰지잰 잰지잰 잰지잰 잰−재 재잰지잰 잰지잰 잰지잰 재잰−

일 년 하고도 열두 달에 과년하고도 열석 달에

잰지잰 잰지잰 잰지잰 잰−재 재잰− 잰지잰 잰지잰 재잰−

삼백이라 육십 일에 안가태평 하옵소서.

잰지 잰지 잰지 잰지 잰지 잰지…….

위 노래는 경상남도 함안군 칠북이라는 마을에서 정초에 지신밟기를 하면서 부르는 소리다. 소리 한 마디 하면 풍물을 치고, 이어서 소리 한 마디 던지면 풍물소리가 받는 식으로 이어 가면서 방문한 집에 축원덕담을 쏟아 붓게 된다. 길게는 두 시간 이상씩 이 소리가 이어지기도 한다. 이런 소리는 정초가 되면 칠북에서만 들렸던 것이 아니라 조선 팔도 방방곡곡에서 울려 퍼졌다.

새해의 일 년 살림살이가 축원덕담대로 되기 위해서는 마당, 안방, 부엌, 샘, 광, 창고, 장독대, 측간 등 그 집 구석구석에 끼인 액을 물리쳐 내야 한다고 생각했다. 잡귀 잡신을 모두 체포하여 저 멀리 똘똘 몰아내 버리거나 땅속에 꽉꽉 밟아 묻어버리고자 했다. 대신 "처녀 궁둥이에 총각 달라붙듯이, 물 묻은 바가지에 깨 달라붙듯이, 달궈진 난로에 엿 달라붙듯이" 온갖 복을 그 집에 들여놓기 위해 합심 동력해야 한다. 동네 사람들이 모두 다 우르르 몰려와 어떤 사람은 북 치고 장구 치고, 어떤 사람들은 춤추고 노래하며, 어떤 사람들은 얼굴에 탈을 쓰거나 요란하게 광대칠을 하여 사람들을 웃기거나, 어떤 사람들은 웃고 떠들며 구경하다가, 그러다 쉬는 짬에는 모두 다 어우러져 그 집에서 내온 음식과 술을 복 있게 먹어 주면서……

항상 부대끼며 함께 살아야만 되는 동네의 이웃들이 서로 돌아가면서 복을 몰아다 준 셈이다. 동네 사람들이 몰아온 복을 받아들이며 신나했다. 2~3일에서 길게는 보름씩 이처럼 복을 몰아 주고받으면서 새해를 맞이하였다.

싫든 좋든 일 년 365일 동안 부대껴야 하는 동네 사람들이다. 주기적

(대개 일 년 단위)으로 노래하고 춤추며 웃고 떠드는 자리를 마련하였다. 일 년간 껄끄러웠던 감정을 일시에 해소해 버리고, 앞으로 생길 수밖에 없는 갈등도 최소화시킬 수 있었다. 무엇보다도 동네 사람들에게 일체감을 가다듬어 줬다. 함께 땀 흘려 일도 해야 하고 서로 의지하며 힘을 모아야만 하는 사회구조와 생산방식 속에서 이를 성공적으로 헤쳐 나갈 수 있는 힘과 원동력을 그 일체감이 가져다주었다. 그러므로 모두 한마음이 되어 한순간에 '우리 집'에 찾아와 우리 집의 안녕과 복락을 기원해 주는 그 모습 자체가 복이었다. 복을 같이 만들어 나가는 토대였던 것이다.

"일 년 하고도 열두 달에 과년하고도 열석 달에"라 노래하고 있다. 일 년을 열두 달로만 딱 잘라서 보지 않고 다음 해의 정월까지 계산하여 열세 달로 보는 생각도 좀 특별해 보인다. 지난 12월을 포함하여 올해를 열세 달로 보기도 한다는 점이 전제되기에 '시작과 끝'을 두부 자르듯이 딱 자르지 않았음도 알 수 있다. 12월이 있어서 1월이 있으니 한 해의 시작은 1월이 아니라 이미 12월부터이며, 한 해의 마무리는 12월이 아니라 내년 1월까지도 이어진다는 사고다. 그러면서도 일 년을 주기로 매년 새롭게 시작하는 행위에서 시간에 대한 이해가 직선적이거나 단선적이지 않고 곡선적이고 순환적이었음도 발견하게 된다.

설 연휴가 되면 어김없이 민족대이동이 전개된다. 평소보다 두세 배의 시간과 그 이상의 고생을 하면서도 찾아가는 고향! 그 중에 몇 곳에서나 액을 쳐 내고 복을 축원해 주는 고향 사람들의 지신밟기 노래, 꽹과리소리, 북소리가 울려 퍼질까!

그 소리가 많이 사그라졌지만 명맥을 이어가는 고향들이 전혀 없는 것은 아니다. 돈도 돈이지만 사람이 없어 지신밟기를 할 수 없는 현실이 되었다. 풍물을 들고 나선다 하더라도 젊은이들은 다 떠나고 늙은이들만 뚱땅거리기 때문에 활기가 없기도 하다. 그러나 정월 초하루나 초이틀에 지신밟기를 시도하는 마을에서는 상황이 좀 다르다. 고생을 무릅쓰고 고향을 찾아온 젊은 자식들이 그 기간만큼은 동네에 있기 때문이다. 물론 20대는 노래방 기계를 틀어 놓고 저희들끼리만 놀지만 40대 이상은 지신밟기에 동참하는 비율이 높다. 왕년에 취미가 좀 있었던 중년들은 삼색띠 두르고, 고깔 뒤집어쓰고 동네 스피커에서 울려 퍼지는 안내방송에 따라 노인당이나 마을회관으로 모여들기도 한다. 그리고 하루 종일 동네를 누비고 다닌다.

몇 년 전 완도군 고금도의 상정리라는 마을에서 본 지신밟기에는 광주에서 온 약사, 진주에서 온 교사, 서울에서 온 누구누구가 있었는데 그렇게들 모여 이 집 저 집을 심방하고 있었다. 오랜만에 만난 고향 친구들과 회포도 풀고, 일가친척 동네 어른들과 함께 어우러져 고향의 정취를 확실하게 누리고 있었다. 어차피 인사를 다녀야 하는데 그처럼 풍물을 치고 집집을 방문하면 분위기도 좋고, 대접도 확실하게 받으며, 안 갈 집도 방문하여 세배를 드리게 되니 일석삼조라는 이야기였다. 시간이 흐를수록 분위기는 고조되고 술기운은 최고! 고향에 계신 부모님들의 건강과 안녕이라는 기원이 하나 더 추가되었겠지만 지신밟기를 하는 마을은 좀 더 고향 같았으며 명절 분위기가 느껴졌다.

사회구조와 생활패턴이 바뀌었지만 지신밟기라는 문화양식은 여전히 그 기능과 역할에 충실하고 있었다. 이런 가능성에 희망을 걸고 도시에서 지신밟기를 시도하는 젊은 기운들도 생겨나고 있다. 10년 이상 한 지역을 설정하고 꾸준히 시도하는 모습들도 어렵지 않게 발견할 수 있다. 저마다 고향을 찾는 설날 연휴는 피하여 정월 대보름 사이의 토요일이나 일요일을 택할 수밖에 없지만 말이다. 풍물이 좋아 서로들 모여 연습 공간을 마련하고 모임을 꾸려 가는 동호인 풍물패들이 대도시에 많이 생겨난 결과다. 서울 시내만 하여도 몇 백 개는 족히 될 것이다. 점점 늘어나는 추세이기도 하다. 이들 단체들이 지신밟기를 대도시에 정착시키기 위해 나름대로 애를 쓰고 있는 것이다. 물론 지신밟기를 하면 모여지는 돈이 단체 살림살이에 보탬이 된다는 현실적인 효과도 중요하지만, 아직은 앞에서 살펴본 지신밟기의 가능성을 새롭게 싹틔워 보겠다는 뜻을 더 소중히 여기고 있다.

10년 가까이 된 단체들은 그들이 시도하는 지신밟기를 성공적으로 정착시켜 나가고 있다. 작년에 그 현장을 찾아가 본 '터울림'이라는 단체는 서대문구의 불광시장이 그 놀이터였다. 터울림이라는 젊은 놀이꾼들을 맞이한 세월이 벌써 12년째인 불광시장 상인들 중에는 단골이 된 가게도 제법 많았으며, 으레 음력 정초가 되면 그 놀이꾼들을 맞이하려 준비하는 마음들도 늘어나고 있었다. 방문한 놀이꾼들도 자기 동네 사람들을 찾아다니듯 스스럼이 없었다. 점점 노는 방식이나 준비 과정이 짜임새를 갖춰 가며 새롭게 개발되는 양식도 있다는 이야기였다. 요즘 식으로 표현하자면 노하우가 축적돼 나간다고나 할까.

도시의 풍물단체 회원들은 차츰 그 연령층이 다양해지고 있다. 초기에 소수의 젊은 사람 중심에서 중년회원이나 주부회원들이 늘어났기 때문

이다. 특히, 단체가 자리한 지역의 동네 사람들이 취미 차원에서, 아니면 소리를 좇아 모여드는 추세다. 어렸을 적 시골 고향에서 듣던 소리의 감흥에 자극되어 찾는 중년들이 의외로 많다. 먹고살기 위해 고향을 떠나 시작된 서울살이, 그 동안 정신없이 하루하루를 지내다 이제 한숨 돌릴 만할 때, 자신이 사는 동네에 풍물소리가 들려오기 시작한 것이다. 벼룩 시장 광고에서 우연히 발견한 풍물 강습 안내가 잠재돼 있던 끼를 자극하기도 한다. 동네 주민들과 직접적으로 부딪혀야만 하는 지신밟기가 별

거부감 없이 시도될 수 있는 바탕이다. 반면에 사물놀이를 하는 사람들은 이런 지신밟기를 전혀 시도하지 않는다는 특성도 나타난다.

몇 년 전부터 많은 단체들이 이 지신밟기를 시도하였다. 관심이 없던 단체들도 지신밟기의 가능성과 중요성에 주목한 결과다. 지신밟기를 끈으로 하여 끈끈하고 풋풋한 동네를, 그런 이웃과 공동체를 도시에서 건설해 보겠다는 기운은 이미 태동을 하였다. 그리고 그 가능성에 기대를 가져 보기도 한다. 이런 움직임은 모두 '지신밟기'라는 이름으로 시도되고 행해지는 모습을 보이기도 한다. 지신밟기!

그러나 전통적으로 지신밟기를 해 온 마을에서는 지방에 따라 '마당밟기'라 부르기도 하고, '뜰밟이'라고도 했다. '지신밟기'라고도 하고, '답장'이라 하기도 하고, '집돌이'라고 하는 지역도 있었다. 그러나 한 가지 분명한 것은 어떻게 부르든 그런 행위의 일차 목적이 '지신'을 밟는 것이라는 데에는 차이가 없다. 지신이 요체인 셈이다. 지신을 매개로 놀이판이 벌어지고, 지신을 통해 액을 물리치고, 지신을 밟아 '만복을 쳐 들인다'. 도대체 지신이 무엇이기에 일 년에 한 번씩 동네 사람들을 충동질시키며, 죄다 모여 몰려다니며 땅을 밟아 대는 것일까. 짚고 넘어가야 할 대목이다.

태초의 생명력을
집집마다 나눠 주는 대동놀이

지신밟기의 구조는 이렇다. 먼저 마을 당산에서 당할머니와 당할아버지 (동네에 따라 서낭님, 부군님, 도당님, 산신님, 철룡님 등으로 불리는 당의 주신이다.)를 모시는 굿(치성)을 한다. 서낭님이 내려오신 것은 서낭님께 기원드린 마을 사람들의 소망을 들어주겠다는 의미로 받아들인다. 일 년 동안 우리 마을은 서낭님의 음덕으로 탈 없이 풍요로울 수 있다는 믿음을 얻게 된다. 그 기쁨을 안고 마을로 내려온다. 내려오면서 우선 '공동우물 샘'에 반드시 들른다. 물이 항상 잘 나오도록 기원(샘굿)하기 위해서다. 이 순서를 바꿔서 하는 동네도 있다. 먼저 우물에 들러 샘굿을 치고 당산에 올라가는 방식 말이다. 두 곳을 거친 다음에 집집마다 돌아다니며 당산에서 확약 받은 복과 기쁨을 골고루 나눠 주게 된다. 지신밟기는 샘굿 이후부터이다. 마을(전체), 그리고 마을 구성원(개체)과의 관계망 속에 지신밟기는 위치하고 있다.

일 년 하고도 열두 달을 과년하고도 열석 달에 삼백이라 육십 일을 오늘같이만 점지하소.

360일이 항상 오늘 같아라. 누가? 누구를 위해서? 당산할머니와 당산할아버지를 위해서? 아니다. 그 마을에 사는 자손들을 위해서다. 생명이 마당밟기를 하면서 샘굿 치는 모습.
전남 여수시 백야리, 1996.

붙어 있는 사람들을 위해서다. 음양의 조화는 살아 있는 사람들에게서 발현될 때 그 의미가 살아난다. 이것은 천지인 삼신사상이다. 인내천의 의미이기도 할 것이다.

이런 측면도 있다. 내 몸은 아버지(양성)와 어머니(음성)의 양성을 다 갖고 살아간다. 아버지성이 강한 사람은 남자일 것이고 어머니성이 강한 사람은 여자로 살아갈 것이다. 할머니당도 양성과 음성을 함께 가지고 있을 것이고, 할아버지당도 양성과 음성을 동시에 갖고 있을 것이다. 그래서 '당산지신'이다. 당산굿을 할 때 부르는 소리는 모두 "당산지신을 울려보세."라고 하거나 "지신지신 울리세 당산지신을 울리세."라 했다. 꼭 당산에 '지신'을 갖다 붙인다. '지신'은 무엇인가. '땅신령님'이라는 말이다. 땅은 '여성성(음)'으로 우리는 알고 있다. 할아버지당의 할아버지신령님이 여성성과 남성성이 조화를 잘 이루면 건강한 상태일 것이고 할머니당의 할머니신령님도 여성성과 남성성이 조화를 잘 이루면 건강한 상태일 것이다. 왕성함과 왕성함의 부딪힘. 이를 염원하는 마음과 기대가 '당산지신'이라는 표현에서 묻어 나온다.

구체적으로 지신밟기의 모습을 살펴보자. 풍물패가 집으로 들어가기 위해서는 먼저 문굿을 하게 된다. 당신 집에 들어가도 좋은가의 여부를 집주인에게 묻기 위해서다. 아무리 당할머니와 당할아버지의 기운이 좋다 하더라도 받기 싫다는 데에는 어쩔 수 없는 것이다. 그래서 자손의 의향을 확인해 봐야 한다. 받아들일 것인지 안 받아들일 깃인지를 말이다. 천하 없이 좋은 것이라 하더라도 강제로 나눠 주는 것이 아니라 받을 사람의 의향을 절대 존중함으로써 생겨난 절차가 문굿인 셈이다. 이 모습에는 분명 상호 합의하에 모든 일을 처리해 나간다는 삶의 지혜가 배어 있다. 문이 열리면 비로소 집안으로 들어가 구석구석을 밟아 나갈 수 있다. '성주지신'도 울리고, '토지지신'도 울리고…….

'성주지신'만 해도 그렇다. 성주님을 살펴보면서 성주님은 천신의 성격을 갖고 있는 것으로 인식하고 있다고 밝힌 바 있다. 천신과 지신의 조화로운 만남에 대한 희구가 '성주지신'이라는 표현을 낳았다. 성주지신의 조화로움을 먹고 사는 존재가 집에 사는 인간들이다. '성주지신'이라는 표현에 천지인의 삼신사상이 극명하게 드러난다.

'토지지신'은 어떠한가. 토지란 말에는 땅은 땅이되 논밭이나 집터 따위로 이용할 수 있는 즉, 인간의 손길이 직접 닿는 땅이라는 뉘앙스가 강

■ 성주상과 내림대

마을의 당堂에서 내림을 받은 내림대가 유가를 돌다가 동네 어느 집에서 성주상과 나란히 좌정한 모습이다.
경기도 남양주시 화도읍 가곡리.

하다. 토지라고 할 경우 집과 그 집에 사는 사람이라는 존재를 분리해서 생각할 수 없다. '터'라고 할 때는 더더욱 그렇다. '집터'라고 했을 때는 집을 짓는 터를 말한다.

그래서 터주신을 집안에 모시게 된다. 충청 이남에서는 '철룡신'이라는 이름으로 많이 모시며, 경상도에서는 '오토지신' '용단지'라 부르는 지역도 발견된다. 충청 이북에서는 '터줏대감', '터주가리', '후토지신' 등으로 불렀다. 대개 뒤뜰 중앙이나 뒤뜰 장독대에 땅을 파고 항아리를 묻거나 모셔서 신체로 삼는다. 항아리 속에는 맨 먼저 추수한 쌀이나 나락을 담고 흰 종이로 덮은 다음 다시 짚을 엮어 씌워 놓는다. 이를 '터주가리', '주저리', '유주지'라 부르기도 한다. 지신밟기에서의 '토지지신'은 이들 토지신들을 찾아 노래하고 축원하는 맥락과도 이어져 있다.

지신밟기에서뿐만 아니라 개인적으로 토지신에게 정성을 바치는 경우도 많았다. 정월이나 2월, 추수 후, 집을 새로 지었거나 이사를 한 후에 무당을 부르거나 집안 여인들이 직접 터주신에게 정성을 바쳤다. '지신굿(제)'이라고도 하고 '안택굿(제)'이라고도 하면서 말이다. '안택安宅'이라는 표현에서도 알 수 있듯이 '지신'을 찾는 것은 '안택'을 위해서다. 주로 무슨 문제가 발생되기 전에 예방을 목적으로 안택굿을 한다. 역시 땅의 입장에서 바라본 천지인의 조화로움이다. 안택제를 지내는 모습을 구체적으로 보면 삼신신앙이 더욱 분명해진다.

정월 3~4일부터 보름 사이 길일(동네에 산고나 초상이 없을 때)을 가려, 집터를 지키는 지신에게 단골(혹은 판수나 정문쟁이)을 불러 밤새도록 경문(안택경)을 읽어 드리며 원화소복遠禍召福을 기원하는데 이를 안택제라고 한다.

전남 무안군 임자면·해제면. 고흥군 녹동

신년 초 가족의 무사와 안녕을 기원하기 위해 지신제를 지낸다. 이 곳에서의 지신은 가택신의 개념이다. 정월에 길일을 정하여 집안의 웃어른 부부가 제주가 되어 지낸다. 혹 부부 중 한 사람이 사망하였을 때는 혼자 거행한다. 제祭 3일 전부터 금기를 준수하고, 집을 깨끗이 청소하다가 제일祭日에는 새벽 일찍 깨끗한 곳에서 황토를 퍼다 대문 앞에 세 무더기, 쪽문 앞에 세 무더기씩을 퍼 놓는다. 제물로는 수확한 곡물 중 가장 깨끗한 것을 항아리에 담아 보관하였다가 사용한다. 제물 중 가장 중요한 것은 팥을 섞어 만든 시루떡이다. 이 시루떡과 물 한 동이를 장독대 위에 놓고 제주는 큰절 한 번 한 뒤 소원을 고하고 이어서 큰절을 두 번 한 다음, 물을 세 번 따라 땅에 뿌리고 나서 떡시루를 안방으로 가지고 가 잠시 아랫목에 놓아두었다가 떡을 잘라 여러 그릇으로 나누어 각 방, 부엌, 헛간, 마루 등 곳곳에 둔다. 그랬다가 날이 밝으면 이를 다시 거둬들임으로써 지신제는 모두 끝난다.

충남 서산군 부석면 일대

항아리에 들었던 곡식으로 시루떡을 만들어 물 한 동이와 함께 장도개에 놓으며 축원한다. 물을 땅에 세 번 뿌리고 나서 떡을 집 안의 여러 곳에 놓았다가 이튿날 거둔다.

충남 서산 지방

안택제를 안택도신이라 하는 바, 동쪽의 나무청제지신南無靑帝之神, 남쪽의 나무적제지신南無赤帝之神, 서쪽의 나무백제지신南無白帝之神, 북쪽의 나무흑제지신南無黑帝之神, 그리고 중앙의 나무황제지신南無黃帝之神을 포함하는 오방의 다섯 신을 제신으로 모시는 제사라고 한다. 정화수 한 그릇, 밥 세 그릇, 향로, 촛불 등을 제상 위에 올려놓고 병풍을 둘러쳐서 마련된 제장에서 밤낮 하루 종일 장님에 의하여 제사가 거행된다.　　　　　　　　　　평안남도 평원군

이미 여러 번 확인하였듯이 흰색과 숫자 3의 원리가 지신굿(제)에서도 어김없이 관철되고 있음을 위의 사례들이 증명하고 있다.

우리는 이 대목에서 우리 민족의 땅에 대한 생각을 좀 더 더듬어 보고 갈 필요가 있다. 왜 지신밟기를 할 때 당산님을 뵈면서도 '지신'(당산지신)을 찾고, 성주를 모시면서도 '지신'(성주지신)을 갖다 붙이며, 터주를

■ 도심에서의 마당밟기
전라남도 여천시 어느 골목길에서의 마당밟기.(1998)

찾으면서까지 '지신'(터주지신)을 읊어 대는지 음미하기 위해서이다.

원초적 생명력은 삼신이 주는 복

땅에 대한 생각이 극명하게 드러나는 경우는 인간이 땅을 다룰 때라 할 것이다. 그저 바라보는 것이 아니라 흙을 만지고 땅을 파고, 그 위에 무엇을 세우고……, 마을을 세운다든지, 집을 짓는다든지, 농사를 짓는다든지, 무덤을 쓴다든지 하는 경우들이다.

우리 민족은 건물을 짓는 자리도 자연 지세와 관련하여 선택하였다. 그 자연 경관을 침해하지 않으려 했다. 오히려 그 곳에 어떤 건물을 건립함으로써 그 자연 경관을 한층 더 돋보이고 아름답게 할 수 있는 그런 위치를 좋아한 것이다. 건물의 규모나 모양새에 있어서도 마찬가지였다. 마을 형성 요건이기도 했다. 어디까지나 자기 존재를 주장하지 않고 자연 경관의 허점을 메우는 하나의 요소로서의 건물이었으며, 자연과 동화하여 하나의 완벽한 경관을 조성하는 데에 한 역할 하는 건물이었다. 이 점은 자기 자체가 중심이며, 자기 주변을 마치 자기의 종인 양 주위를 억누르고, 보는 사람으로 하여금 위압감을 느끼게 하는 중국 건축과 다른 심미안이다. 자연을 있는 그대로 두지 않고 변조, 가공 혹은 조각하거나 왜소화시켜 그 속에서 자기도취에 빠지는 일본 건축과도 다른 우리만의 건축관이라고들 한다.

철저히 자연과 교감하고 서로 상보적이고자 노력하는 모습에서만 가능한 특성이다. 땅(자연)을 주체적이고 독립된 존재로 인식함과 아울러 존중하는 마음이 없고서는 불가능한 현상이기도 하다. 그 존중하는 마음은 단순히 아끼는 차원이 아니라 살아 있는 생명으로 인식하는 차원까지 나아가 있다는 점에 주목하자. 한 이야기 또 들어 보면 이러하다.

> 강화도 길상면 동검도에서는 논이 멍에 모양이라 멍에배미, 보습 모양이라 보습배미, 버선 모양이라 버선배미, 유방 모양이라 유방배미 따위의 이름을 붙여 줬다. 땅의 모양에 따라 이름을 붙여 주는 태도는 전형적인 우리 고유 풍수의 발로다. 제 이름을 가진 논, 이것은 땅에 생명이 있음을 상징적으로 인정하는 주민들의 사고가 마련한 현상이다.[60]

그래서 우리 선조들은 땅을 다룰 때 항상 조심하는 마음으로 대했다. 생명을 다치지 않게 하려고 노력하였다. 집을 짓기 위해 터를 고르고 다질 때 부르던 〈지경닫이〉란 노래에 그 마음이 담겨 있다.

> 에이에라 지정(지경)이요(후렴)
>
> 여봅소 역군님네 에이에라 지정이요
>
> 이내 말씀 들어보소 에이에라 지정이요
>
> 동방에 청학이 묻혔으니 에이에라 지정이요
>
> 청학의 머리를 다칠세라 에이에라 지정이요

---

60. 최창조, 『한국의 자생풍수 1』, 민음사, 1997, 363쪽.

가만가만 감어 주게 에이에라 지정이요

남방에 적학이 묻혔으니 에이에라 지정이요

적학의 머리를 다칠세라 에이에라 지정이요

가만가만 감어를 주게 에이에라 지정이요

서방에 백학이 묻혔으니 에이에라 지정이요

백학의 머리를 다칠세라 에이에라 지정이요

가만가만 감어를 주게 에이에라 지정이요

북방에 흑학이 묻혔으니 에이에라 지정이요

중앙에 황학이 묻혔으니 에이에라 지정이요

황학의 머리를 다칠세라 에이에라 지정이요

가만가만 감어를 주게 에이에라 지정이요

이터전에 집을 질제 에이에라 지정이요

팔층와가 양옥으로 에이에라 지정이요

경기도 양평 지방

　땅을 학으로 여기고 동서남북중앙 어느 한 곳도 생명 아닌 곳이 없으니 조심조심 땅을 대하라는 말이다. 그렇기 때문에 집을 짓기 위해 땅을 다룰 때는 지신님께 터고사를 지냈다. 이는 궁궐을 지을 때도 마찬가지였다. 수원 성곽을 쌓을 때에 팔달산주에게 제례를 올렸다는 기록이 전한다. 터고사를 지내는 것은 "당신(땅)을 파헤치는 등 손을 대니 아프더라도 참아 주시고 잘못이 있더라도 어여삐 봐주시라."는 부탁과 아울러 집을 짓게 되었음을 신고하는 의미도 함께한다. 백제의 무령왕릉에서는 지신에게 묘지로 쓸 땅을 매입하는 형식을 밟으면서 그 증서에 해당하는 문서를 작성하여 돌에 새긴 것이 발견되기도 하였다. 터의 주인은 집을 짓는 사람이 아니고 땅이라고 생각하고 있음을 알 수 있다. 터고사는 주인에게 허락을 받는 의식임도 드러난다. 그런 생각의 단편이 '터줏대감'이라는 말에서 솔솔 풍겨 나온다.

우리는 지금도 '터줏대감'이라는 표현을 자연스럽게 쓰는 경우가 있다. "저 사람이 이 동네 터줏대감이야."라는 말을 했다면 그 사람은 그 동네에서 산 지가 가장 오래되었으며, 그 동네의 역사는 물론 구석구석을 훤히 알고 있는 산증인이라는 의미를 담게 된다. 또한 동네 대소사에 적극적으로 참견한다는 뉘앙스도 받게 된다.

'터줏대감'이 누군가. 이미 살펴본 바와 같이 지신이다. 그 동네에서 가장 오래 산 생명체는 바로 땅이다. 인간이 점령하여 살고 있을 뿐이다. 그러나 우리 민족은 점령해서 산다고 생각지 않고 빌려서 사용한다고 생각했다. 그래서 집을 지을 때뿐만 아니라 매년 정기적으로 지신밟기를 하면서 지신의 음덕과 고마움을 되새기며, 이왕 허락한 것 앞으로도 계속 잘 부탁한다는 기원을 드리는 것이다. 일이 있을 때는 수시로 찾기도 했다. "지신님 이름으로 기도 드리옵나이다……!"라고나 할까.

단지 기도하는 방법과 모습에서 음양의 원리에 맞춰 노래하고 춤추면서 땅을 꽝꽝 울려 댄다는 특성이 부각될 뿐이다.

또한 제일 오래 산 동네 사람에게 '터줏대감'이라는 별칭을 붙여 준다는 것은 사람의 생명과 땅의 생명을 동일시하고 있다는 해석도 가능하다. 그래서 단순히 땅의 주인인 지신에게 빌려서 사는 것이 아니라 결국

'같이 사는 이웃'이자 '한 몸'으로 여긴 셈이다. 이런 생각은 우리의 자생 풍수에서 이야기되고 있다.

우리 풍수에는 중국 풍수와는 달리 비보裨補와 압승壓勝, 또는 승이 유난히 발달되어 있다. 필자는 이것을 자생풍수가 있었다는 중요한 증거 중의 하나로 생각하거니와, 이 사고방식은 땅을 사람의 몸과 동일시하는 데서 나온 것이기 때문에 매우 중시하고 있다.

사람 몸에서 기는 경락을 따라 과부족 없이 순탄하게 운행되어야 그 사람이 건강한 것이고 너무 강하거나 부족하면 절제를 잃게 되어 병이 들게 된다. 기가 너무 강하면 눌러 주는데 이를 사瀉라 하고 너무 약하면 북돋우어 주는데 이를 보補라 한다. 땅 역시 마찬가지라 그 지기地氣가 너무 강하면 이를 눌러 주어 압승이라 하고 너무 약하면 이를 보충해 주어 비보라 한다. 그러나 양쪽을 합쳐서 흔히 비보라고 표현하는 것이 일반적인 관례이다.[61]

생명이자 주인인 땅. 그러나 단순한 주인이 아니다. 인간의 생명을 키워 주고 갈무리해 주는 어머니 그 자체다. "아버지 날 낳으시고 어머니 날 기르시니."라는 말을 우리는 한다. 모든 생명체는 땅의 기운을 받으며 땅에서 성장하고 활동한다. 태양의 기운과 빛을 받아 땅에 있는 물이 생명을 탄생시킨다. 땅이 건강해야만 땅에 의지해 살아가는 모든 생명체가 생명력을 공급받을 수 있다. 항상 경배하는 마음으로 지극 정성을 다해

---

61. 최창조, 위의 책, 508쪽.

땅을 받들어야 하는 이유다. 땅이 병들었다면 그 땅을 버리고 떠나는 것이 아니라 그 땅을 치료하여 함께 살아가고자 했던 심성과 문화가 우리의 '자생풍수'고 '굿문화'다.

미친 사람을 치료하기 위해 병든(동법·동토가 발동한) 땅을 치료하던 화전굿(동법잡기)을 다시 한 번 음미해 주길 바란다. 병들지 않는 것이 최상이다. 항상 최적의 상태로 건강을 유지하려는 노력! 그렇다. 지신굿, 안택굿 그리고 지신밟기는 병들지 않도록 예방하는 예방의학 차원의 행위이자 노력임이 분명하다. 그런 심성과 마음을 신앙 차원으로 끌어올려 재차 담금질해 주는 의례이다. 주기적으로, 그리고 수시로 한다. 인간이라는 존재는 항상 무디어지고 잊어버리기 때문에.

땅이 병들면 절대로 안 된다. 바로 인간에게 피해가 오기 때문이다. 땅은 절대로 스스로 병들지 않는다. 완벽하게 자정능력을 갖고 있기 때문이다. 땅이 병드는 것은 인간 때문이다. 문제는 여기에 있다.

땅은 이미 심각하게 병들어 가는 중이다. 오존층의 파괴, 대기 오염, 산성비, 죽어 가는 강과 바다, 식품 오염 등등. 경고 차원을 지나 그 피해를 이미 인간이 보고 있다. 금수강산이라던 한반도도 마음 놓고 떠 갈 수 있는 냇가나 저수지를 잃은 지 이미 오래다. 물도 마음대로 먹을 수 없어 돈 주고 사서 먹는 것이 일상이며, 5백 밀리리터짜리 생수통 들고 다니는 모습이 전혀 이상하지 않은 세상이 되었다. 공기까지 사 먹어야 할 순간에 도달하였다. 땅을 생명으로 볼 줄 모르는 세계관과 태도, 땅을 재산과 돈으로만 인식하는 인간의 탐욕이 만들어 낸 결과임이 분명하다. 현대문명의 속성이기도 하다. 우리의 경우는 자생풍수의 정신과 굿문화와 굿사상(삼신사상)을 헌신짝처럼 내팽겨쳐 버린 벌이라고 진단해 본다.

땅 = 터줏대감 = 지신 = 생명체 = 가이아 여신

지구를 중증 환자로 만들어 버린 현대문명의 본산지에서도 자성의 목소리가 터져 나왔다. 지구를 살아 있는 생명체로 보자는 주장이다. 그에 입각하여 치료하는 방안을 강구하자는 견해이다. '가이아(Gaia)이론'이 그것이다. 가이아이론을 처음 주창한 제임스 러브록(James Ephraim Lovelock: 영국의 화학자, 의학자, 생물물리학자, 대기과학자)은 부탁에 가까운 말을 했다.

내가 바라는 바는 지구를 생명이 없는 암석과 대기, 해양으로 이루어진 생명의 무대장치로서의 '죽은 행성'으로만 보는 인습적인 관점 대신 '가이야'이론을 통해서 지구를 새로운 관점에서 봐 달라는 것뿐입니다. 모든 생명체와 그들의 모든 환경이 긴밀하게 얽혀 자기조절의 특성까지 나타내는, 실재하는 하나의 생명체계로 생각해 달라는 것입니다.

그는 과학자이기 때문에 과학적 수치와 증거를 제시하며 행성생태계를 살아 있는 것으로 거듭해서 묘사한다. 행성은 갖가지 교란을 무릅쓰고 일정한 온도와 화학적 구성을 유지할 수 있을뿐더러 생명으로서의 특성을 너무나 잘 갖추고 있다는 사실을 사람들에게 인식시키고자 애를 쓰고 있다. 그러나 강한 반발에 직면한 듯하다. 하지만 그는 병든 지구를 걱정한다. 단순히 걱정하는 차원에 머물지 않는다.

지구에 살고 있는 인간의 존재가 토양과 대기의 상태를 이미 많이 악화시켜 놓은 것이 사실입니다. 우리가 이것을 하나의 행성 질병이라고 생각한다면 이제 행성의학의 처방이 필요합니다. 건강한 상태를 회복하기 위한 실용적인 처방 말입니다.

그는 지구를 치유하기 위한 적극적인 행동을 촉구한다. 이 대목에서 '가이아' 이론은 '행성의학'이라는 내용과 개념을 필연적으로 포함하게 된다. 그 행동은 빠를수록 좋다고 역설한다. 시간이 없기 때문이다. 지구를 생명으로 보지 않는 과학적 관점이 그 해결책을 내놓기에는 시간이 너무 걸릴 것이라는 자신의 판단에 의해서다.

진정한 과학의 진보는 느리고도 예측 불가능한 것입니다. 또한 너무도 뛰어난 누군가 천재의 마음속에 중요한 아이디어가 떠오를 때에만 그 방향으로 한 발자국 옮겨 놓습니다. 지구의 변화에 관한 문제를 푸는 일에 일류대학 출신의 박사학위 소지자 백 명을 투여한다 해도 얻어 내는 결과는 아마 고용증대 효과밖에는 없을 겁니다. 우리 행성의 건강문제(아마존 삼림벌채, 기상이변, 환경오염 등)를 제때에 해결하기 위해서는 실용적인 접근 방법이 필요합니다. 우리는 행성의학을 필요로 합니다. 그 방법은 경험적인 것이고 때로는 비과학적일 수도 있겠지만 어떡합니까. 주어진 길이 이뿐인 것을…….

우리의 문화, 경제구조, 사고방식은 소위 현대문명의 영향권 내에 자리한다. 완벽하게 장악 당한 상태다. 거기에 우리의 아픔이 있다. 이 가이아이론은 이미 우리가 자생풍수와 굿문화에서 살펴본 바와 너무나 유사한 관점과 대처 방법을 갖고 있음에 친근감마저 생긴다. 우리 입장에서 본다면 뭐 새로울 것도 신기할 것도 없는 내용이긴 하다. 자생풍수와 굿문화는 단순히 생각의 차원에 머물렀던 것이 아니라 생활방식과 문화로 정착시킬 정도로 구체적인 대처 방법과 노하우를 갖고 있었다. 지금도 명맥을 이어 가고 있는 살아 있는 문화이기도 하다. 그러나 소위 현대문명이라는 입장에서 바라본다면 새로울 뿐만 아니라 받아들이기 힘든 관점이자 발상의 전환일 수도 있다. 이 가이아이론이 태동한 것은 1960년대였다. 우리의 입장에서 본다면 "겨우……."라는 말이 저절로 나오겠지만 우리의 현실은 그렇게 간단치가 않다. 우리의 문화, 경제 구조, 사고방식은 소위 현대문명의 영향권 내에 있기 때문이다. 자생풍수와 굿문화가 당당하게 숨 쉴 여지란 거의 사라졌다. 완벽하게 장악 당한 상태다. 거기에 우리의 아픔이 있다.

이 시점에서 자생풍수와 굿문화는 가이아이론과 같은 견해와 마음을 나누며 서로 힘을 모아야 할 당위와 필연성을 갖게 된다. 우리의 문제 해결을 위해서만이 아니라 지구 전체의 치료를 위해서도 말이다. 'Gaia'라는 말은 그리스 신화에 나오는 '대지大地의 여신女神'이란 뜻임을 함께 음미하면서.

10

배서낭님도
성주님

굿판이 나를 부른다, 어서 오라고…

음력 설날이 눈앞에 어른거리면 벌써 마음이 들뜨기 시작한다. 들뜨는 정도가 아니다. 안달이 난다. 그래 '안달이 난다'는 표현이 적절할 것이다. 모든 관심사가 정초로 모아지니 나도 어쩔 수 없다. 날짜에 대한 감각은 자연스럽게 음력으로 바뀐다. 내가 생각해도 신통방통하다. 돈 욕심도 마구 생긴다. 장거리여행 준비도 빠질 수 없다.

그런데,

문제는 이 모든 흥분과 요란스러움이 가족을 위해서가 아니라는 점이다. 어느 순간부터 설날 부모님께 세배를 드려 본 기억이 거의 없다. 물론 애들이나 조카들에게 세배를 받아 본 기억도 없다. 명절이면 어김없이 되풀이되는 귀성전쟁은 장애 요인이 결코 될 수 없다. 가족의 눈총과 섭섭함에 개의치 않고 정초에 하는 짓(?)이란 '굿판 찾아가기'다. 정초만 되면 굿판의 왁자지껄한 굿소리가 나를 부른다.

'빨리 오라'고……

만사를 밀쳐놓고 '어서 오라'고……

찾아갈 굿판을 정하고 예비조사, 지도 준비, 조사 항목 작성, 길동무 모으기, 촬영에 필요한 기자재 준비와 점검, 짐 꾸리기를 하다 보면 벌써 굿판의 모습이 머릿속에 그려지곤 한다. 흥분은 여행을 떠난다는 그 자체에서도 꿈틀거리지만, 미리 머릿속에서 그려 본 그림과 실제의 굿판이 얼마나 맞아떨어질까에 대한 궁금증과 기대감에서 더 강렬해진다.

또 있다.

훌륭한 굿판이든 형편없는 굿판이든 반드시 한 가지 이상 보고, 느끼고, 배우게 만드는 그 무엇! 그 무엇에 대한 흥분이 가족의 눈총과 섭섭함을 물리치게 만드는 마력이다. 결코 '올해의 굿판'을 놓칠 수 없다는 의지, 이 기회를 놓치면 일 년을 다시 기다려야 한다는 어쩔 수 없는 제약, 그렇게 되면 직접 확인하고 기억해 둘 굿판이 그만큼 줄어들 수 있다는 안타까움도 묵직해진 내 등짝을 굿판으로 떠미는 힘이다.

왜곡되거나 퇴락하지 않고 그런대로 모습을 유지하며 지금도 명맥을 잇는 '제대로 된 굿문화(?)'를 찾아보기 무척 어려워졌다. 특히 마을굿과 두레굿이 그러하다. 이미 두레굿은 사라져 버렸다. 꿈속에서나 상상만으로 그 모습을 그려 봐야 한다. 마을굿은 그 잔영을 희미하게 드리우고 있을 뿐이다. 개인 무당굿의 끈질긴 전승력과 재생산 현상과는 분명 대비된다.

생성 토대와 전승이 집단적이고 사회적이며, 역사성·시대성·정치성·경제성을 내포하고 있는 마을굿이나 두레굿의 소멸, 그리고 쇠락은 그 의미가 단순할 수 없다. 특히 정신(민족정신)의 영역에 속할 마을굿의 변화 추이는 그냥 흘릴 수가 없다. 아직 그 질긴 숨줄을 희미하게나마 이어 가고 있다는 반가움과 더불어 이 역시 조만간 두레굿과 같은 운명에 도달할 것이란 뻔한 예측이 지켜보는 마음을 흔들어 놓는다. 다른 차원으로의 변신을 통해서라도 회생의 길로 접어들 수는 없을까……. 그 희미한 기대감이 내겐 가슴 떨리는 관심사일 수밖에 없다.

'소멸될 것'이란 안타까움 속에서는 비록 그것이 파편일망정 하나라도 더 눈으로 확인하고 비디오로라도 기록을 남겨야 한다는 절박감이 있다. 그 잔영을 주워서 우리 정신의 얼개로 엮어 봐야 한다는 욕구가 불끈 솟아오르기도 한다. 이런저런 이유들이 정초가 다가오면 나를 안절부절 못하게 만든다. 마을굿의 현장은 대부분 섣달그믐에서 정월 보름 사이에 몰려 있다.

마을굿을 보려면 그 시기가 중요하다. 어떤 마을에서 언제 하는지 정확하게 알고 찾아가야 한다. 미리 가서 준비하는 분위기와 모습까지 보는 것은 더없이 좋지만 혹시라도 놓치지 않는 것이 중요하다. 그렇지 않으면 일 년을 또 기다려야 할 것이고 어쩌면 영원히 못 볼 수도 있다. 다음 해에 없어져 버린 경우가 수도 없었다.

기원전이나 19세기 사람들이 아니라 21세기를 살아가는 현대인들이 하는 문화이자 생활 현장이다. 연출되고 각색된 민속경연대회 형식의 재현 행사라면 안달이 나 찾아갈 필요가 없다. 수백 년 이어져 온 역사 현장, 그 생활 현장으로서의 마을굿을 봐야 한다. 지금도 살아 숨 쉬는 진정한 전통과 그 현장이 기다리고 있다. 문화의 생성과 변화 및 소멸을 분명하게 확인할 수 있다. 가짜가 아니라 진짜를 보기 위해서는 시기도 무척 중요하다. 현장을 놓치지 않기 위해서는 섣달그믐 전부터 그 곳으로 출발해야 한다.

몇 년 전(1999년) 정초의 마을굿 나들이는 전라도 여수반도와 경상도 남해반도 일원으로 정하였다. 불행히도 섣달 그믐날은 놓치고 정월 초하루부터 굿판에 있을 수 있었다. 여수 앞바다에 있는 대경도라는 섬에서부터 시작된 첫날 굿판 나들이는 다섯 군데를 도는 강행군이었다. 대경도의 두 마을을 오전에 둘러보고, 경상남도 남해군 서면 서상이라는 마을로 배를 타고 넘어갔다, 다시 차를 타고 여수반도로 돌아와 화양면 장수라는 마을을 저녁에 둘러보고, 밤 12시에 치러지는 마을제사를 보기 위해 같은 면의 용주리 고내마을을 찾았다. 모두 다 섬이거나 바다를 끼고 있는 어촌들이다.

마을굿의 기본 구조와 정신은 전국 어디를 가나 대동소이하다. 하지만 자세히 들여다보면 그 구체적인 양식과 내용에 있어선 제각각이다. 서로 마주보고 있는 옆 동네하고도 다를 정도로 저마다의 개성이 드러난다. 마을의 역사와 씨족들이 다르니 당연한 귀결이다. 똑같은 마을굿은 결코 있을 수 없다. 이렇게 단언할 수 있을 정도로 다양성을 갖고 있다. 이 점이 굿판의 매력이며, 항상 굿판을 신선하게 만드는 요소이기도 하다. 같은 마을이라도 살림살이에 따라 매년 그 분위기는 달라지기 일쑤다.

당시 나는 국가적 환난 상태인 IMF가 마을 사람들에게 미친 영향을 알아보고자 했다. 마을굿의 분위기를 통해 그 실체를 파악하자는 것이다. 21세기로 넘어가는 목전의 1999년을 기억하는 데에도 관심을 집중시켰다. 물론 어촌의 마을굿을 10년째 추적하면서 갖게 된 해양문화에 대한 그간의 관심사와 문제의식은 기본으로 깔고서였다.

해양문화와 대륙문화가 결합된 우리 문화

우리는 우리 문화를 이야기할 때 주로 농촌문화만을 이야기한다. '우리의 문화=농업문화'라는 등식이 어느새 우리의 의식을 장악하고 있다. 물론 농촌문화가 중심을 이루고 있긴 하지만 그렇다고 중심을 이루고 있기 때문에 어촌문화나 산촌문화가 상대적으로 소외되거나 무시돼도 된다는 견해가 타당성을 얻을 수는 없다. 우리 문화를 구성하는 중요한 축으로서 모두 중시돼야 한다.

우리 문화는 농촌문화뿐만 아니라 산촌문화와 어촌문화로 대별되는 해양문화가 적절히 결합돼 있다는 점을 인식해야 한다. 한반도는 삼면이 바다라는 점을 결코 망각해서는 안 된다. 인종 자체도 대륙형인 북방계와 해양형인 남방계가 각기 70~80%와 20~30%씩 섞여 있다는 연구 결과에 주목할 필요가 있다. 기후가 그렇고 건축구조물(마루 등)이 그렇고 음식문화(젓갈문화 등)가 그렇고 장례 풍습(초분 등 풍장)이 그렇다. 어촌문화가 정당하게 인정을 받고 조망을 받아야 할 주요한 근거들이다. 해양문화와 대륙문화의 충돌과 조화가 만들어 낸 결과물이라는 관점에서 우리 문화를 다시 조망할 필요가 있다. 민족 근원에 대한 관심과 연구도 물론 마찬가지다.

대륙문화와 해양문화가 직접적으로 부딪히고 만난 최전선이 한반도의 서남 해안 지방이다. 이 점이 이 지역의 역사와 그 문화에 관심을 갖게 만드는 요인이다. 해방 후, 전라도의 상대적인 소외와 미개발은 다행스럽게도, 정말 다행스럽게도 문화를 많이 보존하게 만들었다. 비교적 고형의 문화 형태를 만날 수 있기도 했다.

삼국시대까지만 하여도 한반도의 남단은 바다를 통한 교역과 교류가 활발한 곳이었다. 지배세력이 시베리아의 스키타이문화와 친연성을 갖고 있는 북방계의 신라와는 달리 백제는 국제적인 감각을 가진 해양국가였다. '백제'라는 국가 명칭 자체가 이미 그런 냄새를 풍기고 있다. '백제'는 '백가제해'에서 나왔다고 하니 말이다.[62] '백가제해百家濟海'란 '수많은 씨족집단百家이 바다를 건너와 세운 나라'라는 뜻이다.

이처럼 우리 민족은 훌륭한 해양문화를 갖고 있었고 이를 만들어 낼 전통이 있었지만 현재는 결코 그렇지 못하다. 그 요인으로는 백제의 멸망을 꼽아야 할 것이다. 농업경제에 기반을 두고 형성된 유교와 그 이데올로기에 의해 한반도가 통치된 결과이기도 하다. 신라는 삼국을 통일하고서 해양 세력의 부흥과 발흥을 막기 위해 해안을 봉쇄했으며, 농본주의의 조선은 바다를 변방으로만 인식하였다. 안타까운 일이다.

그러나 이 지역의 마을굿을 관찰하다 보면 그 화려했던 해양문화의 외침을 들을 수 있다. 특히, 임진왜란의 위기를 넘길 수 있었던 조선의 수군

---

62. 『수서隋書』, 「동이열전東夷列傳」, 〈백제전百濟傳〉.

과 이 지역민들의 의병 활동, 그리고 이 지역의 굿문화(특히, 풍물굿)와 만나게 된다. 답사를 하면서 이 지역 사람들을 만나 보면, 대단한 자부심과 향토애가 그들의 가슴속에 여전히 꿈틀거리고 있다. 그 모든 것이 살아 있는 신화로 이어지고 있다는 사실을 확인할 때 놀라움은 크다.

여전히 활발한 어촌의 마을굿들!

여수반도 역시 그 신화가 강하게 꿈틀거리는 지역이다. 정월 초이틀에는 고내마을을 다시 찾았다. 헌식굿을 보기 위해서였다. 초하룻날 밤 12시경에 당산제를 유교식으로 지냈다. 다음 날 아침에 굿(풍물굿)을 치면서 당산굿을 치고, 마을 입구에 있는 벅수에도 굿을 치고, 배마다 뱃고사를 지내 준 다음에서야 헌식굿이었다. 이 마을은 행정명으로는 여수시 용주리이지만 고진이라는 이름으로도 불린다. 조선 중기(중종 17년)까지 전라좌수영 관할의 만호진(돌산포진)이 있던 곳이다. 그래서 붙은 이름이 고진古鎭이다. 고진은 안동네古內와 바깥동네古外로 다시 나뉘는데 현재 당산굿은 고내마을에서만 지내고 있다. 옛날에는 두 마을이 함께 지냈으나 어느 시기부터 고내 단독으로 지내게 되었다. 이 곳은 청년회가 무척 활발한 어촌이다. 1970~1980년대의 이농현상으로 농촌에서는 거의 젊은 사람을 찾아보기 어렵지만 어촌은 젊은 사람들이 농촌에 비해 좀 남아 있다. 바다에서 먹고살기가 농촌보다는 비교적 나았다는 반증일 것이다. 청년회를 중심으로 이 마을은 매년 당산굿을 '씩씩하게' 지냈으며,

거의 해를 거르지 않고 마당밟기를 해 마을공동기금을 조성해 왔다. 그 기금으로 1997년에는 당집을 기와로 얹어 10여 평 규모로 근사하게 다시 지었다. 마을 뒷산에 있던 본래의 당산이 쇠락하면서 고내만 따로 마을 안 언덕바지에 당집을 새로 조성한 것이다. 그 전 해인 1998년에 이 마을을 찾았을 때, 이장님은 마을 청년들이 수년간 정성을 모아 당집을 새롭게 지은 사실에 대단한 자부심을 갖고 있었다. 자랑이 이만저만한 게 아니었다.

노인들 중심이 아니라 청년들 중심으로 매년 거르지 않고 마을굿을 행하고 있으며, 마을의 근원이자 정신의 고향인 당집을 새롭게 세우는 모습은 분명 드문 경우이다. 일반적인 상식이나 예상을 벗어난 사례이다. 당은 없어질 것이며 마을굿은 시간이 흐를수록 사그라질 것이라는 그런 관념 말이다. 그 통념을 깨 버리는 당집의 새로운 건립은 그저 반갑고 고마울 뿐이다. 돌아다니다 보면 서남해안의 도서 지방에서 간혹 발견하게 되는 반가움이기도 하다. 새로 지은 당집들은 제관들의 목욕재계를 위해 내부에 목욕탕도 만들고(여수 백야도), 보일러 시설도 하며(여수 개도), 가스레인지까지 설치하기도 한다(여수 백야도). 이런 사례를 확인하는 순간 놀라는 분들이 많을 것이다. 이는 전통의 변질이 아니다. 전통의 전승 원리가 무엇인가를 알려 주는 아주 귀중한 사례들이다. 이 땅에 살아 온 사람들 취향과 기질은 골동품같이 옛날 그대로의 형태와 모습을 이어 가는 것과 더불어 지금 필요하고 입맛에 당기는 새것을 적극 수용하는 개방성도 함께 가지고 있다. 잡식성이라고 해야 할는지 모르겠다.

그러나 올해는 사정이 좀 달랐다. IMF를 일 년 거치고 난 올해는 고내

마을도 그야말로 '썰렁끼'가 돌고 있었다. 굿의 시작은 예정된 시간을 넘겨 가고 있었다. 굿을 칠 청년들이 모여들지 않았기 때문이었다. 이장이 동네 마이크에다 여러 번 이름까지 불러 가며 마을 청년들에게 모이라고 방송을 해댔으나 효과가 없었다. 결국 열 명도 안 되는 청년들만 치복을 챙겨 입고 굿물(풍물)을 울릴 수밖에 없었다. "일 년 살림살이가 말이 아니었는데 굿은 무슨 굿이냐."는 동네의 다수 여론과 "매년 해 온 전통을 멈출 수는 없다."는 의견 사이에서 고내 이장은 난감하였다고 토로하였다. 결국 안 할 수는 없기 때문에 치복이나 고깔은 쓰지 말고 간소하게 지내자는 쪽으로 가닥이 잡혔다고 한다. 그렇게 하려던 차에 외부에서 카메라와 비디오가 쳐들어(?) 오는 바람에 주섬주섬 작년에 입고 쓰던 치복과 고깔을 꺼내 입게 되었다.

이 마을은 '고진멸치'로 유명한 곳이다. 밤에 불빛을 이용하여 멸치잡이를 하는 전통적인 어로법이 아직 전승되고 있는 곳으로 이 마을 앞바다에서 나는 고진멸치는 여타 다른 멸치보다도 여전히 높은 가격을 받고 있다. 조선시대에는 임금께 진상하던 멸치였다. 그 명성과 맛은 이 어촌의 경제를 활발하게 하였을 것이고, 청년들이 고향을 지키며 생활할 수 있는 토대가 되었을 것이다. 그러나 IMF는 이 마을의 숨통까지 조여 왔다. IMF로 인한 어려움에다가 어업에 대한 정부정책에 대한 불만도 터져 나왔다.

IMF 귀신도 어쩌지 못한
우리의 신명

신기한 것은 이런 불만과 썰렁함이 내재돼 있음에도 불구하고 일단 굿물을 울리자 분위기가 들뜨기 시작한다는 사실이다. 이 지역 굿의 특징대로 굿 치는 모습과 분위기는 우선 힘이 있었다. 역시 몸을 움직이며 노동으로 사는 생활인들의 굿은 강한 생명력과 풋풋한 힘이 배어 나온다. 그러면서도 상쇠의 쇠가락은 아주 익어 있었다. 겨우 40대 초반인 상쇠는 18세부터 매년 마당밟기에 참가한 경력의 소유자로 보통 쇠가락이 아니었다. 비록 굿꾼들은 몇 명 되지 않았으나 굿은 '그럴 수' 없었다. 서남 해안 지방의 풍물굿은 '군고軍鼓'라는 이름으로 불렸었다. 군사적인 성격이 강함을 이 명칭에서 바로 읽어낼 수 있다. 거친 바다와 싸우며 이를 제압하던 기개, 변방을 지키며 살아온 해양민들의 전투력과 질긴 생명력이 아직도 이 지역의 풍물굿에 고스란히 남아 있었다.

굿꾼들은 당산에 들러 당산굿을 쳤다. 당산에 올라가 당집 안마당에서 굿을 한바탕 친 다음에 굿을 맺고 전날 밤에 당산제를 지내며 올렸던 제물을 함께 음복하였다. 굿을 맺으면서 상쇠는 "앗다!! 안 치다 치니 팔이 뻣뻣하네, 쉬었다 칩시다!"라는 너스레를 잊지 않았다. 한잔 먹은 다음 본격적으로 당산굿을 치기 시작하였다. 고내마을의 당산신체는 놀랍게도 명태 한 마리였다. 흰 종이로 감은 명태 한 마리를 당집 안의 정면 벽에 스카치테이프로 붙여 놓았고, 그 위에 당산신의 지방을 붙여 놓은 모

군고의 대포수

전라도 서남 해안 바닷가에는 군고라는 풍물굿이 전승되고 있다. 전투성이 아주 강한 풍물이다.
전남 해남군 북평면 묵동마을, 1993.

습이었다. 당산굿을 하면서 상쇠는 비나리를 빠뜨리지 않았다. 굿을 치다가 맺은 다음에 "메구야—"하고 메구꾼들(굿꾼들)을 부르니, 메구꾼들이 "어이—"하며 힘차게 응답해 왔다. 그 대답소리에 다시 상쇠는 비나리로 답하였다.

올해는 만수무강하게 해 주고, 건강하게 사람들 좀 많이 있게 해 주고, 고생만 많이 한 우리 동기들 장가 좀 가야 되겠고, 고기 많이 잡히게 해 주고, 바지락이 많이 나와 좋게 해 주고, 해의(김)도 잘 나오게 해 주고오——

고내마을 당산 신체
명태를 한지에 싸서 벽에 스카치테이프로 붙여 놓은 모습.
밑에는 당산신께 바치는 제상의 촛불이 보인다.

앞으로 일 년간의 살림살이에 대한 바람과 희망을 축원하는 비나리가 끝나자 다시 굿소리가 신명을 뿜어 댔다. 마을 입구에 서 있는 벅수에 들러 또 한바탕, 그리고 선창가로 향했다. 선창가에는 배를 가진 몇몇 선주들이 미리 나와 뱃고사 지낼 준비를 끝낸 상태였다. 예전에는 선창가가 비좁을 정도로 뱃고사를 준비하였으련만 올해 고내마을은 다섯 집의 고사상만이 보였다. 굿꾼들은 풍물을 울리며 고사상이 차려 벅수 앞에서 거리굿을 하고 있다.

고내마을

진 배 앞에서 배의 무사항해와 풍어를 기원해 주었다. 그리고 그 고사상
에 올렸던 음식을 안주 삼아 '또 한 잔'을 하였다.

뱃고사굿이 끝나자 굿꾼들은 그 중의 한 배(태성호)에 모두 올라탔다.
그리고 풍물을 울리며 마을 안쪽에 위치한 공동묘지로 향하였다. 배가
움직이기 시작하자 한 사람이 종이에 싸온 음식을 배 선창에 진설하였
다. 그리고 소주를 잔에 따라 올린 다음 특별한 의식을 행하지 않고 그 술
을 세 군데(조타실 앞과 좌우 뱃머리에 각각)에 나눠 뿌렸다. 드디어 공동묘
지 앞에 배가 도착하자 굿꾼들과 일행은 내리지 않은 상태 그대로, 이장

이 공동묘지 쪽으로 바라보면서 술잔에 술을 부어 뿌렸다. 예전에는 당주(마을을 대표하여 굿을 주도해 나갈 제관)를 선정하여 당주가 모든 의식을 거행했겠지만 이장이 마을을 대표하여 대신하고 있는 셈이다. 헌식을 한 것이다. 모든 절차가 끝나자 다시 뱃머리를 마을로 돌렸다. 마을 포구에 도착했으나 메구꾼들은 배에서 내리지 않고 헌식하는 데 한몫을 한 태성호를 위하여 뱃굿을 쳐 주었다. 풍물도 치고 뱃노래도 부르며 걸지게 뱃굿을 치는 이유는 당연히 일 년 동안 항해 잘하고 멸치 잘 잡도록 기원하기 위해서였다.

그 기원을 올리는 대상은 태성호의 서낭님이었다. 발동기도 달고 어군탐지기도 장착한 기계선이었음에도 불구하고 태성호는 서낭님을 모시고 있었다. 태성호뿐만 아니라 고내마을의 큰 멸치잡이배들은 전부 '배서낭님'을 모신다는 이야기였다. 태성호의 배서낭은 선장실 좌측 벽면 구석에 모셔져 있었다. 흰 종이에 싼 명태 한 마리가 색실로 감긴 채 매달린 모습으로 그렇게 계셨다. 다른 배의 배서낭도 대동소이한 모습들이었다. 백지와 명태를 따로 매달았느냐 함께 묶어 놓았느냐의 차이만 발견되었다. 이 모습은 조금 전 당집에서 본 당산신체와 똑같았다.

이 일치된 형상이 의미하는 것은 무엇이란 말인가? 땅 위의 당산님과 배 위의 서낭님이 같은 모습을 하고 있다는 사실에 흥미가 발동하지 않을 수가 없고, 궁금증이 꿈틀거리지 않을 수가 없다.

신명은 배서낭님과 더불어

'배서낭'이란 말은 '배'와 '서낭'이 만나 만들어진 말이다. '배에 계신 서낭', 혹은 '배에서 모시는 서낭'이라는 뜻이 될 것이다. 배는 우리가 다 아는 것이고 문제는 '서낭'이다. 서낭에 대한 실체를 파악하여야만 배서낭의 실체를 더듬어 갈 수 있을 것이다.

'서낭'은 성격상 크게 마을 주신으로서의 서낭님(당산신령)과 마을수호와 개인기복 대상신으로서의 거리서낭님으로 나뉜다. 전자는 마을의 뒷산이나 중심에 자리 잡고 앉아 마을굿을 매년 동네 사람들로부터 받아온 서낭님이고, 후자는 동구 밖 서낭당에 앉아 수시로 마을을 들락거리는 길손들을 굽어 살피는 서낭님이다. 그 중 우리에게 친숙한 이미지로 남아 있는 서낭님은 후자의 경우다. 후자부터 먼저 살펴보자.

동구 밖 서낭당에서 이뤄지던 만남과 이별들……. 한국문학의 친숙한 무대이기도 했다. 모퉁이를 돌아서면 고향 마을이 시야에서 사라지게 되는 길목, 그 길목에 서 있는 나무 한 그루(서낭나무), 그 주위에 길손들이 오고 가며 하나씩 던져 생긴 돌무더기, 그리고 아낙네들이 나무에 걸어 놓은 울긋불긋 헝겊 조각들. 밤이면 누군가 이 서낭당을 찾아 두 손 모아 절을 하며 소원을 드리는 광경. '서낭당' 하면 떠오르는 이미지이다. 이는 민속학자들이 조사한 서낭당의 일반적인 모습이기도 하다.

서낭당의 모습은 그 이외에도 여러 형태가 발견되고 있다. 돌무더기만 있거나, 서낭나무에 헝겊만 걸려 있거나, 서낭나무 옆에 당집이 함께 서 있는 경우이거나, 입석만 있는 경우 등이다. 그 중에서도 처음에 살펴본 형태, 즉 서낭나무에 돌무더기가 쌓인 모습을 민속학자들은 서낭당의 기본형으로 보고 있다. 특기할 만한 것으로 서낭나무와 돌무더기 옆에 장승이나 솟대가 함께 서 있는 경우도 있으니 기억하고 넘어가자.

이 서낭당은 대개 풍수지리상 마을 입구의 허한 곳에 위치하여 외부로부터 들어오는 액을 막기 위한 것으로 민속학에서는 보고 있다. 액이라 하면 마을에 재앙을 가져다줄 잡귀 잡신만을 의미하지는 않는다. 질병의 침입도 막고자 하며, 외적의 침입도 막고자 함이다.[63] 산간 지방의 경우에는 가축과 인명 피해를 가져다줄 호환을 막고자 함이었다. 그리고 거리 거리 길손들의 안전을 희구하기 위해서이기도 했다. 이런 마음은 무가에서도 잘 나타나 있다.

여서낭, 남서낭,

호서낭, 원진서낭

긴대서낭, 길서낭님

사거리서낭, 차서낭

황해도굿, 박인겸 무가, 1999.

이 무가를 통해 서낭님은 여자 서낭도 있고 남자 서낭도 있음을 알 수

---

63. 조선 명종 초에 국가 외란을 대비할 목적으로 신앙심을 활용해 언덕바지에 돌을 모아 전시에 무기로 쓰기 위한 것이 서낭당의 기원이라는 유래담이 전하며, 실제로 서낭당의 돌무더기가 전시에 무기로 활용되었다는 연구가 근래에 시도되기도 한다.

있다. 호환을 가져다주는 호랑이서낭(호서낭), 사람을 해하는 살(원진서낭) 그리고 오고 가는 길의 길서낭님도 보인다. 그뿐인가! 일시에 가족의 생명을 앗아가 버리는 살인 병기로 돌변하기도 하는 자동차에도 서낭님이 계신다. 호랑이, 살, 길, 자동차가 인간에게 해를 끼칠지, 아니면 보살펴 줄지를 결정하는 것은 각각의 서낭님들 마음이라는 뜻일 게다. 이처럼 구체적인 액으로부터 마을을 수호하고자 하는 것은 그 마을에 사는 사람들의 안녕과 평화를 위해서임은 말할 것도 없다. 그 희구는 바로 풍요(풍농, 풍어)를 바라는 마음으로 이어진다고 해석할 수 있다.

서낭당이 갖는 마을 수호를 위한 목적과 기능은 자연스럽게 그 위치와 성격을 규정하였을 것이다. 마을의 권역을 설정하여 그 울타리를 잘 보호하고 수호할 필요성이 대두되고, 그 필요성은 서낭당에 그 임무를 부여하였을 것이며, 마을의 경계지역에 자리하게 함으로써 마을 안과 밖을 가르는 역할도 수행했을 것이다. 그래서 서낭당은 주로 동구 밖의 평지나 언덕바지에 위치한다. 마을 안에서 볼 때는 서낭당의 위치가 마을의 최전방인 셈이다.

서낭당의 위치에 있어 유념하고 넘어갈 사항이 있으니 '길'과의 상관성이다. 사람들이 오고 가는 길가에 서낭당은 위치하고 있다. 서낭당이 마을 뒷산 깊은 곳에 위치하기도 하지만 공통적인 것은 항상 사람이 다니는 길을 끼고 있다는 사실이다. 앞에서 제시한 무가에서도 서낭과 길의 밀접한 친연성을 파악하기 어렵지 않다. 자동차가 등장하자 바로 차서낭님을 상정하여 받들어 모시는 그 신앙관과 심리상태를 살펴본다면 말이다. 차(자동차)는 길이 없으면 존재할 수 없는 물건이고, 인간과 자칫 잘못 만나면 생명과 재산을 순식간에 앗아가 버리는 무섭고도 두려운 물건으로서, 한순간도 마음 놓고 다룰 수 없는 그런 존재다. '차'가 갖는 '길(나들이)'과 '두려움'이라는 두 가지 중요한 속성이 '차서낭님'이라는 말과 신격을 자연스럽게 만들고 있다.

그래서 나그네들은 길을 나설 때 서낭님께 항상 기원하는 마음을 가져야 했다. 천하 없이 높은 임금님이라 하더라도 예외는 없었다. 그런 심성으로 서낭님을 대했다.

서낭에 길을 연다.

천하 없는 나라 임금님도 나(서낭)한테 잘못하면 말고삐를 붙인다.

길을 열어 줘야 어디든 길을 갈 것 아니냐.

황해도굿, 김매물 무당의 공수 중에서

이처럼 만신의 입을 빌려 서낭님은 자신의 권위와 능력을 인간에게 과시하고 있다. 결국 서낭님에게는 사람들의 통행과 그의 안전을 관장하는 임무가 무척 중요한 책무였음을 알 수 있다.

길가에 위치하여 마을 안과 밖의 경계를 표시하며 최전방 방어임무를 띠고 나그네들의 안전을 굽어 살피는 서낭당의 임무와 기능은 꼭 무엇과 닮아 있다. 바로 장승이다. '천하대장군', '지하여장군'이라는 문패를 달고 마을로 통하는 길 입구를 지키고 서 있는 장승과 벅수 밀이다. 서낭님에 여자서낭과 남자서낭이 있다는 사실도 남녀 한 쌍의 장승과 일맥상통하고 있다. 이렇게 본다면 서낭나무와 돌무더기 옆에 장승이나 솟대가

서 있는 형태가 예사롭지 않다. 그래서 앞에서 소개한 김매물 무당은 서낭님과 장승은 같은 존재라고 인식하고 있다.

일반적으로 민속학에서는 장승을 마을수호신으로서의 장승과 마을 이정표로서의 장승으로 인식해 왔다. 그러나 장승은 단순히 마을수호신이나 마을 이정표 역할이나 하고 마는 그런 존재가 아니다. 『한단고기』의 「태백일사」에 다음과 같은 문구가 나온다.

대시(大始: 태초와 같은 말)에 일찍이 상하와 사방에 암흑으로 볼 수가 없었다.
옛날부터 지금까지 다만 하나의 빛만이 밝았는데 그 빛이 상계上界에서 물러나자 삼신이 있었다. 바로 일상제一上帝였다. 일상제는 주체이기 때문에 일신一神이며 삼신은 각기 따로 있는 것이 아니라 작용할 때만 삼신이 된다. 삼신은 만물을 끌어내고 전 세계의 무량한 지능을 통치한다. 그 형체는 볼 수가 없다. 가장 높은 하늘에 앉아 있으며 이 세상에 살지 않은 곳이 없다. 언제나 광명을 크게 쏟아 내며, 신묘神妙를 크게 나타내며, 길상을 크게 내린다. 기氣를 불어서 만물을 감싸 주고, 열을 쏟아 내며, 씨앗을 기르고, 신묘를 행하여 세상일을 다스리니司命 기氣가 없으면서 생수生水하여 태수太水로 하여금 북방에 살면서 생명을 맡게 하여 흑黑을 숭상하게 하고, 기機가 없으면서 생화生火하여 태화太火로 하여금 남방에 살면서 생명을 맡게 하여 적赤을 숭상하게 하고, 질質이 없으면서 생목生木하여 태목太木으로 하여금 동방에 살면서 생명을 맡게 하여 청靑을 숭상하게 하고, 형形이 없으면서 생금生金하여 태금太金으로 하여금 서방에 살면서 생명을 맡게 하여 백白을 숭상하게 하고, 체가 없으면서 생토生土하여 태토太土로 하여금 중방中方에 살면서 생명을 맡게 하여 황黃을 숭상하게 하였다. 이 때에 천하 모든 곳에 있는 자가 오제五帝를 주관하여 사람의 생명을 맡으니 이가 천하대장군이요, 지하 모든 곳에 있는 자가 오령五靈을 주관하여 본받음을 이루나니 이는 지하여장군이다.[64]

이처럼 명확하게 장승의 실체에 대해 밝힌 문헌이 없다. 위의 글에 장승은 삼신의 분신임이 분명하게 드러나고 있다. 장승이 원래 동서남북 사방(동방청제축귀장군, 북방흑제축귀장군, 서방백제축귀장군, 남방적제축귀

---

64. 김은수 역주, 『註解 한단고기』, 가나출판사, 1985, 121~122쪽.

장군)에 세우는 이유도 분명해진다.

서낭님과 장승이 같은 존재라는 관점에서 서낭님을 경배하는 의례를 다시 살펴보자. 서낭당을 지나면서 돌을 던지든, 솔가지를 던지든, 땅을 구르든, 침을 뱉든 모두 세 번이라는 행위에 맞춰져 있다. 왜 세 번이겠는가? 삼신에 대한 경배이자 삼신의 가호를 받고자 하는 기원이기 때문이라 해석할 수밖에 없다.

그렇기 때문에 서낭님이 거리신으로서의 서낭님뿐만 아니라 마을 주신으로서 당산신령님이 될 수 있으며 매년 마을굿을 받을 수 있는 것이다. '형체가 없으나 이 세상에 살지 않는 곳이 없는 삼신'의 특성에 비춰 볼 때, 마을의 중심을 잡아야 할 때는 마을의 당산신으로, 거리신의 역할을 해야 할 때는 장승이나 동구 밖 서낭님으로 현현하시는 것이다. 액을 막거나 안전한 통행을 바라고 풍요를 원하는 것은 결국 '생명활동'의 영역이다. 인간들의 생명 보호와 왕성한 생명활동을 위해서는 삼신 그 자체의 모습으로 혹은 분신으로 현현하여 활동하게 된다는 해석이 가능해진다.

배서낭님은 삼신신앙의 발현물

그렇다면 '배서낭님'이란 무엇일까?

먼저 배서낭에 대한 신앙행위의 모습을 살펴보자. 배를 처음 건조하면 배서낭님의 신체를 만들어 새 배에 모시는 의례(배영신굿, 배연신굿)를 행하며, 배에 항상 모셔 놓고 출어할 때나 명절 때 고사를 지낸다. 다음은 그 실제의 모습들이다.

신명神名은 '서낭', 신격은 '여서낭'. 삼색 베를 걸어 둔다. 배가 나갈 때, 배를 낼 때, 명절 때 지낸다. 돼지머리 해물, 나물 등을 준비하여 선주가 제주가 되어 고사를 지낸다.
전남 신안군 안지리, 1986

신명은 '선왕님', '배귀신'이라 함. 신격은 '여선왕'. 삼색실에 인조삼색을 두 치씩 떠서 걸고 그 위에 창호지를 입히고 바늘 세 개를 꽂아 배 이물에 걸어 둔다. 선왕을 새로 마련할 경우는 앞전에 있던 신체를 태워 버린다. 달마다 고사를 지내기도 하고 고기가 잡히지 않을 경우에는 한 달에 두세 번도 지낸다.
전남 신안군 안좌도 반월리, 장수복, 1986

배서낭님을 상징하는 신체의 형태는 앞서 살펴본 용주리에서와 같이 명태를 한지에 싸서 실로 걸어 놓는 경우와 한지를 접어서 삼색실을 드리우는 등 지방에 따라 약간씩 다르긴 하지만, 흰색과 삼색실(혹은 오색실)을 쓴다는 것은 공통적이다. 그리고 배서낭님을 상징하는 서낭기를 만들어 다는 경우도 많다. 서낭기의 분포지역은 한반도의 전 해안에서 발견되지만, 동해안 쪽의 경우에는 서낭기를 '성주기'라 부르며 '성주지신成主之神'이라고 신위를 쓰는 경우도 많다.

서낭기는 하나만 만들게 되며, 동해안과 남해안의 경우에는 무당에게 일임하는 경우가 많다. 아무 때나 만드는 것이 아니라 택일을 해야 하며, 무당에게 맡길 경우 값을 흥정하는 것은 금기로 되어 있다. 선주나 무당은 부정한 짓을 절대 금하여야 한다. 제작 기간은 하루를 넘기지 못한다는 금기도 있다. 오래된 기를 버리고 다시 제작할 경우에는 반드시 태워버리는데 이는 기를 신성시하기 때문이다. 또한 서낭기는 백색 천에 상上자를 써서 만드는 경우도 많이 발견된다.

살펴본 바와 같이 배서낭님을 상징하는 신체의 모습이 모두 백색과 삼색, 혹은 오색을 따르고 있다는 사실 역시 삼신신앙의 결과물이다.

결국, 삼신님이 집을 지을 경우 성주신으로 현현하여 대청마루 도리기둥에 좌정하는 것과 같이, 배를 새로 지을 경우 배서낭님으로 현현하여 배의 중심부(기계선일 경우에는 선장실이나 기관실의 정면 벽이나 왼쪽 벽에 안치)에 자리 잡고 배의 무사항해와 풍어를 관장한다는 해석을 내리게 된다.

여기서 한 가지 더 생각하고 넘어갈 것이 있다. 집이나 배나 모두 사람들이 만든 구조물임에도 불구하고 왜 집은 '성주'님이라 하고, 배는 그냥 '서낭'님이라는 말을 썼을까? 라는 의문이다. 다음에 제시하는 무가에서도 성주님과 배 위의 서낭船王은 달리 표현하고 있다.

배위도 선왕이요 집에선 성주로다

선왕성주 화해동심하야 오실 적에

선왕수부를 다 모시리고 장군선왕 치리보서

남해안별신굿 '선왕굿'의 푸너리 중에서

이 의문에 대해 다음과 같은 해석을 내릴 수 있다. 배는 집과 달리 한 자리에 고정된 구조물이 아니다. 집의 기능도 하지만 육지의 길보다도 더 많은 바닷길을 누비고 다니며 생산 활동(짐도 나르고, 고기도 잡아야 하는)을 해야 하는 특성을 갖고 있다. 물론 앞에서 이미 언급하였듯이 일부 동해안 지방에서는 '성주'라고도 부르지만 일반적으로는 '배서낭'이라는 표현을 쓴다. 동구 밖 서낭당의 서낭님이 갖고 있는 안전통행의 임무와 직분을 중시하여 집과는 달리 배에는 성주라는 표현보다 '서낭'이라는 표현을 선호하였다고 말이다.

11

삼태극은
삼신의 표상

卍자 문양과 卐문양은 그 의미가 다르다

서울시 3호선 지하철을 타고 안국역에서 내려 인사동으로 올라갈 때나, 버스를 타고 안국역을 지나칠 때면, 내 눈에 반갑게 들어오는 풍경이 있다. 혹 그 곳을 지나게 되면 출입구를 보시라. 사람이 빠지지 말라고, 1미터 정도 높이로, 입구 쪽만 터놓고, 'ㄷ'자 형태로 쳐 놓은 철제 울타리, 그 속을 채운 문양이 그 주인공이다.

그 문양은 시선을 끌 정도로 강렬하지도 화려하지도 않다. 오히려 그 문양에 관심을 갖는 내가 별난 셈이다. 화려한 색도 아닐뿐더러 특이한 문양도 아니다. 보통 '만(卍)자 무늬'라고 하는 전통 문양이다. 그 철제 울타리에는 卍자의 사방 끝을 연결해 한없이 이어지도록 디자인해 놓았다.

마음만 먹으면, 卍자 문양은 우리의 생활공간에서 쉽게 만날 수 있다. 옛날에 사용되던 생필품이나 건물들을 유심히 보면 된다. 칠기제품, 도자기, 여러 종류의 가구, 문고리, 부적, 손수건의 자수, 다리 난간 등 수도 없다. 일상적으로 만지고, 보고, 사용하는 생활 용기에 많다. 또한 사찰과 궁궐의 담이나 벽, 다리 난간 또는 장신구의 가장자리에도 있다. 卍자의 사방 끝이 연결되며 끊임없이 이어지는 형태를 갖기도 한다.

이처럼 친숙하고도 뚜렷한 문양이었다. 사라지지 않고, 최근에 건설한 지하철의 출입구 철제 울타리에 현대적인 감각으로 변신을 한 채, 되살아난 그 자태가 반가웠다. 안국역뿐만 아니라 다른 전철역에서도 발견된다. 이를 설계한 사람이 의도적으로 그 문양을 채택했는지의 여부는 알 수 없다. 끈질기게 이어지는 그 문양의 생명력에 더할 나위 없는 경외감이 생길 뿐이다. 한편으로는 "음! 이 민족은 어쩔 수 없어. 의도적이든 무의식적이든 저렇게 계속 이어지잖아." 회심의 미소를 내심 짓기도 한다. 별것도 아닌 것을 가지고 요란을 떤다고 핀잔을 듣는다 하더라도 개의할 필요는 없다.

대개 문양에는 나름의 분명한 상징이 내포돼 있기 마련이다. 이 '卍자 무늬'는 좋은 일을 불러다 주는 길상으로 여겼으며, "만복수복萬福壽福이 모여든다."란 뜻이 담긴 것으로 알려져 있다. 형태를 보면 '十'자 모양에서 사방으로 뻗어 나가 날개가 회전하는 형태로 변했고, 사방 끝이 종횡으로 늘어나 펼쳐지면서 계속 이어진다. 하여 회전 개념에서 연상된 무한성과 장구성을 담고 있는 것으로 해석하기도 한다. 그래서 영원하다는 무시무종無始無終의 의미를 도출해 낼 수 있다. 卍자 문양은 날개가 회전하는 방향에 따라 왼쪽으로 도는 '卍'과 오른쪽으로 도는 '卐', 이렇게 두 개의 형태가 생긴다.

일반적으로 이 만(卍)은 불교의 표상으로 인식되고 있다. 절을 표시하거나 불교를 나타낼 때 이 문양을 표지로 사용한다. 불가에서는 이 문양이 불심을 상징하고, 존재의 바퀴 또는 윤회를 상징한다고 본다. 그래서 석가모니 불상이나 화상의 심장 부분에 이 문양이 쓰인다.

한국에는 이 卍자가 불교의 상징이 되었지만 인도에서는 본래 힌두교에서 유래된 것으로 본다. 인도 고대 신화 속에 등장하는 태양의 신 비슈누(Vishnu)와의 밀접한 관련성이다. 이 卍은 비슈누 신의 가슴팍에 자란 털 모양을 나타내며, 길상의 징표라는 것이다. 卍이 비록 힌두교에서 유래했음에도 오늘날 불교의 상징처럼 된 이유는 부처님의 눈썹 사이에 난 흰 터럭, 백호와의 상관성 때문이다. 불가에서는 '우선右旋'이라 하여 오른쪽으로 도는 형상을 길상으로 여기는데, 부처님의 백호가 오른쪽으로 도는 길상이기 때문이다. 백호에는 과거와 현재, 미래까지 비춰 볼 수 있는 초월 능력이 있다고 믿는다. 오른쪽으로 도는 백호를 기호로 나타낸 형상이 곧 卍이다. 그래서 이 卍 문양은 절을 나타내는 표시이자, 불교를 상징하는 표상으로서 우리와 친숙하게 됐다. 현재도 쉽게 접할 수 있는 연유이다.

한편, '卍'은 '만'이라는 음을 갖는 문자이기도 하다. '卍'의 형상이 글자가 된 것은 측천무후에 의해서다. 『화엄경음의華嚴經音義』(혜원의 화엄경 주석서)에 기록된 사실이다. "당의 측천무후가 '卍'을 문자로 삼고, 발음은 '만萬', 뜻은 '길상만덕吉祥萬德'이 모인 곳"으로 하기로 했다. 그 후로 '卍'을 '가슴 만', 또는 '만 만'이라 하게 되었다. 그래서 卍 문양을 표기할 때엔 만萬이라고 쓰며, 중국인들은 이것을 '1만 가지 효능을 지닌 상서로운 표적의 집합체'로서 하늘이 내린 것이라 믿었다. 명·청대에 이르기까지 가구나 창살 등의 문양으로 널리 사용되었으며, '万(만)'의 원형으로서, 일만 만萬의 연속체로서 인식하기도 했다.

이처럼 卍자 문양은 인도[65]와 중국에서 길상으로 사랑을 받아 왔다.

그뿐만이 아니다. 이 卍자를 거의 모든 종교에서 사용했다. 키프로스 섬에서 발굴된 청동기시대의 장식물, 독일에서 출토된 무기, 아메리카 인디언들의 천막 그리고 아일랜드의 십자가에서도 발견된다. 아프리카와 수메르 일부 지역을 제외한 전 세계에서 이 흔적은 나타난다. 이 문양은 스칸디나비아에서는 싸움도끼의 표식이었으며, 아메리카 원주민들은 태양 빛의 네 방향을, 티벳에서는 관대함을 상징했다.

주목할 만한 사항은 '十(십자가 문양)'의 근원을 卍 문양에서 찾는다는 사실이다. '十' 문양은 이집트나 크레타 등에서 발견되는 고대 종교의 상징으로서 태양숭배에 그 근원을 두고 있다. 고대 태양숭배자들이 쓰던 태양의 상징은 환십자형環十字形이었다. 고대 기독교의 무덤에는 거룩한 상징으로서의 십자가가 포함되어 있지 않다. 물론 그리스도의 처형에 사용된 도구와도 아무런 관련이 없었다. 실제 로마인들이 집행한 십자가 처형의 형틀은 'T'자였다. 초기 기독교인들에게 十 모양의 십자가는 그리스도의 수난을 상기시키는 것이 아니었다. 신의 영광을 상징하였다. 십자 마크가 기독교에서 '수난'의 상징, 나아가 예수의 상징이 된 것은 7세기 말엽에 이르러서였다. 서기 692년 콘스탄티노플 공의회 결정에 의

---

65. 현재 인도에서는 卍을 '수바스티카(Svastika)'라 부른다. 수바스티카는 산스크리트어 'su(잘)'와 'as(되다)'에서 나온 말로 '잘될 것이다', '그렇게 되다'라는 뜻을 담고 있다.

해 십자가가 태양 숭배의 성스러움을 버리고 '수난'의 상징으로 변했으며, '악운 퇴치, 신의 가호'를 의미하는 상징체로 변한 것이다.

서양인들에게 있어 卍자의 이미지가 전 세계적으로 위력을 발휘한 역사가 있었다. 독일 나치당의 문장인 하켄크로이츠(卐)다. 유럽인의 원조인 아리안 족의 적자로서, 고대의 영광을 되찾겠다는 상징적 의미를 과시하기 위해, 나치가 도안한 문장이다. 본시 아리안 족에게 卍은 '불의 요람(Fire's Cradle)' 또는 '행운(Luck)'을 뜻했다. 아득한 옛날에는 나뭇가지의 교차점에다 막대기를 넣은 후에 돌려서 불을 일으켰는데 이 부분이 불의 요람이다. 불을 일으키기 위해서는 불꽃이 빨리 피어나는 행운이 필요했다. 그 기대치가 행운이란 뜻을 갖도록 해 주었다. 나치는 이 불의 요람에서 불·힘·권력이란 이미지를 추출하여 진홍색으로 바탕을 깔고, 흰색 원을 그린 다음, 그 속에 검은색 하켄크로이츠를 도안하였다. 그리고 나치당의 문장으로 삼아 버렸다.

이처럼 전 세계적으로 분포하는 이 卍 문양에 담긴 상징이란, 태양의 회전, 태양광선의 바퀴, 북극성을 중심으로 도는 북두칠성의 형상, 태양전차, 동서남북의 네 방위, 사계의 순환, 세계의 중심, 생명의 윤회, 창조의 원동력 등이다. 많다. 그러나 분명한 것은 좋은 뜻으로 사용된다는 것과 태양이나 태양 숭배, 그리고 창조력과 아주 밀접하다는 사실이다.

전 세계적으로 분포되어 있는 만자 문양. 우리 민족도 만자 문양을 선호하였다. 과거만이 아니다. 현재도 활발하게 쓰인다. 절이 아닌데도 이 卍을 사용하는 사례로 무당집을 들 수 있는데, 자신을 알리는 상징으로 사용한다. 흰 바탕에 붉은색으로 卍을 써서 깃발을 만든 다음, 대나무에 높이 매달아 집 입구에 세워 놓은 모습, 관심을 두면 쉽게 발견할 수 있다. 이 현상에 대해 미술평론가 박용숙은 "흰 바탕에 붉은색으로 卍자를 써 무당집임을 알리는 깃발은 불교와 무교가 습합한 경우로서 만자가 갖는 상징성과 무당이 갖는 신의 영력이 본질적으로 같다는 것을 암시하고 있다."고 보았다. 무교가 불교와 쉽게 습합할 수 있는 요인에 대한 분석이다. 이 불가의 卍자가 한반도에서 쓰인 것은 신라시대부터이며, 그것을 많이 사용하였던 전성기는 숭불정책을 썼던 고려시대로 본다.[66] 그러나 불교 유입 이전부터 卍자류에 투영된 신앙문화가 있었기에 그 습합 과정이 순조로웠을 것으로 보인다.

민속학자이자 대표적인 무속학자였던 김태곤은 회오리바람 문양과 卍자 문양을 같은 상징으로 보면서 그 의미를 다음과 같이 해석하기도 한다.

경남 울주 반구대의 회오리바람 문양에서 볼 수 있듯이, 무속적인 제사터의 알바위에도 회오리바람 문양이 나타난다. 卍과 마찬가지로 회오리바람 문양도 오른쪽으로 회전하고, 왼쪽으로 회전하면서 우주적인 에너지가 발동하는 원리를 나타내고 있다. 이것은 남북의 축을 기준으로 해 보면 오른쪽으로 돌고, 그 반대쪽에서 보면 왼쪽으로 도는 것으로, 민속에서 임신부가 왼쪽으로 누우면 아들을 낳고, 오른쪽으로 누우면 딸을 낳는다고 믿는 것과 같은 맥락

---

66. 황호근, 『한국문양사』, 열화당, 1978, 277쪽.

이다. 고대 토기에서 발견되는 회오리바람 문양을 통해 옛 사람들이 이를 신성시했음을 알 수 있다. 탑돌이 신앙이나 제사 때의 술잔 돌림은 우주적인 에너지 운동 법칙과 관련하여 원초적이고 시원적이며, 창조적인 현상을 상징하는 卍이나 회오리바람에 기인한다.[67]

두 견해를 종합해 보면, 만자 문양을 선호하는 심성이나 신앙은 회오리바람 문양에서 이미 발현된 것으로 볼 수 있다. 회오리바람에 쏠리던

■ 기와에 새겨진 회오리 문양. 감기고 풀리는 형상이 함께하고 있다.

마음과 신심이 불교의 유입과 더불어 이 卍자 문양에 자연스럽게 전이되었을 가능성은 가설로서 충분해 보인다. 그런 토대가 있었기에 절이나 불교 상징으로만 쓰이지 않고, 민간의 생활 깊숙한 곳에서 일상적으로 보고, 느끼고, 만져 보는 문양으로 정착했으리라 판단된다. 본래 가지고 있었던 믿음과 생각을 만자 문양에 투영하여 나름대로의 도상을 창출해 냈을 가능성 또한 배제할 수 없다.

卍자 문양은 바로 삼신의 표상

한편, 한반도에서 발견되는 만자 문양은 한 가지만이 아니다. '卍'의 형상을 하고 있는 경우와 '卐'의 형상을 하고 있는 경우가 함께 나타난다. 후자는 '十'자에서 한 번 꺾인 卍에서 다시 한 번 더 꺾인 형상이다. 사람들은 이 두 가지를 모두 만자 무늬라고 통칭하며, 같은 의미로 이해하고 넘어간다. 과연 그럴까? 나는 이를 구분해야 한다고 본다.

대개 卍자를 그대로 사용하는 경우는 절이거나, 불교와 직접적으로 연관을 맺고 있는 경우가 대부분이다. 절에 오르는 길목의 다리 난간이라든지, 절에서 직접 제작하여 민간에 배포한 부적 등에는 卍자 형상 그대로 사용되고 있다. 절이나 불교를 상징하는 표상으로서의 卍과 모양이 똑같다. 그러나 민간에서 자발적으로 만들어 쓰는 생활용품에서는 양상

---

67. 김태곤, 『한국무속연구』, 집문당, 1980.

이 달라진다. 길상과 만복, 수복을 불러들일 목적으로 이 문양을 새겨 넣을 때에는 예외 없이 후자의 모양이다. 전체적으로 볼 때, '卍'자 형상을 그대로 사용한 사례보다 후자의 형상을 사용한 경우가 훨씬 많았다. 현재 남아 있는 물품들을 갖고 견주어 보면 금방 드러난다.

불가 대 민간, 卍자 대 卐

왜 이런 차이가 생기는 것이며, 그 차이가 의미하는 것은 무엇일까?

민간 차원에서 사용하는 만자 문양은 卍자 그대로가 아니고 변형으로도 볼 수 있다. 이를 근거로 다음과 같은 추론을 시도해 본다. 변형을 시도한 민간인은 좀 더 토속적이고, 좀 더 토착신앙에 젖어 있을 것이며, 덜 개방적일 것이라는 속성에 견주어 볼 때, 지배층을 중심으로 수용된 외래 문화로서의 卍에 대한 이해가 卍이 제시한 내용과 차이가 날 수도 있겠다. 설사 같다 하더라도 뭔가 '인식'에 있어서는 경중의 차이가 생겼을 가능성도 있다. 그대로 받아들이는 것이 아니라 본래 갖고 있었던 생각과 신앙에 입각하여 卍을 수용하였을 확률이 훨씬 높지 않았을까? 그렇다면, 그 토대가 의문으로 대두될 수밖에 없다.

이 의문을 풀기 위해서 우선 그 형상이 +의 중심점에서 세 번 뻗어 나갔다는 점을 주목해 본다. 卍지 모양을 그내로 사용하지 않고 굳이 한 번 더 꺾어야만 직성이 풀리는 감각은 바로 이 3이라는 수리체계와 상통한다. 3수에 대한 신앙과 사상이 토양을 이룬 풍토에서는 자연스런 변화다. 삼신과의 연관성이 제기되는 대목이다. 그 공통점에 대해 김태곤의 견해에 비춰 보면, 그 토양이 바로 회오리바람 문양이라고 이해해도 무방하며, 회오리 문양이 무속적 제사터인 '알바위'에도 나타난다는 사실은 '알바위'와 '굿'과 '3수 원리'가 같은 맥이라는 암시로 받아들이게 만든다.

다시 말해서 회오리바람의 출발점과 +의 중심점이 같다고 본다면, 그 중심점은 '우주적 에너지(김태곤의 견해)'가 발동하는 곳으로 이해해도 될 것이며, 그 '우주적 에너지'는 불이나 태양에서 뿜어져 나오는 빛에너지, 즉 생명에너지로 볼 수 있다. 그 생명에너지가 '풀리고(卍) 감기면서(卐)' 또한 '감기고(卐) 풀리면서(卍)' 생명을 잉태시켜 내 마침내 세 번째 단계에까지 이르렀다. 이 단계에서는 그 결과물이 하나의 생명체로 독립해 나간다. 卍는 이에 대한 강조일 수 있다. 분명 '卍' 문양은 생명원리를 담고 있다. 뒤집어 말한다면, 그 우주원리를 도상으로 그려 놓은 것으로 만족하지 않고 卍자에서 한 번 더 꺾은 것은 생명 탄생의 숭고한 사실을 굳이 강조하고픈 우리 민족의 심성 때문이었다고 해석해 본다. 그래서 그 중심점은 생명의 씨앗(점)이라고 이해해도 무방하다.

그런데 '사람(살아 있는 존재)'이란 것은 생명에너지를 갖고 있는 아버지(수컷)와 그 생명에너지를 갈무리하고 키워 낼 능력을 가진 어머니(암컷)가 하나 되는 만남(十), 그리고 그 즐거운 만남이 자연스럽게 만들어 내는 '엎치락뒤치락(卍와 卐)', '감고 풀고(卐와 卍)'의 교감에 의해 알(정자)과 알집(난자)이 마침내 하나가 되고, 드디어 '나'를 세상으로 밀어내 세상구경을 하지 않는가. 중심점은 생명의 알(정자)로 이해할 수도 있겠다.

알바위라는 것이 있다. 그 분포는 전국적이다. 전국 도처에 깔려 있는 것으로서 난생신앙과의 관계성도 제기된다.[68] 바위에다 대개 10센티미터 내외의 구멍을 여러 개(대개 일곱 개) 뚫어 놓은 형상이다. 그 구멍에 계란을 꽂아 놓고 빌거나, 오곡을 넣고 비는 경우, 사내 모양의 떡을 세워 놓

---

68. 조자용, 앞의 책, 1995, 107쪽.

고 비는 사례들이 발견된다. 바위에 파인 구멍 모양도 결국 알을 반으로
쪼개 놓은 형상이 되며, 계란도 알이며, 오곡도 알이다. 이 대목에서 우리
는 삼신의 신체가 쌀이었던 사실을 떠올리게 된다.

결국 '卍' 문양은 삼신의 생명력과 창조력을 상징하고 있다. 일상의
생활도구에 이 문양을 새겨 넣기도 하고 예쁘게 수를 놓았던 것은 시도
때도 없이 보고 만지자는 것이며, 그 문양에 담겨 있는 삼신의 생명력과
창조력에 수시로 감응하려는 것이다. 하루하루의 생활을 활기 넘치고 생
기 넘치게 살아가겠다는 기원과 희구일뿐더러, 그 기운을 받기 위한 구체

적인 방법이자 실천 현장이었다고 생각되지 않는가.

卍자 문양 못지않게 생활용품에서 발견되는 문양은 많다. 그 중 삼태극 문양의 상징성에도 주목하게 된다. 소고에, 북에, 부채에⋯⋯ 단지 생활용품으로만 쓰인 것이 아니라 서낭당의 문에도 그려져 있다. 절집 대웅전의 문짝에도 등장하고, 향교의 외삼문에도 보인다. 개인의 사당이나 비각의 문짝에서도 발견된다. 종교적 의미와 철학적 의미를 많이 함축하고 있는 문양이라는 뜻일 게다. 이 삼태극 문양에 대한 이해가 이뤄진다면, 세 번 뻗어 나간 만자 무늬의 비밀과 상호 연관성이 보다 분명해질 것이다.

삼태극과 쌍태극도 분명 다르다

현재 우리 주위에서 볼 수 있는 태극 문양은 여러 종류가 있다. 태극기에서 항상 볼 수 있는 쌍태극 문양이 대표적이고, 북, 부채, 소고, 반짇고리, 색실함, 떡살, 무신도, 각종 목기장식, 지붕의 와당, 대문의 문장, 베갯모, 당집의 문장, 연, 갓통 등 민예품에 주로 등장하는 삼태극 문양(물론 쌍태극 문양도 심심찮게 이들 민예품에 등장한다.)이 있다. 그리고 사태극 문양, 육태극 문양, 팔태극 문양에다 '영태극 문양'도 보인다.

이 모두를 통틀어 태극 문양이라고 한다. 즉, 모두를 같은 의미와 상징으로 이해하고 있으며, 그렇게 뭉뚱그려 넘겨 버린다는 뜻이다. 이해 부족도 있겠지만 전혀 구분하려 하질 않는다. 쌍태극 문양이 태극 문양의 전부인 것처럼 치부해 버린다. 도매금으로 넘기듯 나머지 태극 문양들은 쌍태극 문양에다 덤으로 끼워서 처리해 버린 셈이다. 그러나 여타 태극 문양들도 각기 다 나름대로의 뜻을 갖지 않겠는가. 똑같다면 문양이 달라질 이유가 빈약해진다.

쌍태극 문양은 주역에서 말하는 음양을 도상화한 것이다. 삼태극 문양은 천지인과 울알얼三極을, 혹은 음양중陰陽中을 상징화하였다. 사태극 문양은 음양이 일변一變하여 생긴 사상四象을 상징한다. 육태극 문양은 음양과 삼극이 결합된 육효六爻를 뜻한다. 팔태극은 사상이 다시 일변一變하여 생긴 팔괘八卦를 나타낸다. 영태극은 무無이면서도 유有이고, 유有이면서도 무無인 무극無極을 뜻한다.

내용상 이태극(쌍태극)·사태극·팔태극은 결국 같다. 이 사실은 쌍태극을 이해하면 알 수 있다. 육태극은 쌍태극과 삼태극의 결합이기 때문에 삼태극과 쌍태극에 대한 이해가 있으면 그 실체 또한 풀린다. 모든 태극 문양은 예외 없이 '0'으로 돌아가게 되어 있다. '영태극'은 모든 태극 문양의 기본이다. 삼태극은 분명 쌍태극과 다르다. 결국 쌍태극과 삼태극이 문제로, 이 두 태극에 대해 정확하게 이해한다면 모든 태극 문양에 대한 의문은 풀리는 셈이다.

먼저 쌍태극에 대한 상식적인 이해를 돕고 가자.

쌍태극 문양의 각각을 상징하는 음과 양은 우주 근원에 바탕을 둔 상반된 원소로서, 만물을 생성하는 원기로 알려져 있다. 그 두 가지 원기는 서로 정반대 모습을 띤다. 즉, 만물은 여자가 있으면 남자가 있고, 낮이 있으면 밤이 있고, 여름이 있으면 겨울이 있고, 그늘이 있으면 밝음이 있는 자연과 만물의 '그러한 사실과 현상'을 각각 상징한다. 음과 양이라는 글자 자체도 그런 뜻을 담고 있다. 모두 '언덕 부阜' 변에 속하는데 언덕에 해가 비치는 쪽이 양이고 해가 비치지 않아 그늘이 지는 쪽이 음이다. 그러나 이 상반됨이 만들어 내는 '다름'은 배타와 부정을 위한 개념이 아니며, 우주만물의 생성변화를 설명하기 위한 양의(兩儀: 두 가지 거동, 나타남)로서만 파악됐다는 점, 이 점을 유념해야 한다.

다시 말해서 이 음과 양은 태극太極이 한 번 동동動하고 한 번 정정靜하여 생겨났다는 것이다. 동은 양의 속성(동자 양지상야動者 陽之常也)이고, 정은 음의 속성(정자 음지상야靜者 陰之常也)을 지닌다. 우주만물의 '변화變化'란 이 음양이 동하고 정한 결과다. 즉, 음이 바뀌어 양이 되는 것이 '변'(변자 음위변양變者 陰爲變陽)이고, 양이 음으로 되는 것은 '화'(화자 양위화음化者 陽爲化陰)로서 음변양화陰變陽化에 의해 세상 만물은 생성변화하게 된다.[69] 음과 양은 대우주의 변화 속에서 대등한 자리位를 가지면서도 각기 그 공능(功能: Function or Operation)만 다르다고 봤다. 그래서 "한 번 음이 되었다 한 번 양이 되었다 하면서 계속 변화하는 것(일음일양지위도一陰一陽之謂道)"을 만상, 만물의 도道라고 하였다.[70]

한편, 이 음양지도의 본원을 하늘과 땅에서 찾는다. 하늘의 원乾元은 "만물이 그것을 바탕 삼아 시작되는 것이며, 하늘의 모든 것을 통솔하며

69. 김석진, 『주역과 세계』, 동신출판사, 1990, 58쪽.
70. 김용옥, 『동양학 어떻게 할 것인가』, 통나무, 1986, 288쪽.

(대재건원 만물자시 내통천大哉乾元 萬物資始 乃統天)" 땅의 원坤元은 "만물이 그것을 바탕 삼아 생성되는 것이며, 하늘의 공능을 순화롭게 이어가는(지재곤원 만물자생 내순승천地哉坤元 萬物資生 乃順承天)" 것이라고 본다.

　우주만물의 생성변화 원리로서의 음양지도陰陽之道는 음과 양이라는 둘이 반드시 반응을 일으킬 때 발동한다. 건원乾元과 곤원坤元이 제각각 이어서는 변화 생성이 있을 수 없다. 반드시 뭔가 서로 오고 가는 것이 있어야 한다는 것이다. 주역에서는 이 정감 어린 반응을 '감感'이라고 부른다. 만물을 덮는 성질의 하늘과 만물을 싣는 성질의 땅! 이는 우주를 평면적으로 파악하지 않고 입체적으로 파악했으며, 땅 자체만을 자연으로 본 것이 아니라 하늘과 땅을 포괄해서 봤으며, 서로를 덮는 양면이 포함된 전체를 우주라고 본 것이다. 그러면서도 우주는 기계적이고 물리적인 것이 아니라 하나의 생명체이며, 이 생명체에 있어서 생성의 계기를 만들어 주는 것은 다름 아닌 하늘과 땅 자체의 '감'이라는 말이다. 이 원리를 『태극도설』에서는 다음과 같이 정리해 주고 있다.[71]

하늘의 길乾道은 남자의 원리를 이루고 땅의 길坤道은 여자의 원리를 이룬다. 이 두 기가 교감하여 만물을 생성 변화시킨다. 만물이 이렇게 해서 창조生되고 또 창조生되며, 변變하고 화化하는 것이 끝이 없다.(건도성남 곤도성녀 이기교감 화생만물 만물생생 이변화무궁언乾道成男 坤道成女 二氣交感 化生萬物 萬物生生 而變化無窮焉)

---

71. 김용옥, 위의 책, 288쪽.

주역의 이와 같은 사상은 고대 중국인의 우주관을 집결해 놓은 것이라고들 한다. 후대의 중국철학은 이 우주관에서 결코 벗어나지 못했다는 평가도 받는다. 중국철학사는 주역의 해석사解釋史라고까지 평가된다. 결론적으로 음양 쌍태극은 중국인들의 태극이라는 의미이기도 하다.

이 음양사상은 2수 세계관이라고도 표현할 수 있다. 우주의 원리와 만물에 대한 생성원리를 밝히는 이 음양사상은 결국 음과 양이라는 양의의 2수 세계관이다. 만물과 우주를 두 개의 원기(음양)가 서로 교감하는 그 작용으로 보기 때문이다.

중국의 유교가 2수 세계관에 입각하여 우주만물의 생성원리를 이해하고 설명하는 것은 농경문화가 만들어 낸 결과라는 견해가 있다. 중국인들의 사유세계가 '밥'을 해결해 주는 농경의 원리와 특성에 바탕을 두고 배태됐다는 말이기도 하다. 씨를 뿌리고 거둬들이는 2단계의 과정, 그리고 그 순환원리가 음양과 '역(易, 日+月=易, 바뀌다, 쉽다.)'이란 원리로 정립됐다는 분석이다. 재미있는 사실은 중국인들이 좋아하는 수는 '2'인 반면, '3'은 흉수로 인식한다는 점이다.[72]

이런 생각과 원리를 도상으로 표현한 것이 쌍태극이다. 살펴본 바대로 그 기저에는 2수 세계관이 깔려 있으며, 중국인들의 생활과 그 사유체계가 담겨 있기도 하다.

그렇다면 삼태극은 어떨까.

---

72. 하신, 홍희 역, 『신의 기원』, 동문선, 1990, 333쪽.

삼태극 문양은 세 개의 태극이 한 점을 중심으로 돌고 있는 형상이다. 각각의 태극은 하늘과 땅과 사람을 상징한다고 본다. 쌍태극에서는 하늘과 땅만을 그렸으나, 삼태극에서는 사람이 하늘과 땅과 대등한 위상에서 한 자리를 차지하고 있다. 우리 민족의 창세 신화를 전해 주는 『규원사화揆園史話』를 보면 다음과 같다.

> 태고에 음양미분陰陽未分할 적에 천지는 혼돈하고 우주는 암흑의 큰 덩어리 같은 상태였다. 상계上界에는 문득 하나 큰 신神이 있었으니 그는 환인桓因이요, 온 세상을 다스리는 무량한 지혜와 힘을 가지고 있었다. 그 모양은 나타나지 않고 제일 높은 하늘에 앉아 계시니 그 곳은 늘 환하게 빛이 나고 그 아래에는 다시 수많은 작은 신小神들을 거느리고 있었다. 이 때에 일대주신一大主神이 두 손을 마주잡고 한웅천황을 불러 창세創世의 큰일을 행하도록 명을 내렸다. (중략) 풀과 나무가 뿌리박고 벌레와 물고기 날짐승이 생육하여 지상에 번식하게 하였다. 천지간에 마땅히 만물의 주主를 두어야 하니 그 이름은 사람이요 천지와 더불어 삼재가 되고 만물의 주가 되게 하였다.[73]

이 신화는 천지개벽에 있어서 하늘과 땅과 사람을 같이 창조했다는 점에서 '천지인' 삼재사상이 생성된 모태를 명시해 줬다고 평가받기도 한다.

음양론에 입각하여 인간을 살펴본다면, 인간이란 하늘과 땅의 음양

---

73. 북애, 신학균 역, 『규원사화』, 대동문화사, 1968, 23∼27쪽.

교감에 의한 변화생성물에 지나지 않는다. 그러므로 하늘과 땅만 이야기해도 무방한 것이다. 그러나 삼태극에서는 굳이 사람을 하늘·땅과 대등한 반열에 올려놓았다. 사람에 대한 생각이 남다르지 않고서는 불가능한 일이다. 사람을 중시하지 않고서는 나올 수 없는 모습이기도 하다. 이는 역설적으로 하늘과 땅은 사람이 있기 위한 조건이나 토대라 인식하지 않았나? 하는 차원까지 생각하게 한다. 이런 해석이 맞다면, 하늘과 땅보다도 사람을 더 중시한 셈이다. 이제껏 다양하게 살펴본 고깔, 무당의 홍관디, 칠성각의 치성광여래불의 배치, 솟을대문, 굴건의 모양새 등을 통해 확인한 '중앙꼭지점=사람'의 배치 감각을 통해 유추해 내는 결론이기도 하다.

한편, 모든 삼태극 문양은 삼색으로 채색된다. 쌍태극 문양이 대부분 흑백으로 처리되거나 청·적의 이색으로 채색되는 것과는 다른 모습이다. 삼태극의 삼색은 청·적·황 삼원색이다. 물론 다른 색의 배합이 없는 것은 아니다. 전국 도처에 깔려 있는 삼태극 문양 중에는 흑·적·황, 청·적·황, 녹·적·황 등 여러 가지로 나타나나 청·적·황이 지배적이다. 우리가 이 세 가지 색에서 음미할 것은 그 색상의 화려함이 아니라 세 가지 색의 조합이 만들어 내는 색의 작용과 그 수리체계다.

과학적 실험에 의할 것 같으면 청·녹·적 삼색이 섞이면 백색을 만들어 낸다. 삼태극은 청·적·황 삼색이다. 그런데 『재물보才物譜』라는 책에 보면 녹색을 '청황색'으로 보고 있다. 삼태극의 황색은 청황색으로 봐도 무방하며 결국 녹색 계열로 볼 수 있다. 따라서 삼태극의 삼색은 백색을

만들어 내는 삼색이며, 백색을 만들어 내는 삼색은 빛의 삼원색이다. 삼
태극의 삼색은 빛의 삼원색을 담아내고자 했을 것이다.[74] 백색은 청·적·
황 삼원색을 거쳐서 만색萬色을 창출한다고 한다. 빛은 생명의 원천이다.
여기에서 "만물은 하나에서 나왔다.", "만신은 삼신, 즉 일신一神의 분신
이다."라는 사상이 도출될 수 있다.

삼태극의 색은 백색(일색)에서 빛의 삼원색(삼색)으로 변화하여 수없이
많은 색으로 변화해 간다. 이 수리체계는 1에서 3으로의 변화다. 1—2—
4—8로 변화해 가는 2의 수리체계와는 분명 다른 세계다. 이 1*3의 원리
를 이야기해 주는 우리의 신화가 또 있다.

태초에 온 우주 속은 상하사방도 없는 암흑 세계였는데 오직 하나의 광명이
있었으니 바로 삼신이었다. 삼신은 일신一神이면서 나타날 때는 삼신으로 작

■ 삼태극

왕릉의 홍살문에 그려진 삼태극(좌)과 수막새 기와에 새겨진 삼태극

용한다.[75]

1과 3이 만들어 내는 우주의 질서다. 이를 삼신이라 이야기하고 있다.
이 삼신의 묘용에 대한 설명이 계속된다.

삼신의 모습은 볼 수 없으나 무량한 지능으로 만물을 창조하고 통치한다. 항
상 큰 빛을 내며 신묘를 나타내는데 이 세상 구석구석에 나타나지 않는 데가
없다. 첫째로 물을 창조하시고…….

『규원사화』의 이야기나 「태백일사」의 이야기나 공통되는 내용이 있으
니 모두 빛을 이야기한다는 점이다. 빛을 통해 삼재와 삼신이 신묘한 모
습을 나타낸다. 『규원사화』도 우리 민족의 창세에 관하여, 「태백일사」도
우리 민족의 창세와 역사를 이야기하는 책이다. 삼태극은 우리 민족의
사유세계와 우주관을 담고 있는 도상임이 분명하다. 흰옷을 즐겨 입었던
민족, 백색을 좋아하는 민족, 밝음과 태양을 숭상했던 민족, 3이라는 숫자
를 죽도록 좋아하는 이유는 바로 이 삼태극에 숨어 있다.

이처럼 삼태극의 이치는 뼛속 깊이 배어 있다. 여전히 '우리 것'이라는
것을 강조하거나 내세우고 싶을 때마다 이 삼태극 문양이 등장하는 것은
자연스럽게 느껴진다. 사물놀이를 소개하는 인터넷 홈페이지를 찾아보
자. 이미지 문양으로 삼태극이 선명하다. 맛집임을 인정하는 마크에도

---

74. 조자용, 앞의 책, 1995, 475쪽.
75. 이유 역, 『배달민족사 2』, 「태백일사, 삼신오제본기」, 고려가, 1987.

들어 있다. 인사동 상점마다 길가에 진열한 부채에도 삼태극은 선명하다. 분명 '우리다움'이나 '한국'을 극명하게 상징으로 나타내고 싶을 때, 쌍태극보다는 삼태극을 선택하고 있다. 쌍태극은 눈에 들어오지 않나 보다. 이는 거의 본능적인 것 같다.

쌍태극과 삼태극의 차이는 '인식'의 차이

쌍태극과 삼태극의 차이점을 정리하고 넘어가자.

우주만물을 하늘성과 땅성의 교감에 의한 생성변화로 보는 견해는 쌍태극과 삼태극이 같다. 그리고 주역도 3수 체계를 기본적으로는 인정하고 있다. 육효가 그 증거다. 주역의 기본 괘상은 천지인 삼재와 각각이 갖고 있는 음양, 양성兩性을 합한 육효로 구성된다. 이 육효가 조합하는 '대성괘'를 기본으로 하여 우주만물의 생성변화 양상을 8×8, 64가지의 경우(괘)로 설명한다. 즉, 천天 속에도 음양이 있고, 지地 속에도 음양이 있고, 인人 속에도 음양이 있다는 것이다. 실질적으로는 우주만물의 생성변화를 제대로 이야기하려면 음양 2기氣, 元만으로도 안 되고, 천지인 삼재만으로도 안 되며, 결국 이들의 조합에서만 가능하다는 결론이기도 하다.

삼태극에서도 6을 중시하기는 마찬가지다. 삼태극의 원리를 이야기해 주는 경전이 있으니 바로 『천부경』이다. 분명 『천부경』은 1-3-9-81의 수리체계로 설명하는 우리 민족의 역易이다. 『천부경』은 가로 아홉 줄,

세로 아홉 줄 하여 9×9, 81개의 글과 부호로 우주만물의 생성원리를 설명해 낸다. 그 81자를 가로 세로 아홉 자씩 배치를 하면 41번째 글자가 중심이 된다. 도상圖上으로는 이것을 중심으로 한 정방형이나 원형이 형성된다. 그래서 41번째 글자가 『천부경』의 중심이며, 이 중심이 『천부경』의 원리를 핵심적으로 드러내게 된다. 『천부경』의 그 41번째 글자가 바로 '六'(6)이다. 그 '六'이 들어가는 구절을 살펴보면 이러하다.

대삼합육생칠팔구大三合六生七八九.

이는 "큰 3을 합하니 6이요, 그 6은 7, 8, 9를 만들어 낸다." 정도로 해석된다. 그 뜻을 음미해 보면, '大三'이란 천지인 삼재를 일컫는 것으로 삼재가 각각 음양을 갖고 있어 모두 합하니 6이 된다는 뜻이다. 그 여섯에 하나와 둘과 셋을 더하면 7의 세계, 8의 세계, 9의 세계가 되는지라, 대개 수는 아홉에 이르면 돌고 돌아 다시 나서 다함이 없어진다고들 이해한다. 그래서 9를 완성의 수로 본다.

즉, 6에서부터 다시 1, 2, 3과의 만남을 통해 새로운 세계가 열리고, 9라는 완성의 단계에 접어들며, 그 완성은 또다시 새로운 세계의 시작으로 이어짐으로써 만물이 생성되어 나가는 이치로 푸는 것이다. 중심의 6은 음양을 가진 천지인 삼재의 합에서 나오므로, 『천부경』 연구자 중에는 '六'을 중핵中核인 '주재주 올' (·)로 표현하기도 한다.[76]

---

76. 권태훈, 앞의 책, 65쪽.

그런데 쌍태극을 선호하는 중국이나 주역은 전면에서 3을 쏙 빼 버렸다. 대신 2인 쌍태극만을 내세웠다. 삼태극을 선호하는 우리 민족과 『천부경』은 굳이 3을 강조했다. 왜일까?

그것은 "우주만물은 음과 양, 두 가지 기가 교감하여 변화 생성하는 과정의 결과물"이라는 인식과 "음양은 우주만물, 즉 '나'가 있기 위한 조건일 뿐"이라는 인식에서 그 차이가 생긴다. 이 '인식의 차이'가 문제다. 우주의 본질이 바뀌는 것은 아니다. 바뀔 수가 없다. 그러나 그 우주와 생명에 대한 생각이나 가치 개념은 달라질 수 있다. 내가 느끼고, 생각하고, "이랬으면 좋겠다."는 희망이 투영된다면 달라질 수밖에 없다. 기본적으로 내가 살아가고, 살아갈 세상이다. '인식의 주체'가 인식할 수 있는 세상이 중요하다는 뜻이다.

'나'는 생명체다. 음양사상에서는 우주마저도 생명체로 봤다. 만물 중의 하나인 '나', '사람'인 '나'는 생명체다. 숨 쉬고, 사유하고, '나'라는 의식을 갖고 삶을 책임지는 존재다. 아무리 대단하고 위대한 우주, 하늘과 땅이라 하더라도 '나'라는 존재가 '나'라는 의식을 갖고 바라보고 느끼고 부대끼지 않는다면 '나'에게는 기본적으로 무의미할 뿐이다.

굳이 '사람'을 강조하고 오히려 하늘과 땅보다도 중심에 두는 것은 이런 연유에서라는 판단이다. 결국 '살아 있다'는 사실이 그 무엇보다 중요하다는 말이다. 살아 있지 않으면 '나'를 인식하지 못하는 것 아닌가. 우리말이 왜 '나'를 '인간'이라고 하지 않고 '사람'이라고 하는지도 깊이 음미할 대목이다. 기어가지 않고 서서 걸어가는 동물人과 그들이 만들어가는 사회間라는 '인간' 이해와 '살아 있는 존재'라는 뜻의 '사람'으로서의 '나'를 인식하는 우리 민족의 '사람'에 대한 이해는 분명 차별성을 갖는다. 삼태극은 처음부터 끝까지 생명의 세계관이자 주체의 세계관임을 알 수 있다.

인식의 차이가 만들어 내는 각각의 삶이나 그 문화는 결과적으로 다르지 않겠는가.

삼태극 = 천지인 = 삼신 = 밥

卍자 무늬에서 시작되어 태극 문양으로 이야기가 흘러왔는데 주장하고 싶은 것은 '卍'(불교)과 '卐'은 엄밀히 다르며, 쌍태극(유교)과 삼태극도 엄연히 다르니 반드시 구별해야 한다는 것이다. '卐'과 '삼태극'은 결국 같은 것으로 그 의미는 삼신의 표상이다.

목청 높여 떠들고 싶은 이 주장을 일목요연하게 증명해 주는 실체가 있다.

현재 국가 지정 중요무형문화재(제82-라호)로 지정되어 있는 남해안 별신굿은 내용이나 의미로 봐서 아주 중요한 '큰거리'와 덜 중요한 '작은 거리'들로 구성된다. 소개하고자 하는 물품은 꼭 큰거리에만 등장한다. 중요한 순간에만 등장한다는 것은 그만큼 중요한 물건이라는 반증일 것이다.

그 물건은 머리에 쓰는 '큰머리'라는 관이다. 이 '큰머리'는 아무나 쓰는 것이 아니다. 대모大母만이 쓸 수 있다. '대모'란 굿을 하는 그 굿패 일원 중에서 여자 무당으로는 가장 웃어른이다. 무당들 사이에서만 그렇게 부르는 것이 아니라 신도라고 할 수 있는 일반인들도 대모님이라고 부른다. 그 대모의 머리에 올라가는 관이 '큰머리'다.

큰머리의 형상을 살펴보자. 이 큰머리는 텔레비전의 전통사극에 등장하는 주막집 주모나 여염집 여인네의 큰머리하고는 다르다. 그 큰머리를 장식하고 있는 수식류가 특징인데 그 수식류의 모양들이 심상치 않다. 우선 눈에 띄는 것이 봉황처럼 보이는 새 여섯 마리가 큰머리 꼭대기에서 하늘을 향하여 고개를 내밀고 있는 모습이다. 그런데 자세히 보면 몸뚱이는 두 마리가 붙어서 세 개이고, 거기에 머리는 각각 두 개씩이다. 더 자세히 보면 한 몸에서 나온 머리 두 개는 서로 외면하지 않고 마주 보고 있다. 결국 짝을 갖춘 세 개의 봉황 놋쇠판이 한 세트를 이뤘다. 대모님의 머리 위를 장식하는 큰머리, 그 큰머리에서도 가장 높은 자리에 서 하늘을 향해 10센티미터 정도 솟아올랐다.

이 놋쇠판의 이름은 '원정'이다. 원정은 반드시 세 개가 한 틀을 이룬다. 원정은 대대로 대모에서 다음 대모로 전해져 내려온다. 현재 남해안별신굿패에는 윗대로부터 전해 받아 원정이 모두 세 틀이다. 세 틀 모두 원정의 모양이 같다. 원정을 보면서 삼신을 연상하는 것이 추측일 수 없다는 확신이 든다. 그 확신에 힘을 실어 주는 것은 남해안별신굿을 이어가고 있는 무당들의 "세 개가 한 틀인 것은 '삼신과 천지인'을 상징한다."는 증언이다.[77]

---

77. 고부자, 『남해안별신굿종합조사보고서』, 「무복」, 문화재관리국, 1996, 359쪽.

이 원정을 세밀히 음미해 볼 필요가 있다. 세 개의 각각은 새(봉황이든 무엇이든) 두 마리가 한 쌍이 되어 있다. 음양의 상징이다. 세 개는 천지인을 상징할 것이다. 여섯 마리와 육효, 그리고 천부경의 중심 개념인 '대삼합육大三合六'과 회통하고 있다. 이들의 명칭이 '원정'이라는 사실도 중요하다. '원元'은 주역의 음양론을 살펴볼 때 이미 들어봐서 익숙한 개념이다. '정貞'도 주역에서는 주요한 개념이다.

새의 등장도 우리에게는 익숙한 상징이다. 비상하기 전, 솟대 위에 앉아 있는 새 세 마리! 새는 하늘과 땅을 연결시켜 주는 메신저로 인식돼 있다. 옷을 살펴보면서 다 음미해 봤다. 무당과 동일시해야 할 새다. 큰머리에 솟아 있는 원정의 새가 봉황이라면 더욱 극적이다.

각 원정의 밑바닥을 보면 꽃잎 모양의 판이 세 개씩 세 줄로 총 아홉 개가 달려 있다. 3수 수리체계를 보여 준다. 이 꽃잎 배열에서 놓쳐서는 안될 대목은 높이가 서로 일정하지 않고 중앙이 올라가 있다는 점이다. 그리고 그 위에 십자가 모양이 확연하게 드러나도록 도안되어 있다.

현재 전해지는 원정 세 틀 중에서 어떤 것은 원정 세 개 중에서 양쪽 것이 정사각형 모양(가로 세로 세 장씩 꽃잎이 아홉 장 달려 있다.)이고 가운데 것은 원형이되 그 원형 안에 '卍' 문양이 또렷하게 황색으로 박혀 있기도 하다. 분명 卍자 모양이 아니고 거기에서 한 번 더 꺾인 '卍' 형상이다. 삼신과 '卍'의 극명한 조화! 아니 일치다.

이어서 원정을 받치고 있는 머리틀을 보자. 그 머리틀에는 세 개의 동심원이 보인다. 김태곤이 앞에서 언급한 회오리 문양이 연상된다. 그 동심원도 세 개다. 그리고 이 머리틀을 장식하고 있는 동심원과 천의 색깔은 삼태극의 삼원색이다.

큰머리는 주역의 개념까지도 수용하면서 우리가 이제껏 살펴본 삼신신앙과 삼신사상을 종합해 놓은 상징물이다. 종합편이자 완결편이라 평가해도 손색없을 명품이다.

마지막으로 원정과 머리틀을 연결하고 있는 비녀를 보자. 비녀의 모양새가 묘하다. "웬 숟가락을 머리에 꽂아 놓았는가?"라고 생각하기 십상이다. 분명 숟가락이다. 삼신과 사람을 연결시켜 주는 고리인 비녀가 숟가락(봉황을 조각한 비녀도 있다. 봉황의 의미도 결국 같다고 본다.)이라는 이 엄연한 사실이 우리에게 설파하고 있는 뜻은 무엇이겠는가? 밥을 통해서 삼신은 사람과 만나고, 밥을 통해서 삼신은 현연顯演하고 있다. 삼신과 사람을 연결시켜 주는 고리는 바로 밥인 것이다. 밥을 먹어야 살 것 아닌가.

그렇다. 밥 속에 신이 있다. 밥이 신이다.

12

죽음과 저승에 대한
우리의 생각은?

죽음도 수시변통이어

전경환이라는 이가 있었다.

지금은 고인이 되었지만, 그는 못하는 것이 없는 광대였다. 꽹과리를 못 치나, 가야금을 못 타나, 아쟁을 못 켜나, 춤을 못 추나, 피리를 못 부나…… 소리, 그 중에서도 판소리와 가야금병창을 잘했다. 특히 가야금병창은 한때 그 명성이 전국을 흔들었다. 꽹과리와 부포놀음은 대한민국에서 둘째가라면 서러워할 정도로 최고였다.

나는 그의 실력을 그런 광대 재주보다도 여자 꼬시기(?)와 좌중을 요리하는 그 능수능란함에 두고 싶다. 키는 자그마했지만 대장 아니면 안하던 양반이었다. 나름대로는 대한민국 최고라고 자부하는 그 개성 강한 풍각쟁이, 춤쟁이, 소리쟁이들을 한데 모아서 우물딱주물딱 요리하는 것을 보면 경탄이 절로 솟았다. 수가 뻔히 보임에도 불구하고 그가 원하는 대로 움직이는 내 자신을 보면서 "이것이 도대체 어떻게 돌아가는 속이여."라고 자문해 본 적이 한두 번이 아니다. 그러면서도 결코 밉지 않았던 영감탱이!

그와의 첫 만남은 전라도 광주공원에서였다. 설장구의 명인 김오채 선생을 만나기 위해 찾아간 그 자리는 마침 풍물을 한바탕 울려 대려고 잔뜩 벼르는 순간이었다. 알고 보니 전라남북도의 내로라하는 풍물꾼들이 다 모여 있지 않은가. 단지 특별히 한번 모이는 자리가 아니라 계원들로 묶여 있는 단체(영광우도농악계)였던 것이다. 김오채 선생도 그 단체의 계원이었고, 평소에 안면이 있던 어르신들도 나타났으며, 전설에 가깝도록 명성만 들었던 굿쟁이들을 보게 되는 행운도 있었다. 다들 인간문화재급들이었다. 물론 그 중에는 인간문화재가 된 사람도 있었다. 어차피 문화재로 지정이 됐든 안 됐든 실력에 있어서는 종이 한 장 차이도 안 나는 그런 사람들이다. 전경환은 그 중에서도 대장이었다. 당초 이 모임을 만들고 20년 가까이 유지해 온 중심 인물이 전경환 선생이라는 사실은 그 후에 알게 되었다.

그날은 같은 여자 계원이 집을 짓고 입주를 하여 성주굿을 쳐 주려고 모인 자리였다. 내가 도착하였을 땐 와야 할 계원들을 기다리며 무료해 하고 있었다. 굿소리가 속 시원하게 터져야 할 순간이 한참 지나가고 긴장감마저 피그르르 사그라진 상태였다. 무안에서, 일로에서, 이리에서, 법성포에서, 정읍에서, 고창에서는 모다 이미 도착하여 준비 완료, 끝이었다.

두 시간 이상이나 기다리게 하여 김빠지게 만든 마지막 일행은 영광 사람들이었다. 전경환은 이 행렬에 끼어 있었다. 그는 앞장서 달려오고 있었다. 흰 모시로 바지저고리 정갈하게 차려입고 부채를 든 작달막한

한 노인이 바람처럼 바위 위로 뛰어오르더니 "여러분—" 하는 첫 마디로 대갈일성하고, 일장 연설로 좌중을 바로 휘어잡았다. 피그르르 했던 분위기가 다시 빵빵하게 되살아났다. 뭐 높은 바위에까지 올라가 연설을 할 만한 상황은 아니었다. 오히려 미안해 하며 사과해야 할 입장이었다. 상식적으로 보면 말이다. 그런데 목청 높여 일장 연설이라니. 뻔뻔함의 극치였다. 계원들은 그 뻔뻔함에 익숙해 있는 듯했다. 농담으로라도 두 시간 이상 늦은 것에 대한 핀잔이 있으련만 그에 대해서는 한마디도 내 귀에 들려오지 않았다.

　나로서는 조금은 황당하면서도 흥미로웠다. 그런데 그 뻔뻔함에는 분위기를 뒤집어엎는 묘한 마력이 있었다. 한참 듣다 보니 날렵해 보이는 체구에서 뿜어 나오는 기세와 행동이 귀여워 보이기까지 했다. 꼭 짓궂은 골목대장 같은 분위기의 그 꼬마 영감님의 부채 끝 움직임에 따라 일사불란하게 굿패가 움직이기 시작했다.

　물론 이런 카리스마와 지도력은 재주가 바탕이 되기 때문에 가능한 일이었다. 재주로 먹고사는 사람들만 모인 자리였다. 당대 최고의 예술을 한다고 자부하는 사람들만 모인 모임에서 서로 견주어 뒤처지지 않을 재주가 없다면 대등하게들 만날 수 있었겠는가. 좌중의 중심에 서기는 더더욱 어려운 일! 정치력이나 경제력은 그 다음의 이야기다.

　그의 재주를 확인할 기회는 많았지만 한 가지 사례만 들어 보겠다. 부인의 환갑 잔칫날이었다. 마당에서는 아들, 며느리, 친구들이 중심이 되어 놀이판이 뿡짝풍짝 질펀하게 벌어지고, 안방에서는 소리판이 한창이었다. 꽤 이름 있는 전문 소리꾼들 몇 사람이 돌아가면서 소리를 하면, 축하하러 온 하객들이 좌중을 이뤄 소리 감상도 하고, 썩 나서서 북을 잡고 장단을 맞춰 보는 식의 안방 잔치였다. 자리가 자리인 만큼 대부분 아마추어들이었지만 토막소리 정도는 한 대목씩 하고, 고장북(소리북) 한 가락씩은 잡아 본 솜씨였다.

구경을 좀 하다 보니 이 소리판의 성격이 슬며시 드러났다. 아마추어들이 전문 소리꾼의 소리에 장단을 짚어 볼 절호의 찬스였다. 평소에 지도를 받거나 서로 소리를 맞춰 보는 사이가 아니다. 명성만 듣고 먼발치에서 소리 감상이나 하던 소리애호가가 그 명창과 한방에서 직접 대면하여 북을 잡고 장단을 맞춰 본다는 것은 예전이나 지금이나 자주 있는 기회는 아니다. 이런 자리의 장점이자 단점은 자신이 배운 실력이 유감없이 검증된다는 사실이다. 현장 실습인 셈이다. 그렇다고 시험을 보는 자리는 아니다. 잔칫집의 잔치마당이지 않은가. 점수나 등수를 매기는 것은 아니지만 나이 지긋한 노신사들이 땀을 뚝뚝 떨어뜨리면서 박자를 맞춰 가는 '진땀'을 보면 결코 쉬운 자리가 아님도 분명해 보였다. 그렇다고 결과에 대해 크게 질책이 들어오거나 스스로 주눅 들어야 하는 그런 썰렁한 자리 또한 아니었다. 잔칫집의 소리판? 상당히 절묘한 놀이판이라는 생각이 들었다.

교실의 기능을 훌륭히 해내면서도 서로 웃어 가며 못난 재주일망정 놀이판을 흥겹게 하는 데 일조할 수 있다는 즐거움. 어쩌다 평소에 흠모하는 명창의 소리에 자신이 직접 장단을 맞춰 볼 수 있는 행운이 제공되는 짜릿함. 꽤나 괜찮은 놀이 방식이라는 생각이 들 수밖에 없었다. 북을 잡는 사람은 소리 채로 방 한가운데에 놓인 플라스틱 바구니에 얼마간의 돈을 넣기도 했다. 이렇게 쌓인 돈은 놀이판이 끝난 후, 아마추어들의 팍팍한 실습용 장단에 맞춰 주느라고 고생한 소리꾼들의 몫이었다. 어렵게 살아온 소리꾼들에게 수고비를 챙겨 줄 수 있는 장치이기도 했다.

놀이판이 몇 바퀴 돌고 난 다음에야 집주인인 전경환 선생이 그 방에 들어왔다. 여기저기 손님 접대에 바빴던 것이다. 그가 방에 들어오자 소리꾼 한 사람이 그에게 북채를 맡겼다. 그의 재주 감상을 위해서가 아니라 그날의 주인공이니 돈을 좀 뜯어내겠다는 장난이었다. 역시 장난스럽게 요리조리 빼던 그는 결국 주머니에서 돈을 강제로 강탈 당하고서야 북채를 잡았다. 그가 북채를 잡자 일순 놀이판의 분위기는 돌변하였다.

과연!

멋이 있었다.

짧은 식견과 안목인 나도 저절로 "얼씨구!" 소리가 터져 나올 정도였다.

그러나 그가 좌중을 능수능란하게 다루는 솜씨는 광대 재주에 의하지만은 않는다는 결론을 내렸다. 한참을 그와 교류하고 난 다음에 내린 결론이지만 말이다. 그는 약장사를 오래 하였다. 법성포의 색주가에서 명성을 날리며 가마니로 돈을 쓸어 담던 한창 때가 지나가고 난 다음이었다.

법성포의 칠산 앞바다 조기잡이 선주 어부들의 터질 것 같던 비릿한 전대주머니가 그의 가야금병창과 아쟁소리에 힘없이 열렸고, 그렇게 가마니에 퍼 담을 정도였던 전경환의 돈은 날이 밝자 이미 기생들의 치마폭으로 흔적도 없이 사라졌다. 그런 시절도 다 보내고, 포장걸립(광대들의 놀이판)이나 창극단에서의 유랑생활로 하향 곡선을 그릴 때마저도 한참 지나고 나서였다. 세월 따라 어쩔 수 없이 시작된 '약장사'였던 것이다.

나이가 좀 든 분들은 약장사들이 하던 '나이롱 천막극장'을 기억할 것이다. 그는 제약회사와 계약을 맺고 약을 받아 전국을 돌아다니면서 약을 팔았다. 약을 팔 때 자신의 재주를 최대한 동원하였다. 본인 혼자로도 일당백이기 때문에 경쟁력이 있었다고 한다. 꽹과리도 쳐 주고, 소리도 해 주고, 아쟁도 긁어 주고, 심청전 연극도 해 주며 약을 팔았다.

자신의 재주가 전혀 쓸모없는 시절을 보내던 그는 4·19혁명이 났을 때 김오채 선생 등 여러 지역 광대들과 패를 만들어 기존의 민요 가락에다 "4월 19일 봄바람에 제2공화국 돌아왔네."라는 노랫말을 붙여 영광 법성포 일대를 돌아다니며 혁명 성공의 정당성과 의미를 선전하고 다니기도 했다. 이런 선전·홍보 활동은 그가 직접 기획하고 주도한 것은 아니었다. 영광 출신의 어떤 독립운동가가 기획하고, 노랫말을 직접 지어 붙였다고 한다. 단골판의 굿이 나면 고인(瞽人: 반주를 담당하는 악사. 삼현육각 편성을 이뤄야 완벽한 반주이다.)으로 불려 가서 용돈을 벌기도 하였다. 세월이 흘러 무형문화재 제도가 생기고 난 다음에는 문화재를 꿈꿨다. 죽을똥 살똥 노력했다. 그리고 마침내 '전라남도 지방문화재 제17호'로 뜻을 이루고야 말았다.

끝없는 변신과 변화! 거친 삶을 살아온 이 땅 광대들이 택한 생존 방식의 하나이자, 애환이자, 가능성이었다고나 할까. 이 역성에서 저절로 체득된 '전경환의 사람 다루기'가 재주와 더불어 그 막강한 힘을 발휘한 것이다.

　　그는 유명한 말을 두 개 남겼다. "잘 꼬신다, 전경환!" 이라는 말과 "굿은 수시변통隨時變通이여."라는 말이다. 앞말은 주위 사람들이 그에게 붙여 준 말이고, 뒷말은 본인이 스스로 한 말이다. 앞말은 '사람 다루기'에 대한 주위의 평가가 함축되어 있는 말이다. 뒤의 말, "굿은 수시변통이여."라는 말은 그가 내린 굿에 대한 정의다. 크게 한 번 더 써 보고 싶다.

굿은 수시변통이여.

전경환

'수시변통'이라는 말은 '그때그때, 즉 때에 따라 변통을 한다.'는 뜻이니 '굿은 상황에 따라 융통성 있게 대처해야 하고 해결점通을 제시해야 한다.'는 의미일 것이다. 놀이판과 굿판에서 평생을 보내고 저절로 터득된 굿에 대한 이치가 이 한마디에 모두 응축돼 있다고 나는 본다.

그의 "굿은 수시변통"이라는 말을 들을 때마다 나는 정자(정이천)의 다음 문구가 생각난다.

역 변역야 수시변역 이종도야 易 變易也 變易也 以從道也.[78]

풀이를 하면 "역은 변역이니 때에 따라 변해 바꿔서 도를 좇음이라."가 된다. 역이란 변하는 것이고 수시로 변화하는 도를 따라야 한다는 뜻일 게다. 도를 따른다는 말은 도에 어긋남이 없는 변역이어야 한다는 의미로 해석되기도 한다.

본시 주역을 의미상으로 '간이簡易', '변역變易', '불역不易'으로 나누어 말하기도 한다. '간이'는 '쉽고 간단하다'는 뜻이며, '변역'은 '수시로 변한다'는 뜻이며, '불역'은 '불변한다'는 뜻이다. 자연의 이치 법도는 수시

---

78. 정자程子, 『주역전周易傳』, 서문.

로 변하는 것인데 그 변하는 근본 법칙은 변하지 않는다는 의미가 담겨 있다. 예를 들자면 하늘이 위에 있고, 땅이 아래에 있는 것은 변할 수 없는 자연 그 자체이지만, 하늘의 밤낮이 바뀌고 수시로 기온이 바뀌며, 땅속이나 땅 위의 생명체들에 의해서 수시로 바뀌는 그 변화는 저절로 되고 있다. 누가 그걸 막으려고 해도 되지 않으며, 만든다고 그렇게 되는 것도 아니다. 그러므로 '스스로 그러하니' 쉽고도 간단한 것이라는 말이다. 이를 수학의 정의나 법칙처럼 육효와 64괘로 우주원리를 정리해 놓은 것이 역이다.[79] 결국 주역의 본질은 '수시변역'에 있다 하겠다.

아! 새삼 다시 생각해 본다. 정자가 말한 '수시변역'이나 전경환 그가 말한 '수시변통'이나 다를 것이 뭐 있을까? 내겐 그 말이 그 말로 이해된다. 우주자연과 인간사의 원리·법칙을 제대로 정리해 놓았다는 동양의 고전이자 유학의 최고 경전이라는 주역에 대해 설파한 유명한 유학자의 핵심적인 한마디가 천한 단골가에서 태어나 평생을 광대로 생을 마친 어떤 이름 없는 굿쟁이의 굿에 대한 정의와 똑같다는 사실이 그렇게 흥미로울 수가 없다.

혹자는 그 영감탱이가 '수시변역'을 어떻게 주워듣고 글자만 하나 바꿔 문자 타령을 하지 않았나 의심할지도 모르겠다. 그러나 나는 자신 있게 이야기할 수 있다. 그의 '수시변통'이라는 한마디는 뼛골 속에서 흘러나온 진액 같은 말이라고.

식견과 경험이 일천한 나도 굿에 대해 고민을 하다 보니 느껴지는 이

---

79. 홍역학회, 『주역상경』(강의용 보충교재), 단기4322, 6쪽.

치인데 그만한 재주와 그만한 사람(세상) 다루기의 능력자라면 능히 할 수 있는 말이라고 나는 믿는다. 오히려 '변통'이라는 표현에 아련한 아픔이 전해와 싫을 때도 있다. 변통이라면 임기응변 식의 땜빵(?)이라는 어감이 묻어 나오기 때문이다.

그러나 이런 해석을 해 보기도 한다. 변통이란 표현에서 "이렇게 깊은 뜻이?"라 할 정도의 또 다른 의미가 숨어 있다고.

'변역'이라는 표현은 자연의 이치를 있는 그대로 해석해 놓은 표현에 가깝다. 반면, '변통'이란 표현에서는 '변화를 시키는 주체의 의지와 실천'이라는 **인간 의지**가 한층 강하게 읽힌다. 임기응변이든 자신감이든, "변화를 시켜 서로 잘 통하게 **내가** 만든다."는 뉘앙스가 '변통'이라는 표현에는 짙게 묻어 나온다. 변화하는 것이 세상 이치라면, 나도 변화할 것이며, 나를 변화시킬 수 있는 '나'도 그 변화의 한 동력일 터이니, 나는(사람도, 우리도) 세상일을 잘 돌리고 변화시켜 서로 통하게 만드는 주체적인 동력이 될 수도 있으며, 그 통함이 우리 서로를 좋게 만들어 갈 수 있다는 광대廣大한 의지가 읽힌다. 멋진 생각이다. 주역보다 더 적극적인 삶의 자세!!

이런 해석을 감히 내리는 것은 내가 보고, 듣고, 느끼고, 파악한 굿의 속성과 실체가 그러하기 때문이다. 이 해석이 설사 틀리다고 하여도 그의 '수시변통'이라는 말은 정자의 '수시변역'이라는 표현 못지않게 굿의 본질과 실체를 적확하게 표현해 놓은 진리의 말이라고 본다.

소리도 부조

다소 장황하고 조금은 감상적으로 이미 이 세상 사람이 아닌 흘러간 광대를 회상하는 것은 죽음에 대해 이야기하고자 해서다. 우리 민족의 죽음에 대한 생각이 어떠한가를 살펴보려다 삼천포로 빠졌다. 그의 요란했던 장례 모습을 이야기해 보고자 한다.

그는 10년 전에 이승을 떠났다. 자신의 몸을 끔찍이도 아꼈는데, 15세 이상 연하의 할머니가 영감님 건강관리에 한결같은 정성을 바쳤음에도 불구하고 결국 이승에서는 만나 볼 수 없는 몸이 되고 만 것이다.

어느 날 그의 제자로부터 연락이 왔다. 오래 버티실 수 없을 것 같으니 가시기 전에 한 번 내려왔다 가라고. 병상의 그에게서는 더 이상 그 날렵하고 짓궂던 모습이 사라지고 없었다. 음식을 완고히 거절한다는 그는 '돌아가기'로 마음을 먹었는지 집으로 데려가라는 말만 되뇌며 통곡했다. 객사주검을 면해야 한다는 강렬한 의지가 낳은 고집이었으리라 짐작할 뿐이다. 그와의 마지막 만남은 그랬다. 내 이름과 제자의 이름을 부르며 목 놓아 통곡하던 모습이 지금도 생생하다.

그리고 장례식이었다. 그의 장례는 영광우도농악장으로 치러졌다. 전수소에 마련된 빈소는 출상 전날 씻김굿판이었다. 그리고 평소 알고 지내던 소리꾼과 춤꾼들이 소리와 춤으로 조문을 하였다. 밤이 늦어지자 빈상여놀이가 계속되었다. 그에 앞서 함께 굿(영광우도굿)을 치던 친구들과 제자들은 고인이 이끌던 그 우도농악을 처음부터 끝까지 한바탕 쳐 댔고, 소복 차림의 여인들이 하는 빈상여놀이도 인상적이었다. 그 사이사이에서 유교식의 장례의식은 의식대로 진행되고 있었다.

날이 밝고 출상의 순간이 다가왔다. 영광우도농악장으로서의 의식이 기다리고 있었다. 국민의례, 조사낭독 등의 절차들 말이다. 드디어 유교식으로 치러진 발인제가 끝나자 꽃가마가 움직이기 시작하였다. 백여 미터에 이르는 만장행렬은 근래에 보기 드문 장관이었다. 그 꽃상여 앞에서 그의 저승길을 외롭지 않게 영광우도농악단이 굿을 치고 있었다. 평생을 함께한 그 가락 그 장단소리였다. 저승길을 활짝 열어 주는 길잡이도 그 가락 그 소리였다.

그 친숙하고도 흥거운 굿소리를 들으며 즐거운 마음으로 길을 떠났을까, 아니면 못내 아쉬워 몸부림쳤을까! 확인할 길은 없었지만, 상여에 길게 늘어진 흰 광목천을 붙잡고 운구에 참여한 여러 여인들 중에는 눈물지으며 춤추는 모습도 여럿이었다. 장례 행렬은 영광 읍내의 여기저기를 온통 휩쓸다시피 누볐으며, 노제도 여러 번 받았다. 마침내 꽃상여에서 영구차로 옮겨 실은 다음에서야 읍내를 벗어나 장지로 향하였다. 그가 누울 자리는 석분으로 잘 준비되어 있었다.

그의 장례의식은 거칠게 표현하여 '짬뽕의 극치'였다. 좋다고 생각되는 것은 다 동원했다. 표면적으로는 유교식 장례절차가 중심을 잡고 있는 것처럼 보였지만 내부를 가만히 들여다보면 그렇다고 말할 수가 없다. 유족들과 그의 지인들이 유교식의 장례의식을 철저히 따라야 할 무슨 의무나 규제가 있는 것도 아니지 않는가. 불교식이었다 할지라도 그렇고 기독교식이라 하더라도 그에게는 마찬가지였을 것이다.

좋은 것은 가리지 않고 다 가져다 내 것으로 만드는 감각과 생각, 저승 길도 좋은 것은 다 누리고 가야겠다는 의지, 그러면서도 자신의 토대였으며 감각적으로 가장 좋아했던 굿(씻김굿, 풍물굿)을 기저로 깔고 가는 불변不變의 정서! 장례를 마련한 사람들의 감각과 생각도 그와 다를 바 없기 때문에 그런 절차를 만들어 냈을 것이다.

역시 그는 죽음의 순간까지도 '수시변통'이었다. 망자가 좋아할 저승 길이 되도록 유족도 친구도 제자들도 장례의식을 수시변통의 원리에 입각해 변화를 잘 시킨 것이었다. 기존의 의식에 입각할 때는 유례가 없었던 짬뽕이었지만, 생각에 따라서는 창조적이면서도 독창적인 장례의식이었다고 볼 여지도 많았다.

이런 효과도 있었다. 기존 질서와 선입견에 대한 풍자적인 문제 제기였다. 학교도 들어가지 않은 어린 아이들에게도 하대 받던 천민 출생으로 태어나 남들이 우습게 생각하는 광대 짓으로의 한평생이었지만, "세상이여, 영광 사람들이여. 잘 봐라. 나 이렇게 한세상 잘 놀다 간다."는 시위성이 백여 미터에 이르는 만장을 앞세워 가며 애써 유교식으로 격식을 갖춘 장례 행렬에서 묻어 나왔다. "격식과 예식이라는 것이 무엇이냐? 다 나를 위해 있어야 하는 것. 이것이면 어떻고 저것이면 어떠냐. 좋은 것이라니까 다 갖다 쓰면 안 되냐. 내가 새로 만들면 어떠하리. 남들도 좋아하면 그만이지. 근본에서 안 벗어나면 되는 것. 이치에 닿으면 그 또한 법." 아주 통쾌한 행렬이자 유머러스한 격식이었다. 물론 나 혼자만의 감상이었지만 그 역사를 기록으로 남기기 위해 부지런히 비디오카메라 들쳐 메고 이리 뛰고 저리 걷는 내 걸음걸이에 킬킬거리는 속웃음이 장단을 잘도 맞춰 주었다.

이런 생각과 더불어 주자가례에 입각하여 만들어진 조선시대의 유교식 장례의식도 냉정하게 분석해 본다면 전경환 선생의 장례의식처럼 굿적인 요소(불교나 유교가 들어오기 이전의 본래의 것)가 짬뽕처럼 뒤섞여 있지는 않았을까 라는 어쩌면 당연한 생각을 하게 되었다. 그 시절에는 주자가례의 서슬이 하도 시퍼래 자신을 드러내지는 못하고 구석구석에 숨어 그 질긴 숨줄을 이어 왔겠지만 이제는 세상이 바뀌었다. 내놓고 영광읍내를 휘저으며(?) 그 위용을 과시한다는 차이만 있지, 그 감각이나 생각은 마찬가지일 것이라는 관점에 주목한 것이다.

이런 생각을 갖게 만드는 장례의식을 또 하나 소개하고 싶다. 이 장례도 어떤 이름 없는 상쇠의 죽음이었다. 1996년에 이승을 하직한 그 상쇠는 해남 땅끝마을이 지척인 송지라는 마을의 박형규라는 사람이었다. 내가 그를 만났을 때는 동네 상쇠를 친구에게 물려주고 굿을 놓은 지 10년 이상 지나간 뒤였다. 한쪽 다리를 쓸 수 없었기 때문이다. 병으로 한쪽 다리가 움직이지 않아 지팡이를 짚어야만 하는 생활이었지만, 두 손은 이상이 없었기에 쇠가락은 다행스럽게도 들을 수 있었다.

그 마을은 꽹과리 치고 징, 장구 두드리는 것을 풍물이라고도 하지 않고 농악이라고도 하지 않고 '군고軍鼓'라고 불렀다. 혹은 '금고金鼓'라는 이름도 들을 수 있는 곳이다. 군사적인 성격이 강한 풍물굿이다. 그래서 풍물굿은 가락의 화려함이나 개인의 재주 자랑보다도 가락의 질서와 패거리의 군율, 그리고 분명한 가락의 가림새와 굿의 절차를 중시한다. 그 특성이 그대로 발현되는 쇠가락, 즉 힘 있으면서도 타법 하나하나가 분명한 쇠가락을 들려주었다. 굿의 순서나 질서에 대한 분명한 문서를 갖고 있기도 하였다. 이 때 문서는 글로 적어 놓은 것이 아니라 머릿속에 있는 굿에 대한 지식을 굿쟁이나 광대들은 '문서'라고 표현한다.

내가 들은 그의 마지막 쇠가락은 무척 감동적이었다. 막내아들이 마련한 자리에서였다. 막내는 고향에 내려와 부모님을 모시고 군고를 이어가려 애쓰는 상황이었다. 막내는 객지생활이 힘들 때 아버지의 굿소리가 들렸다고 한다. 객지에서 하던 일이 막히자 아버지의 굿소리가 자신을 불렀고, 도망치듯 고향으로 돌아와 아버지의 쇠가락을 이어받기로 작정한 것이다. 동네 친구들과 어울려 연습도 하면서 애를 쓰고 있던 중, 부산의 어떤 의과대학교 풍물패가 여름방학 때 막내에게 전수를 왔다.

합숙장소는 땅끝마을의 바로 옆 마을 바닷가였다. 대학생들은 합숙 마지막 날에 그를 합숙장소에 모셨다. 그리고 공부한 내용을 점검 받았다. 그는 다 들어 보고는 흡족해 했다. 칭찬을 했고, 마침내는 쇠를 잡고 직접 굿을 이끌어 갔다. 마침내 흥이 올랐다. 순간, 지팡이를 짚고 일어서더니 겨드랑이에 지팡이를 끼운 채로 쇠를 치기 시작했다. 이것도 모자랐는지 지팡이를 짚고 겅중겅중 뛰면서 춤까지 추었다. "다리만 성하면, 다리만 성하면!"을 되뇌면서.

그는 송지마을의 군고를 지켜낸 지킴이였다. 일제시대에 매년 올리던 마을대동치성(헌식굿)을 몰래 지내기 위해, 주재소 쪽을 의식하며 바람의 방향을 살펴 가면서 군고를 치다 멈추다 애를 태웠던 시절담도 갖고 있었다. 바람결에 군고소리가 일본 순사들 귀에까지 날아가지 않도록 해야 했기 때문이다. 그렇게 조심을 했건만 결국 발각되어 주재소에 끌려가 치도곤을 당한 이야기, 일제의 쇠 공출을 피하기 위해 자기 집 노적가리 밑에 땅을 파고 징과 꽹과리를 숨겨 위기를 모면한 이야기, 해방이 되자 제일 먼저 숨겼던 쇠와 징을 꺼내고 북을 부랴부랴 마련하여 군고를 일으켰던 이야기의 중심인물이었다. 결국 임종을 하루 앞두고 자신의 뒤를 잇는 막내아들에게 "맘껏 굿을 한번 쳐 보고 싶어야."라는 말을 유언처럼 남기고 이승을 떠났다.

그가 임종을 하자 가족들은 회의를 해야 했다. 막내 때문이었다. 임종 다음 날 막내가 50여 명의 젊은이와 중고등학생들을 데리고 순천시에서 거행되는 민속경연대회에 참가하기로 예정되어 있었기 때문이다. 가족 회의는 막내가 경연대회에 참가하는 것으로 결정이 났다. 그것이 고인을 위하는 길이고 고인도 원할 것이라고 믿었기 때문이다. 다음 날 막내는 상복을 벗고, 대신 머리에 벙치(전립)를 쓰고 쇠를 잡은 채 새벽바람에 순천으로 떠났다.

경연대회가 다 끝나고 해남으로 돌아오는 관광버스 안에는 응원 왔던 동네 어른들이 여럿 있었다. 경연장에서 그가 돌아가셨다는 소식을 접한 목포의 어떤 여자 소리꾼이 문상을 간다고 순천에서부터 함께 타고 있었다. 관광버스가 중간쯤에 이르자 경연대회에 대한 화제는 힘을 잃고 자연스럽게 고인에 대한 안타까운 말들이 오고가기 시작하였다. 그러다 이분의 명복을 빌고 부조하는 마음으로 소리를 하자며 자연스럽게 소리판이 벌어지기 시작하였다. 목포의 여자 소리꾼도 동네 어른들처럼 소리판의 일원이 되었다.

소리도 큰 부조라는 생각! 유교식 법도로는 상중에 굿을 치러 간다거나 소리로 부조를 한다는 것이 용납될 수 있겠는가. 그러나 이들은 당연하다고 생각될 정도로 자연스럽게 소리와 춤으로 부조를 하며 고인에 대한 안타까움을 토해 내고 있었다. 초겨울의 스산한 황혼을 뚫고 남녘의 들판을 달리는 버스 속에서의 소리굿판! 흥타령, 육자배기 가락에 실어 쏟아 내는 애도의 심정들은 남도의 스산한 황혼에 휩싸여 진한 울림으로 다가왔다. 그 울림은 해남에 도착할 때까지 끊어질 줄을 몰랐다. 한밤중에 도착한 일행은 버스에서 내리자마자 대오를 정비하여 굿을 이뤘으며, 군고소리를 내며 상가로 행진하였다. 그리고 영정 앞에서 한바탕 군고가락을 쳐 댔다. 망자가 평생 벗 삼았던 그 소리로 단체 조문을 한 것이다. 소리와 흥으로 문상을 한다? 분명 우리 식의 감각일 것이다.

다음 날 출상의 현장에서 내게 인상적으로 비친 모습이 또 있었으니 상여소리였다. 이 지방 상여소리의 후렴은 "가남 보살"이었다. '관세음보살'의 이 지역 발음임이 분명한 이 후렴구는 분명 불교의 영향이었다. 관세음보살에 대한 신앙은 주로 해안가가 강하다. 유교의 영향뿐만 아니라 불교의 영향이 깊숙이 배어 있는 이 짬뽕 현상은 또 무엇인가.

발인제는 동네의 당산나무 아래에서였다. 이 분이 상쇠로 활약하며 매년 군고패를 거느리고 당산굿을 쳤던 바로 그 현장이었다. 그리고 꽃상여 행렬은 막내가 가르친 대학의 풍물패가 앞장을 섰다. 대학생들이 치는 군고소리는 장지에 도착하여 평토제를 지낼 때까지 끊어지지 않았다.

중간에 노제를 지낼 땐 제외하고는…….

사례를 하나 더, 내가 인상적으로 만난 또 다른 장례의식도 언급하고 싶다. 나의 친고모 장례에서였다. 고모는 한국전쟁 전란 중에 가장 똑똑한 아들을 잃었고 그 후로 불교에 귀의하였다. 그러다 영감님을 저승으로 먼저 보내고 혼자되어 자식 집에서 말년을 보낼 때, 천주교로 개종을 했다. 자식과 며느리의 영향 때문이었다. 천주교로 개종하고 얼마 안 돼 임종이었다. 장례식은 성당에서 치러졌으며, 천주교 묘원으로 운구차는 방향을 잡았다.

놀라운 만남은 그 운구차 안에서였다. 성도들이 망자를 위해 연도가를 끊기지 않게 불러 주었는데 그 운율이 충격적이었다. 내 귀를 의심했다. 서양 음악이랄 수 없었기 때문이다. 그 연도 소리는 내게 타령조로 들렸다. 주변의 천주교인에게 연도에 대해 질문을 하니 그들은 절의 염불처럼 들린다고 하였다. 서양 음악에 대한 훈련이나 경험이 없는 초기 기독교 신자 할머니들의 넋두리 같은 타령조 찬송가 억양이 그대로 살아 있는 것이 아닌가 라는 인상이 강했다. 그 당시 운구차에 탄 성도들 중에는 중년의 여인들도 있었는데 할머니들처럼 똑같이 타령조의 운율을 합창하고 있었다. 학교에서는 7음계의 서양 음악으로 공부하였을 텐데도…….

그 연도가는 그렇게 굳어 버린 것 같았다. 나중에 보니 악보화되어 불리는 것 같았다. 지금은 그 소리를 자주 들어 아무렇지 않지만 대학교 때 처음 들은 그 타령소리(연도가)는 무척 흥미로웠으며, 재미있기도 하였다. "기독교도 짬뽕 행렬에 합류를 했어야."

본시 우리의 저승길은 장엄한 미사곡이나 중후한 독경소리를 들으며

가는 길이 아니다. 홍겨운 노랫소리를 들으며 간다. 유학자들의 저승길이라 하여도 상여소리꾼은 반드시 초빙하였다. 진도 지방에서는 풍물을 치면서 꽃상여가 나간다. 특유의 양북춤을 추면서 축제 분위기로 말이다.

또 있다. 장례식장은 놀음판으로 돌변하기도 한다. 판돈을 걸고 벌이기도 예사다. 윷놀이판의 경우 판돈이 심하면 억대를 넘어가기도 한다고 들었다. 문상 온 사람들은 이쪽저쪽에다 돈을 걸게 된다. 본시 밤을 새워 상가를 지키는 사람들이 윷놀이판을 벌이면, 무료함을 달랠 수 있어 좋고 졸음을 쫓을 수 있을 뿐만 아니라 축제 분위기도 만들어 낼 수 있다. 축제 분위기는 슬픔에 싸인 유족들의 쓸쓸함과 썰렁함을 감소시켜 준다. 윷놀이판이든 고돌이판이든 모두 장례를 잔치와 놀이판으로 인식하지 않으면 만나 볼 수 없는 광경이자 풍습들이다. 이런 전통의 흔적을 우리는 대학병원 영안실에서 여전히 발견하게 된다. "고(Go)!"를 외쳐 대며 삼삼오오 둘러앉아 밤샘을 하는 정겨운 모습들 말이다.

우리의 장례문화나 그 정서는 뭔가 다른 구석이 있다. 이런 차이가 생기게 만드는 죽음에 대한 이해와 생각이 궁금해진다.

죽음의 의식은 재생을 위하여

죽음에 대한 우리의 사고를 살펴보기 위해선, 외래문화가 이 땅에 들어오기 전의 토착문화에 대해 검토할 필요가 있다. 즉, 불교나 유교 그리고 기독교 등 죽음에 대해 나름대로 개념이 서 있는 종교가 들어오기 이전의 문화에 대한 검토가 선행돼야 할 것이다. 그것은 굿문화에 대한 이해일 수밖에 없다.

죽음을 관장하여 치르는 의식은 굿에 있어 큰 비중을 차지한다. 죽은 사람에 대한 직접적인 굿의례뿐만 아니라 병굿을 할 때나 재수굿을 할 때, 심지어 대동굿을 할 때 등 다른 목적의 굿에서도 죽은 자에 대한 굿거리가 등장한다. 조상굿이라는 거리로서, 혈연관계나 지연관계에 있었던 죽은 자와 산 자가 교감하는 자리다. 죽은 조상을 모셔 들여 굿을 하게 된 목적이 잘 이뤄지도록 도움을 청하는 자리이기도 하다. 말명이나 대신도 죽은 자에 대한 이야기다. 그들은 만신과 무당으로 살다 죽은 망자들로서 조상거리뿐만 아니라 대부분의 굿에 나타난다.

사람이 죽게 되면 큰굿을 벌이게 된다. 집가심, 자리걷이, 지노귀, 오구굿, 씻김굿, 망무기, 모기굿 등이 이에 해당한다. 명칭이 다양한 것은 굿의례 방식에 지방색이 발현되었기 때문일 것이다. 그러나 성격이나 목적은 같다. 망인의 저승길을 닦아 주고, 집안의 부정을 가셔내 맑게 하려 함이다.

이들 망자천도굿이 망자를 어떻게 다루어 저승으로 보내며, 나머지 산 사람들에게는 어떤 의미를 갖는지 살펴보자.

먼저 씻김굿이다. '씻김'이라는 말 그대로 이승에서 맺힌 모든 원한을 다 풀어 씻어 버리고 맑은 영혼으로 저승까지 천도하도록 하는 데 그 목적이 있다. 민간 층에서는 보통 살아 숨 쉬는 이 시공간(현세)을 '이승'이라 하고, 죽어서 영혼이 가는 세계(내세)를 '저승'이라고 표현한다.

저승에 대한 민간의 순수한 관념은 불교적인 극락과 지옥, 혹은 기독

죽음과 저승에 대한
우리의 생각은?

교적인 천당과 지옥처럼 명확히 구분하지 않는다. 그저 막연하게 죽어서 가는 곳이라고 생각할 뿐이다. 죽음으로 인해 현세와는 다른 세계이지만 지옥과 같은 악의 징계관념은 매우 희박하게 나타난다. 저승의 위치 역시 하늘 위나 땅 위 또는 땅 밑의 삼계 중 어디라고 뚜렷하게 지적하지도 않은 채 막연히 내세를 '저승'이라는 한마디로 한계 짓는다.[80]

내세관 역시 미래에 대한 종교적 구원 관념이 없다. 즉 이 세상에 살아 있는 동안 좋은 일을 하면서 종교를 열심히 믿어야만 인간이 죽은 뒤에도 그 영혼이 구원을 받아 낙원으로 가서 영생을 누린다는 구원 관념이 없다는 것이다. 불교, 기독교 등 소위 고등 종교라고 이르는 기성 종교가 인간이 죽으면 영혼이 내세로 가되 그 생전의 공과에 따라 지옥이나 극락, 천당으로 간다고 보는 것과는 다르다. 굿은 사람이 죽으면 누구나 영혼이 '저승'인 내세로 간다고 믿는다.

결국 이승과 저승을 가르는 경계가 죽음이다. 죽음이 이승과 저승을 갈라 놓게 된다. 그 죽음이라는 것에 대한 인식은 이렇다. 영혼이라는 것이 있어 영혼이 육신과 분리되어 저승으로 떠나는 것을 죽음이라고 본다. 보통 '넋'이라고 일컫는 영혼은 인체와 같은 형태의 영상으로 되어 있다. 그러나 꿈 또는 환상 속에서만 볼 수 있고, 평상시에는 영상조차도 찾아볼 수 없는, 무형의 공기나 호흡과 같은 형질의 것이라고 생각한다. 또한 영혼은 공중을 자유롭게 떠다니며 시간이나 공간의 제약을 받지 않는 전지전능한 불멸의 존재이다. 다만, 환상이 아닌 평상시에는 인간과의

---

80. 김태곤, 『무속과 영의 세계』, 한울출판사, 1993년, 67쪽.

354

언어나 의사가 자유롭게 소통될 수가 없다.[81]

넋[82]은 이승에서의 삶을 죽음으로 끝내면 초상, 소상, 대상을 지내는 동안 이승에 머물러 있다가 3년 탈상과 함께 저승으로 들어간다고 본다. 3년이 지났음에도 불구하고 저승으로 가지 못하는 넋이 있는 반면, 저승으로 잘 간 넋은 저승에서 영생하거나 다시 현세로 환생하기도 한다. 이는 넋이 인간 생명의 근원이라는 의미이기도 하다. 또한 넋의 본원은 저승이라는 해석도 가능하다. 그래서 죽음을 넋의 본원인 저승으로 '돌아간다'고 믿어 '돌아가셨다'라고 표현하기도 한다.

그런데 탈상이 지났음에도 저승으로 가지 못하는 넋이 문제인데, 그것은 인간세상을 배회하면서 산 사람들에게 해를 끼치기 때문이다. 인간세상에 대한 미련을 갖고 자신을 알아 달라는 표시로 살아 있는 사람을 괴롭히는 것이다. 괴롭히지 않으면 관심을 끌지 못한다고 여겨서이다. 이 때문에 '저승으로 제대로 갔느냐 못 갔느냐?'가 넋이나 산 사람들 양쪽 모두에게 관심사일 수밖에 없다.

그 분기점은 이승에서의 맺힘이 큰가 작은가에 달렸다. 현세에서 평생을 유복하게, 오래, 한없이 살다 간 사람은 죽은 후에도 그 영혼이 선해진다. 반대로 현세에서 만족하지 못한 사람의 한 맺힌 넋(특히 옥사 횡사한 영혼)은 그 생전의 원한으로 인해 사후에도 인간을 괴롭히는 악령성 성격을 띠게 된다는 것이 영혼에 대한 민간 층의 지배적 관념이다. 그러나 이

---

81. 김태곤, 위의 책, 82쪽.
82. 이를 김태곤은 살아 있는 사람에 깃든 생령과 죽은 사람의 사령으로 편의상 나누기도 한다. (김태곤, 위의 책, 44쪽.)

와 같이 특별한 경우를 제외하고는 그 선령과 악령의 구분이 명확치 않아 인간을 수호해 주던 선령이라도 때로는 악령 같은 성격을 띠는 경우가 생긴다.[83]

다시 말해, 넋은 한 번 저승으로 가면 악령과 선령으로 나뉜 고정불변의 성질이 아니라 선령과 악령을 수시로 넘나들 수 있는 가변성의 존재라는 뜻이다. 이는 살아 있는 사람들의 상태나 다를 바 없다. 또한 그 가변성의 조정능력은 산 사람들에게 달렸다는 특성도 아울러 갖게 된다.

결국 산 사람이 넋을 어떻게 대하는가에 따라 달라지는 것이다. 맺힌 한이 많은 넋에게는 그 맺힘을 해소시켜 주는 것이 중요하며(이를 '풀이' 혹은 '푼다'고 한다.), 섭섭하지 않도록 계속 대접하는 산 사람들의 모습이 필요해진다. 이를 위해 앞에서 살펴본 여러 망자천도굿이 필요해지는 것이다.

원혼의 여밈과 원한을 씻어서 미련 없이, 아주 편안하게 저승으로 보낼 목적으로 하는 씻김굿! 특기할 점으로 '씻김'이라는 용어 선택에서 맺힘을 풀어내는 방법과 관념이 '씻겨 낸다'는 데에 비중을 두고 있다는 사실을 들고 싶다. 그 의례를 구체적으로 살펴보면, 사람 형상으로 만든 '영돈'이라는 것을 향물, 쑥물, 맑은 물로 씻겨 낸다. 이것이 씻김 하는 방식이다. 물론 천에 매듭을 만들어 맺음으로 상징화 한 다음에 이를 풀어내는 고풀이가 없는 것은 아니나, '고풀이굿'이라 이르지 않고 굳이 씻김굿이라 한 것은 물로 정화시키는 '씻김'에 큰 의미를 부여했기 때문이라

83. 김태곤, 위의 책, 49쪽.

해석해 본다.

　물은 우리가 누누이 살펴본 바와 같이 생명의 근원이다. 동서고금의 모든 종교에서 물은 절대적인 종교성을 갖고서 의례에 등장한다. 굳이 씻김굿만의 특성을 집어 낸다면, 맑은 물로만 의식을 행하는 것이 아니라 모든 독성을 풀어내고 생명력을 고양시킬 약초 성분인 쑥물, 그리고 기운과 공기를 정화시킬 수 있는 향의 물(향물), 이렇게 세 가지의 물을 기본으로 한다는 점이다. 이는 곧 살펴보겠지만 통영 지방의 오구새남굿의 영

영돈말이

망자에게 바치는 옷과 노잣돈을 말아 세운 후에 넋을 담은 밥그릇을 꽂고 그 위로 솥뚜껑을 덮는다.
마치 사람과 같은 형상이 된다. 향물, 쑥물, 맑은 물로 망자를 씻겨 나간다.
진도 씻김굿.

죽음과 저승에 대한
우리의 생각은?

둑거리에서도 마찬가지다. 왜 굳이 3이라는 수리체계에 맞추고 있는가라는 점에 주목하자는 것이다.

한편, 죽은 망자가 저승으로 잘 가도록 해원해 줄 목적으로 행하는 씻김굿을 진도 지방에서는 '마당생기', '뜰생기', 또는 '야락野樂'이라 부르기도 한다. 순천 지방에서는 '야락잔치'라고도 한다. 마당에서 한다고 해서 마당생기 또는 뜰생기라 이르며, 밤에 한다고 해서 야락이다.[84] 사람 죽어 모인 자리를 잔치마당이라고 하는 이 이율배반에 가까운 역설. 일단 일반적인 상식을 벗어나며, 우리를 당혹스럽게 만든다.

씻김굿은 집 안에서 시작하지만, 두세 거리 지나고 나면 차일 치고 바람막이하여 준비해 놓은 마당(굿청)으로 나가 끝을 본다. 해질녘부터 준비하여 저녁 먹고 난 다음에 비로소 시작돼, 밤을 새워 진행하고 새벽녘이 되어야 끝난다. 때문에 '마당'이나 '뜰'이라는 표현과 '들 야野'든 '밤 야夜'든 '야'를 쓴 것은 납득이 간다. 그러나 '생기生氣'라는 표현을 쓴다거나 '즐거울 락樂'이나 '잔치'라는 표현까지 쓰는 단계에 이르면 당혹스러워질 수 있다. 과연 죽음과 생기는 어떤 관계가 있으며, 주검의식이 잔치라는 맥락까지 이해하기에는 상식적으로 납득하기 힘들다.

'생기'라 하면 '살아 있는 기운'이나 '살리는 기운'이라는 뜻일 게다. 망자에게 생기를 불어넣어 준다는 것인지, 굿판에 생기를 일으켜 모인 사람들의 생기를 북돋워 준다는 것인지 판단이 쉽지 않다.

---

[84]. 문화공보부 문화재관리국, 『한국민속종합조사보고서(무의식편)』, 1983, 13쪽.

일단 이 생기라는 표현을 이해하는 데 있어 지금까지 살펴본 죽음과 넋에 대한 논리를 그대로 적용해 본다면 다음과 같은 해석이 가능할 것이다. 생기는 살아 있음의 표상이자 그 원동력일 것이므로 살아생전에 맺힌 것 없이 풍성한 삶을 살았다면 분명 생기 넘치는 모습이었으리라. 한이 맺힐 정도로 잘 풀리지 않고 재미없는 삶이었다면 분명 생기 없는 모습이었을 것이고. 씻김굿을 하는 것은 맺힘을 풀어 주고자 함이니 굿을 통해 망자의 맺힘이 풀어질 경우 넋은 비록 죽은 영이 되었을망정 생기를 회복하여 저승으로 잘 갈 수 있을 것이다. 더 나아가 그 생기는 망자가 다시 환생하는 데 필요한 기운이 될 것이라는 논리가 성립된다.

그렇다면 굿판과 산 사람들에게 생기를 북돋워 준다는 측면은 어떻게 이해해야 할까. 망자와 연관이 있는 사람들이 결국 그 굿판에 모일 것이고, 망자의 원혼이 잘 풀리지 않고 이승을 떠돌며 산 사람들에게 해를 미친다면 그 굿판에 모인 사람들의 삶에서 생기를 빼앗을 가능성이 커진다. 그러므로 망자의 원혼을 달래 생기를 불어넣는 굿판은 그 자체가 생기판이며, 그 굿판에 모인 사람들에게 결과적으로 생기를 북돋워 줘야 할 것이다. 굿판은 생기가 충만돼야 잘된 굿판이라는 결론으로 우리를 이끈다. 결국 굿(씻김굿)은 망자나 망자와 연관이 있는 산 사람 모두에게 생기를 북돋워 주는 방법임을 알 수 있다.

이는 씻김굿판의 현장에 있어 보면 바로 느낄 수 있는 사실이다. 굿판은 울음과 슬픔에만 싸여 있도록 허용하지 않는다. 음악과 춤과 소리로써 판이 시종일관 진행되며, 그 수준이라는 것이 최고의 기예를 바탕으로 한다. 유족들의 슬픔을 극대화시켜 울음을 바닥까지 짜내 고갈시켜 버리기도 하고, 흥취와 즐거움을 줘 슬픔을 잊게 만들기도 한다. 이를 조정하는 주체는 굿을 주재하는 단골이며, 이를 가능하게 하는 방법은 단골과 고인鼓人의 기예이다. 유족들의 반응에 대한 순간 판단에 입각하여 당대 최고의 기예를 밑천 삼아 이를 자유자재로 놀리는 것이다. 이 때 이뤄지는 음악을 시나위라고 하였다.

그리고 풍성한 음식과 술이 꼭 따른다. 못 먹어 배고픔이 한으로 맺혀 버린 망자에게 풍성한 음식 대접은 필수이다. 그 음식은 결국 굿판에 모인 사람들의 몫일 수밖에 없다. 역으로 망자가 산 사람들에게 주는 풍성함이기도 하다. 풍성한 음식이 만들어 내는 생기다. 또한 술과 음식, 그리고 감성을 자극하는 음악과 소리는 망자를 중심으로 관계 맺어진 산 사람들 사이에서 생긴 맺힘이나 절절함을 풀어 주는 기능까지 수행해 낸다. 그리고 이들 모든 요소들은 유족들의 슬픔과 아픔을 덜어 주기 위한 노력으로 귀결된다. 지금도 우리가 상가를 찾게 되면 "죽은 사람은 죽은 사람이고 산 사람은 산 사람이니 몸이 상해서는 안 된다."며 유족을 챙기는 모습을 쉽게 접할 수 있다. 망자의 죽음이 가져다준 슬픔과 상실감이 산 사람의 생기를 빼앗아 가서는 안 된다는 인식이다. 산 사람은 살아야 한다. 망자가 한에 싸여 이승을 배회하는 것은 이승의 생기 넘치던 삶에 대한 회한 때문이지 않은가. 망자가 갖고 싶어하는 생기 넘치는 삶, 그 '살아 있음'을 아직 유지하고 있는 유족이 망자로 인해 생기를 상실해서는 안 된다는 논리가 성립된다. 결국 최고의 가치는 '생기 넘친 삶' 그 자체일지도 모른다.

생기를 불어 넣는 굿판은 그래서 잔치마당일 수밖에 없다. 진도 지방의 씻김굿을 구경하고 난 사람들의 한결 같은 감상이 "꼭 잔칫집 같았다."는 것이다. 잔칫집을 만들어 버리는 생기 북돋움. 그 흥겨움의 극치는 아마도 '다시래기' 놀이일 것이다. 한자로는 다시락多侍樂이라 표기하기도 하는데 여러 사람이 같이 즐긴다는 뜻으로 해석하기도 한다. 신청에서 전문 다시래기꾼들을 초빙하여 출상 전날 밤샘을 하면서 이 놀이로 익살스럽게 놀았다. 구성을 보면 사당놀이, 사재놀이, 가상주놀이, 상여놀이로 되어 있다.

핵심은 가상주놀이에 있다. 익살스런 차림을 한 가짜 상주(가상주)가 등장하여 진짜 상주에게 풍자와 해학으로 상주의 속마음을 건드리기도 하고 웃기기도 한다. 공방울이의 다시래기굿을 해 주자고 시작한 놀이판에서 당달봉사 처와 중이 눈 맞아 임신을 하게 된다. 이 과정에서 야한 이야기가 오고가고, 노골적인 성행위가 연출되기도 한다. 상여놀이는 다음 날 나아갈 상여를 마당에 갖다 놓고 동네 사람들이 상여소리를 하면서 놀이를 한다. 여흥으로 토막소리, 흥타령, 방아타령, 육자배기, 가마소리, 둥덩이타령 등 갖은 민요와 판소리가 다 동원되어 춤과 웃음판을 만들어 나간다.

이 다시래기는 삼국시대부터 전래되었다가 구전되고 있는데 상여놀이가 확대된 것으로도 볼 수 있다. 상여놀이는 전국 어디를 가나 있었던 놀이다. 아무튼 가장 슬프고 고통스러운 상황에서 파격적인 우스갯짓을 함으로써 슬픔의 장을 웃음바다로 바꿔 놓는 탁월함과 파격성이 있다. 특히, 죽음의 장에서 새로운 생명을 탄생시킴으로써 넋의 환생을 강렬하게 희망하는 내용과 구성이 중심을 이룬다. 그래서 '다시래기'를 '다시

(태어)나기' 즉 재생이라는 의미를 가진 말이라고 보는 견해가 설득력을 얻고 있다.

재생에 대한 희구는 다른 망자천도굿에서도 마찬가지이다. 통영 지방의 오구새남굿에 염불거리가 있다. 그 거리에 나오는 '환생탄일'을 보면 망자는 다시 인간으로 환생하기를 바라 옥황상제님에게 제문을 지어 바친다. 옥황상제가 여러 제신들에게 가부를 물으니 무슨 공이 있기에 환생을 청하는지 물어보라고 답한다. "망자가 직접 아뢰라."는 분부에 망자는 다음과 같이 답한다.

인간 세상에 몸이 되라 하고 이망명신을 천도시키려고 삼십삼천三十三天을 옹하여 솟대를 세워 놓고 삼십삼三十三폭 치마치고 이십팔숙, 도사칠성을 옹하여 제 제문을 메여 놓아 열시왕을 위하여 청과홍과靑菓紅果 만천 가지 시석과果를 오귀신장님五鬼神將任과 팔부신장八部神將을 위하여 전을 모아 세우고 석가여래설법을 위하여 큰머리 장삼에 임구실을 사맹기와 물명주 한삼 끝에 이망명신을 위히여 영전모라 냉눅에 차려 놓고 사계성방四桂成方 입을 빌려 구비구비 염불이요, 마디마다 축원이라 어찌 유공이 없다 하오리까.[85]

망자는 마침내 환생해도 된다는 허락을 받아내 환생하게 된다.

위 내용을 살펴보면 제문을 짓고 음식 대접하고 굿판 벌여[86] 염불하며

---

85. 문화공보부 문화재관리국, 위의 책, 90쪽.
86. '영둑에 차려 놓고'라는 표현에서 알 수 있다. 영둑은 씻김굿에서도 살펴본 바와 같이 씻김의례를 위한 망자 형상의 신체이다. '큰머리'는 원로 무당이 큰 굿을 할 때 쓰는 관이다.

362

바리공주가 망자를 저승으로 인도하기 위해 저승문 앞에 당도하였다.
문을 열기 위해 앞문사재와 문답이 있게 된다.

축원하는 것 자체가 공이라는 논리이며, 이것을 옥황상제도 인정하여 환
생을 허락하고 있다. 비록 도교의 옥황상제, 불교의 석가여래와 열시왕
(십대왕) 등 힘 세고 좋다는 여타 외래의 신격을 다 동원하고 있지만 그 핵
심은 굿에 있다. 굿과 정성은 환생의 강력한 방편임을 알 수 있다.

그리고 굿의 음악과 소리가 망자의 넋을 인도하고 이끌어 주는 힘을
가지고 있다고 본다. 역시 오구새남굿의 염불거리에 나오는 황천문답(황

천은 저승의 다른 표현으로 저승에서 주고받는 질문과 대답을 말한다.)에 의할 것 같으면, 망자가 황천 저승을 찾아가는 길에 천근遷謹소리가 들려 따라가다 육지수중의 잡귀 된 많은 자들과 만난다. 망자는 그들에게 그 연유를 묻게 된다. 그러자 그들이 답한다.

우리도 그랬거늘 타고난 팔자인지라 수중에 잠겨 있어 육지로 못 나와 애달픈 고혼이 되었으니 북소리 장구소리 듣고 서기줄로 따라왔나이다.

바닷가에는 수사水死가 많기 때문에 물에 빠져 죽은 수중고혼에 대한 이야기가 오구새남굿의 중심을 이룬다. 역시 음률소리를 따라오다 수중고혼과 만난 망자의 모습도 다를 바가 없다.

애련한 금일 망제 한편을 바라보니 선관仙官 한 분이 구름 타고 피리소리에 서기줄을 비쳐 주니 팔만사천 지옥문에 지장보살이 육도중생을 건져 낼 때 젓대소리 따라오시드라.[87]

여러 악기 중에서도 특히, 피리소리는 저승까지 가는 소리라 하여 삼현육각을 제대로 편성하지 못할 경우 최우선으로 선택하는 선율악기다. (전라도 단골가의 고인들이 이구동성으로 하는 말이다. 선율악기 중 피리를 최우선으로 선택하는 현상은 전국적이다.) 무악기를 편성할 때는 반드시 음양

87.문화공보부 문화재관리국, 위의 책, 90쪽.

을 맞춰 쌍피리를 갖춘다는 점도 주목할 일이다.

　여기서 구체적으로 원을 풀어내는 원리는 무엇인가 살펴보자.

　원혼 중에서 가장 악독하고 두려운 넋으로 왕신王神을 친다. 왕신이란
처녀로 죽은 귀신이다. 처녀귀신이 제일 악독하다는 것은 정평이 나 있
다. 귀신 중에서도 가장 무섭고 악독하기 때문에 으뜸 되는 귀신이라 하
여 왕신이란 이름까지 붙을 정도다. 시집 못 가고 죽은 처녀가 왕신이 되
어 가족을 괴롭힐 것이 두려워 사람의 왕래가 많은 사거리 옆에 묻고, 관
속에다 참깨 **3되 3홉**을 넣고 수의에다 바늘 **세 쌈**을 걸어 놓는다. 바늘을
걸어 놓는 것은 영혼이 바늘에 찔려 관 밖으로 나오지 못하게 방지하는
것이며, 참깨를 넣는 것도 영혼이 참깨알을 세기가 바빠서 관 밖으로 나
오지 못하게 하려는 예방으로 해석한다.[88]

　재미있는 것은 참깨와 바늘을 3의 수리체계에 맞춰 놓았다는 점이다.
1과 2의 결합에 의해 세 번째에는 새로운 창조와 생명이 탄생하는 삼신사
상의 요체인 3의 원리가 왕신을 다스리는 방편으로도 쓰이고 있다.

　씻김의례에 쓰이는 물도 3의 원리에 맞춰져 있음을 이미 앞에서 살펴
보았다. 오구새남굿에서도 역시 향물, 쑥물, 청수로 씻어 낸다. 영둑거리
에서 영둑을 위의 세 가지 물로 다 씻어 낸 다음, 승방(통영 지방에서는 여
자 무당을 승방이라고 부른다.)이 신칼을 들고 솥뚜껑을 **세 번** '딱, 딱, 딱'
하고 치고 나서, 무장단으로 느릿느릿하게 "신아어허 어열신 기밀망제

---

88. 김태곤, 앞의 책, 49쪽.

망망령 기둥은 무지배 열시 없이 쟁겼더니 열어 주자 열어 주자."를 하고 천근을 붙인다. 이어서 사방칠문四方七門을 친 다음, 오방에 활을 쏘고 나서, 땅에 꽂아 놓은 시왕문고리를 뽑아 들고 덩덕궁이 장단에 춤을 추며, 자리를 양손에 받쳐 들고 제상 앞에 **세 번** 절하며 축원한다.

저승길을 닦아 주는 길닦기에서도 길을 다 닦은 다음에는 승방이 제청 앞에 가서 길베를 쳐들고 크게 절을 **세 번**하고 나서 한 발 물러나 반절한 다음에 길베를 제상의 병풍에 걸어 놓는다.[89]

생기를 불어넣어 주는 방편은 여기서도 어김없이 3의 원리다. 이런 사례는 수도 없이 많다. 망자를 위한 모든 굿이 다 그렇게 구성되어 있다고 결론을 내려도 된다. 한 가지만 더 소개를 해 보자.

전라도 씻김굿 중에 사마장자라는 서사무가가 구송된다. 저승사자가 자신을 잡으러 오자 기지를 발휘해 생명을 연장하는 사마장자에 관한 이야기이다. 저승사자가 사마장자를 잡아갈 임무를 띠고 사마장자 집으로 오다가 "아이고 배고파, 발이 시려 못 가겠네. 이럴 적에 누가 밥상하고 신 세 켤레 주면 죽을 목숨도 살려 주련마는." 이라고 하자, 가운데 사자가 이를 받아 "아이고 추워 못 가겠네. 이럴 적에 누가 옷 세 벌만 주면 죽는 목숨도 살려 주련마는." 이라고 한다. 이 때 사마장자가 나타나 미리 준비하고 있던 옷 세 벌과 신 세 켤레, 그리고 밥상을 대접하고 목숨을 건진다. 위기를 모면한 사마장자는 이후 개과천선하여 착하게 살다 죽는다.[90]

---

89. 문화공보부 문화재관리국, 위의 책, 69쪽.

90. 김태곤, 『황천무가집』 제 3권, 원광대학교 민속학연구소, 이리, 1978.

생기 넘침은 재생의 원동력

종합해 보면, 죽은 자를 위해 하는 굿은 궁극적으로 생기를 북돋워 주는
방편이며, 이는 망자나 산 사람 모두에게 해당되니 결국 살아 있음을 지
향함이다. 즉, 살아 있는 사람은 생기가 충만하여 죽지 않는 것이며, 죽은
망자는 원혼을 풀고 다시 환생하는 것이다. 그 구체적인 방편은 3의 원리

질닦음

진도 씻김굿 중에서. 채정례 단골. 사진 정수미.

죽음과 저승에 대한
우리의 생각은?

에 입각하여 처방하고 행위하는 데에 있다. 어김없이 생명의 수이자 창조의 수인 3의 원리, 즉 삼신이 재생과 생기 돋음의 원리로 작용하고 있음을 발견하게 된다.

결국, 원혼을 풀어야 하는 넋이나 살아 있는 존재로 환생을 희구하는 모습에서 궁극적으로 생기 충만하게 살아 있는 상태를 최고의 가치로 인식하고 있음을 발견하게 된다.

달리 표현하자면 생기 충만하게 내가 살아 있는 '이승'이 바로 극락과 천당이 될 것이다. 생기 넘치게 잘사는 방편인 가무악회를 생활화하는 것 이상은 없다고 주장하는 것 같다. 이는 놀이를 통해 시도되고 놀이를 통해 완성된다. 잘 놀기 위해서는 어떤 방법이어도 좋다. 석가든 옥황상제든 예수든 능력 있고 좋은 것은 다 수용한다. 굳이 거부할 이유가 없다.

짬뽕의 극치, 섞어찌개의 맛, 비빔밥의 미학은 다 '생기 충만'한 삶을 살아가기 위한 감각이자 입맛이라 할 것이다. '간'만 딱 맞으면 그만이다.

전경환은 또 이런 어록도 남겼다. "굿은 간이 맞아야 혀." 최고다. 소리와 춤과 노래와 극놀이가 간을 간간하게 맞춰 가는 양념이자 식재료이기도 하다. 죽음에 대한 인식과 그 문화에까지 이 원리가 적용되고 있고, 그 방법이 구비되어 있음을 우리는 막 확인하였다.

13

우리 마을에
풍요와 안녕을
가져다주는 삼신

백 여개가 넘는 동네에서
마을대동치성을 드리는
서울특별시

음력 10월 상달쯤 되면 서울특별시의 몇몇 동네에서는 아주 흥미 있는 일들이 벌어진다. '신기하다'는 표현을 써도 무색하지가 않을 그런 일들이다. 도대체 무슨 일을 가지고 설레발(?)을 떠느냐고 궁금해 할 것 같은데, 굿쟁이 눈에 아주 흥미 있는 일이란 무엇이겠는가?

그렇다. 굿판!

제 눈에 안경이라고 굿쟁이 눈을 번쩍 빛나게 만들 수 있는 것 치고 굿판 이상 가는 것은 없다. 이제부터 소개하려고 하는 굿판들이 이런 문화에 전혀 관심 없는 사람들에게도 흥미를 가져다줄지 모르겠다. 그 굿판은 동네 토박이들이 중심이 되어 지내는 부군당굿이나 도당굿이다. 개인혹은 집안에 피치 못할 일이 생겨 무당을 찾아 날 잡고, 굿당이나 산천을찾아 마련하는 개인굿은 뭐 놀라울 것도 없다. 지금도 50개가 훨씬 넘는굿당이 서울 시내에 엄연히 존재하고, 365일 하루도 빠짐없이 그 굿당에서는 굿소리가 새어 나온다. 굿은 여전히 현대인들의 절박함이나 간절함을 먹이 삼아 활갯짓을 하는 중이다. 그러나 부군당굿이나 도당굿이라면 이야기가 좀 달라진다. 이들 굿은 개인 차원을 벗어난다는 그 사실 하나만으로도 의미가 남다를 수 있기 때문이다.

부군당굿이나 도당굿이란 마을굿의 일종으로 동네 사람들이 모두 주인이 되어 마을의 안녕과 동네 사람들의 복락을 위하여 마련하는 대동굿 판이다. 그 기본 성격은 집안에서 조상을 기리는 제사와 크게 다르지 않다. 단지 그 범위와 주체가 마을 단위로 확대되어 있다는 점과 죽음보다는 살아 있음에 관심이 집중되어 있다는 차이가 보일 뿐이다.

이제는 시골에서도 점점 퇴색해 가는 공동체의식과 고향 의식을 이 거대도시의 한복판에서 발견하게 되는 감회는 반갑기에 앞서 기괴하기까지 하다. 세계에서도 열 손가락 안에 든다는 거대도시 서울, 대한민국의 수도이자 국제도시인 서울의 품 안에서 아직도 마을굿이 살아 있다니……. 옆집에 누가 사는지도 모를 정도로 삭막한 살림살이라고들 한탄하는 서울살이에서 '우리 동네'라는 동질의식과 연대의식, 그리고 뿌리 의식을 갖고 있지 않으면 절대 성립이 불가능한 마을굿이 엄연히 존재한다는 사실에 흥미가 동한다.

부군할아버지, 부군할머니, 도당할머니, 도당할아버지라는 보지도 못한 귀신神에게 "우리 당산동이", "우리 신길3동도", "우리 답십리가", "정릉3동이", "염창동이", "도곡동이", "우리 이태원이", "종암동이", "행당동이", "우리 용문동이 아무 사고 없고 재앙 없이 일 년 하고도 열두 달, 과년하고도 열석 달, 3백이라 60일 동안 좋은 일만 생겨나게 해 주십시오."를 마음 저 밑바닥에서 우러나는 신심信心으로 발원 기원 드리는 그

귀신놀음(?)이 우리 동네 한쪽에서 10월 달이 되면 벌어진다는 사실. 그런 동네가 서울특별시에만 백 개를 훌쩍 넘어선다는 사실에 거부감이 됐든 반가움이 됐든 "그래요?!" 라고 되물을 이들이 있을 것이다.

햇과일 준비하고, 떡시루 준비하고, 돼지머리, 소머리 준비하고, 조라술(제물로 마련하는 술)도 직접 담근 후에, 거금을 들여 무당까지 초빙하여 한판 굿을 하는 모습. 그 무당들도 3대씩, 5대씩 대대로(시어머니만신에서 며느리만신으로 이어지는, 신어머니와 신딸로 이어지는) 그 동네의 부군당굿과 도당굿에 초빙되어 온 단골들이 의외로 많다는 사실. 그뿐인가. 살아 있는 돼지를 동네에서 사다가 동네 사람들이 직접 그 돼지를 잡아 제물로 준비하거나, 소를 한 마리 사다가 당집 안에서 직접 소를 잡고 제물로 올리기도 한다. 이처럼 실정법을 무시하면서까지 대대로 내려온 방식대로 부군님, 도당님을 모셔야만 마음이 놓이는 그 끈질긴 전통, 그 숨줄이 여전히 최첨단 서울특별시 안에서 살아 꿈틀거리고 있다.

그렇다고 5대, 8대씩 살아온 서울의 진짜 토박이들만 자격을 갖는 것은 아니다. 먹고살기 위해서 1960년대, 1970년대에 서울로 서울로 보따리만 달랑 들고 상경하여 자리 잡은 팔도 사람들이 뜻을 모아 새롭게 만들어 낸 마을굿도 있다. 이제는 고향의식을 느끼며, 또한 이웃간의 정을 느끼며, 없던 동네를 새롭게 개척하여 없던 마을치성을 새롭게 만들어 27년째 지내 오는 동네도 있다.

천막촌을 일으켜 세운
서울의 산신제

이 모습과의 만남은 신선함 그 자체였다. 고향에서 이런저런 사정으로 살 수가 없어 야반도주하여 서울에 와 살아 보려 했던 지방의 어떤 고위직 경찰공무원 출신의 경험담은 서울 도시 빈민의 생활사 그 자체이기도 했다. 옥인동에 판잣집 방 한 칸을 빌려 서울살이를 시작한 지 얼마 되지 않은 어느 날, 날품팔이를 하고 집에 돌아와 보니 자신의 집뿐만 아니라 산등성이에 자리 잡은 판자촌이 허허벌판으로 변해 있었다. 어디 어디로 가서 찾아보라는 쪽지를 발견하고 헐레벌떡 찾아간 곳엔 이미 천막이 즐비하더란다. 서울 시내 여기저기에서 강제 철거 당하여 쓸려 온 사람들은 팔도에서 모여든 사람들이었다. 그렇게 해서 살게 된 천막에서 아침에 일어나 발밑이 이상해 이불을 들춰 보면 구렁이가 똬리를 틀고 있기도 했다. 천막촌은 서서히 마을이 되어 갔지만 매일 싸움도 끊이질 않았다. 하루에 버스가 한두 번 들어오는 정류장은 술주정뱅이의 술주정과 다툼 소리로 하루해가 졌다. 이를 안타깝게 여긴 노인들로부터 제안이 있었다. 산신제를 지내자는 것이다. 본래부터 산신제를 올리던 아랫마을에 부탁하여 그 마을 산신제에 참가하는 방식을 택했다. 하지만 눈치가 불편해 아예 뒷산에 산신제단 터를 한 군데 정하여 2년 후부터는 독자적으로 지내 버렸다. 이것이 이 동네 마을대동치성의 시작이었다.

산신제를 지내고부터 동네가 점차 안정을 찾아가기 시작했다. 고향에서 다 경험해 본 대동치성이고 마을 잔치였다. 그 정서와 동질감이 출신지에 대한 이질감을 해소시켜 주었고, 의지할 데 없는 타향살이와 가난이라는 동병상련을 서로 챙기고 감싸는 온정과 넉넉함을 가져다줬다.

작년에 가서 본 대동치성 현장은 감동이었다. 제의절차나 형식은 별것 없었다. 경건성이나 역사성도 느낄 수 없었다. 무슨 행사 치르듯 많은 사람들이 우르르 모여 있었다. 어수선해 보이기까지 했다. 그런데 젊은 사람들이 많았다. 그들은 아버지의 손에 이끌려 온 30~40대들이었다. 나중에 안 사실이지만 장성하고 든든한 아들들을 꼭 이 산신제에 불러 손잡고 동참하는 아버지들이 많다고 했다.

이 아버지들은 70대를 넘어가고 있는 사람들이었다. 이들은 매년 잊지 않고 산신님께 감사를 드리고 있었다. 그리고 보란 듯이 아들 자랑도 산신님께 하고 있었다. "다 산신님 덕분에 서울에서 자리 잡을 수 있었고, 자식농사도 잘 지었으며, 성공적으로 마을을 창건할 수 있었습니다." 이렇게 산신님과 이야기 나누며 웃고 있었다. 노인회장을 지낸 바 있는 그 전직 경찰공무원의 표정과 기세나 산신제 현장에서 본 노인들의 표정이나 기세엔 공통점이 있었다. 당당함과 여유로움이었다. 고난을 극복하고 성공을 이룬 경험과, 역사를 만들어 냈다는 성취감을 맛본 사람들이 가질 수 있는 기세이자 표정일 것이다. 마을을 같이 만들어 냈다는 창업 동지로서의 동질감도 진해 보였다. 성공하여 큰 집 사서 마을을 떠난 동네 출신들이 많다고 했다. 매년 산신제를 지낼 때만큼은 그들도 돌아와 함께 참여한단다.

도시화와 근대화로 인해 고향을 잃고 부유하는 도시 빈민들을 국가가

우리 마을에
중요와 안녕을
가져다주는 민선

아니라 산신님이 안아 주며 살려 낸 셈이다. 감동은 여기에 있었다. 반만 년 역사를 부르짖는 세월 동안 이런 마을이 어디 하나둘이었겠는가. 척박한 상황에서 마을을 새로 만들어 내는 개척 정신과 창업 의지, 그리고 그 현장에는 항상 '당 신령님'이 함께했다.

동네 주민을 위해 축원하는
마을 지킴이들

근대화 바람으로 없어졌던 마을굿을 '향사회'라는 조직까지 만들어 몇 년째 성공적으로 다시 부활시켜 나가는 동네도 있다. 이날은 전국에 흩어져 사는 고향 출신들이 모이는 귀향일이기도 하다.

마을굿이 쇠락해진 모습을 안타깝게 여긴 어느 민속학자(고 김태곤 경희대학교 교수)의 노력에 힘입어 그 마을의 마을굿이 부활되었고, 이제는 서울시의 무형문화재로 지정을 받아, 사당도 새롭게 단장하였을 뿐만 아니라, 보존사업회까지 결성하여 서울시의 대표적인 축제의 하나로 키워 낸 동네(용문동 남이장군대제)도 있다. 대단위 아파트단지(목동 신트리아파트)를 세우기 위한 택지 개발로 동네가 사라지면서 사람들이 뿔뿔이 흩어지고, 개발 여부에 대한 찬반으로 이웃사촌들이 적대적인 관계로 변해 버린 곳이 있었다. 그 동네는 다시 도당님을 중심으로 불도저에 잘려 나간 당산나무 대신 어린 묘목을 당산나무로 다시 심으며 도당제를 부활시키려 눈물겨운 노력을 하는 중이었다(신정동 신투리 도당제).

물론 서울시가 비대해지면서 경기도가 서울시로 편입되어 마을굿을 하는 동네들도 덩달아 늘어났다는 분석도 가능하다. 그러나 일단 서울시가 되면 여러 층의 사람들이 몰려와 살게 되고, 생활패턴이 기존의 서울과 같아짐에도 불구하고 그 동네의 마을굿이 사라지지 않았다는 사실은 간과할 수 없는 대목이다. 특히 삼성동, 역삼동, 대치동과 같은 강남에서도 아직 도당굿이 건재하다는 사실 앞에서 고개를 갸웃하지 않을 사람이 얼마나 될지 궁금해진다.

그 통계가 10년 전이나 20년 전 것이 아니라 21세기를 열어가는 2000년대에 확인된 사실이라는 것도 지나치기 어렵다. 내년에도 내후년에도 그 숫자에 큰 변화가 없으리라는 예측을 나는 조심스럽게 해 본다. 지방자치시대와 축제공화국(?)을 맞이하여 이들 마을굿들이 정치인들과 구 단위의 행정조직에게 무시할 수 없는 관심거리로 이미 부각되었기 때문이다. 구청이나 동사무소에서는 자기 관내의 마을굿 시행 실태를 잘 파악하고 있으며, 재정상의 지원도 일부 이뤄지고 있다. 또한 자기 지역구 동네의 마을굿에 지대한 관심을 표명하는 구의회 의원들이 눈에 띄기 시작했다. 이런 요인 말고도 "이제까지 전승의 맥이 단절되지 않았는데 21세기로 넘어왔다고 쉽사리 사라지겠는가?"라는 믿음이 10년 후에도, 백 년 후에도 여전하리라는 근거들이다.

이처럼 서울의 마을굿이 과거의 끝자락을 붙잡고 겨우 명맥을 유지하고자 몸부림치면서도 시대 상황에 맞는 새로운 기운으로 부활할 것이라는 기대를 포기한 것은 아니다.

이런저런 이유들이 서울의 마을굿을 접하는 나의 감회이자 흥미로움이다. 한강을 끼고 뻗어 있는 40~50개의 부군당집들과 삼각산 줄기를 타고 이어지는 당집들이 서울 당들의 두 축이라는 사실은 현 시점에서 그리 중요하지 않을 수도 있다. 각 동네마다 자발적으로 참여하는 가구 수가 보통 2백 집 안팎으로서, 그 동네에 대대로 살아온 토박이거나 적어도 30~40년 살아온 사람들이 주축을 이룬다는 사실은 자칫 일부만의 마을굿, 그들만의 잔치라는 한계로 비쳐질 수도 있다.

그러나 비록 전 동민이 참여하고 있지는 않지만, 다수 기독교인들의 노골적인 질시와 냉담한 거부 반응에 직면하면서도, 개발논리에 밀려서 당산나무가 잘려 나가고 이리저리 당집이 옮겨지는 수모를 당해 왔지만, 부군당굿, 도당굿에 참여하는 2백여 가구는 고향이라고 생각하는 자기 동네 전체가 항상 안전하기를 기원하고 있다. 교통사고 없기를 기도하며, 모든 가정에 행운과 풍요가 깃들길 도당님과 부군님께 두 손 모아 기원한다. 적어도 그 마음만은 잃지 않으려 한다. "동네의 몇 사람만 좀 고생하면 온 동네가 편안한데 못 할 게 뭐 있느냐."는 주인의식을 여전히 갖고 있다. 물론 자신과 가정의 안위가 먼저겠지만 분명 그 차원에 머물지만은 않는다. 그들의 마음은 항상 동네 전체를 위하며, 자신들의 생활은 동네 전체와 어떤 형태로든 연관되어 있다는 생각을 바탕에 두며 산다. 축문의 내용이 그러하며, 만신들의 축원 덕담이 그러하며, 마을굿의 구조와 철학이 그러하다. 마을굿 하는 현장에 가 보면 전체 분위기에서 바로 이를 느끼고 확인할 수 있다.

밥을 해결해 주어야 할
당할머니와 당할아버지

마을굿이라는 것이 도대체 어떤 것이기에 그토록 질긴 숨줄로 다가오는 것일까.

마을굿은 이제껏 삼신을 이야기하면서 간간이 언급되었기에 그 실체가 낯설지는 않을 것이다. 마을굿을 다시 한 번 개관해 보면서 서울의 마을굿에 대해 깊이 음미하는 기회를 가짐과 동시에 과거에는 마을굿이 어떻게 민족적이고 국가적인 차원에서 행해질 수 있었는지, 왜 우리 문화와 정신의 탯집과도 같은 근원태라고 하는지에 대해 새롭게 인식해 보고자 한다.

우선 마을굿은 주기성을 갖고 행해진다. 대개 일 년 단위로 거행된다. 그리고 그 기준은 계절의 변화와 순환에 입각해 있다. 음력 역법에 의해 기준을 삼는다. 천문지리의 정확한 계산에 따라 날이 결정되고 있다는 말이기도 하다. 이는 농경과 어업 등 생산방식과 주기가 또한 이와 일치하기 때문이기도 하다. 생산 활동과 휴식기간과의 순환 고리, 그 출발점이나 전환점에 마을굿은 위치한다. 뭔가 한 매듭을 확실히 짓고 새로운 국면으로의 전환을 꾀하는 자리에 제의를 거행하였고, 축제를 마련하였다. 자연, 생산, 노동, 휴식과 놀이가 일관되게 일치하는 삶이었고, 이의 원활하고도 확실한 순환을 꾀하고 기대하는 행위였던 것이다. 대개 새로운 해가 시작되는 음력 정월이거나, 추운 음의 기운이 다하고 따뜻한 양의 기운이 한참 기세를 돋우는 5월 단오이거나, 생산 활동을 다 끝내고 휴식의 기간에 접어든 10월 상달에 마을굿이 크게 행해진다.

마을 단위로 주기성을 갖고, 전환의 자리에서 사람과 산천과 천지 기운이 일치되어 원활하게 상호 보완적으로 돌아가는 삶을 이룩해 내고자 노력했던 우리. 이를 구체적으로 실현시켜 나가는 짓거리(제의·축제·놀이 등이 총체적으로 결합된 모습)를 우리는 '굿'이라고 했다. 그것을 마을 단위로 했기 때문에 우리는 지금에 와서 '마을굿'이라 이름을 붙여 부른다.

마을굿은 하늘과 땅과 인간이 가장 적절하고 좋은 순간에 함께 만나는 자리이다. 마을굿의 구조와 절차를 살펴보면 확연히 드러난다. 마을굿을 해야 하는 시기가 오면, 택일을 해야 한다. 굿 할 날짜를 명확히 잡는다는 말이다. 택일을 하는 기준은 동네 사람들의 생기복덕(氣를 生하게 하여 복과 덕을 불러들일 수 있는)이다. 당주를 정하는 기준도 그러하다.

날과 당주가 정해지면 온 마을은 금기에 들어간다. 신이 올 수 있는 최고 조건을 만들려는 정성이다. 신은 더러운 것(부정)을 싫어한다. 깨끗한 것을 좋아한다. 거짓말을 하는 것도 더러운 것에 속한다. 피를 보는 것도 더러운 것에 속한다. 남을 욕하는 것도 더러운 것에 속한다. 흉하고 더러운 것을 보는 것도 더러운 것에 속한다. 남을 속이는 일, 남의 것을 훔치는 짓은 물론 더러운 것이다. 뿐만 아니라 남자 여자가 잠자리를 같이하는 일, 그리고 화장실에서 일 보는 행위도 더러운 것에 속한다. 그래서 당주들은 아예 3일이고, 일주일이고, 보름이고, 한 달이고, 석 달이고, 일 년이고 격리해서 지내야만 했다. 말을 해서도 안 됐다. 말을 하다 보면, 남 흉도 보고 욕도 하게 되고 침이 튀지 않는가. 신령님이 드실 음식 장만에

마을을 대표하는 당주 부부

마을의 안녕과 풍요를 기원하는 '제만모시기'에 마을을 대표하여 정성을 올리고 있는 당주堂主 부부.
유교식 의례와는 달리 부부가 제관 역할을 담당하고 있다.
전라남도 여수시 소호마을, 1996.

침이 튀어서는 절대 안 된다. 의사소통은 손짓 발짓 눈짓으로만 해야 한다. 화장실을 갔다 오면 반드시 목욕을 해 더러움을 씻어 내야 한다. 그것도 찬물이어야 한다. 아무리 추운 겨울이라도 찬물이어야 한다. 마을 입구에는 금줄을 쳐서 외부인의 출입을 통제한다. 물론 온 동네를 구석구석 청소하고 난 다음이다. 역시 더러움을 막기 위해서다. 지난 밤 합방한 부부가 들어올 수 있는 가능성을 막는다.

그뿐만 아니라 잡귀 잡신의 출입을 막기 위한 목적도 포함된다. 마을이 꼭 원하는 신령님부터 우선 확실하게 모셔 들여야만 하기 때문이다. 대신 금줄에는 짚신을 걸어 놓았다. 여기까지 오느라고 너무 수고했으나 받아들일 수는 없으니 이 짚신이라도 신고 돌아가 달라는 의미가 담겨 있다. 총을 쏘거나, 칼을 휘두르거나, 삿대질을 해서 몰인정하게 쫓아 버리는 것이 아니라 짚신이라도 준비하는 인정을 잃지 않는다. 귀신이 신을 신기에 테를 세우지는 않았지만 꼭 홀수에 맞춰서 걸어 놓았다. (아기를 낳으면 외부인의 출입을 막기 위해 집 대문에 치는 금줄은 마을굿의 금줄에 그 연원을 두고 있다.) 홀수는 신의 숫자이기 때문이다. 대개 하나 아니면 세 개였다. 금줄만으로 안심이 안 돼 귀신들이 싫어하는 붉은색의 황토를 동네 입구와 각 가정의 대문 앞에 뿌리기도 했다. 세 무더기씩 길 양쪽에 나란히, 모두 여섯 무더기를 놓는 것이 기본이었다.

음식은 마을이 모시는 신령님이 먼저 잡수셔야 하기 때문에 미리 줄 수는 없고 다 끝날 때까지 기다린다면 대접한다. 거리밥, 물밥, 헌식, 뒷전밥이라고 부르는 음식들이다. "굿은 뒷전을 잘 풀어 줘야 뒤탈이 없다."는 이야기가 있다. 뒷전이란 본 굿이 다 끝나고 그 잔치마당에 모여든 잡귀 잡신들을 위해서 하는 굿거리이다. 총 맞아 죽고, 칼 맞아 죽고, 배고파 죽고, 얼어 죽고, 맞아 죽고, 차에 치여 죽고, 전쟁 통에 죽고, 원한에 자살하고, 애 낳다 죽고, 자손이 없어 제삿밥 받아먹을 수 없는 귀신들, 객사한 귀신들…….

원 많고 한 많은 귀신들을 잡귀 잡신들이라고 한다. 그처럼 불쌍하고 원한에 찬 귀신들을 어떻게 몰인정하게 내칠 수가 있겠는가. 나물 한 가닥이라도 나눠 줘야 한다. 그리고 살아 있는 나 역시 언제 저들과 같은 잡

헌식굿

해안가 마을에서는 집집마다 상을 차려 내와 합동으로 헌식굿을 한다. 바다에서 죽은 무주고혼들을 대접하는 굿이다.
전라남도 여수시 소호동, 1996.

귀 잡신이 될지 모르는 일이다. 우리 조상들은 저렇게 가는 사람들이 많을 수밖에 없는 역사요, 삶이었지 않은가. 또한 아무리 내가 잘나고 잘산다고 해서 이웃에 인심을 얻지 못하고 사는 삶이 진정으로 잘사는 삶인가에 대한 고뇌가 담겨 있기도 하다. 이웃과 같이 사는 삶을 지향하지 않고, 모든 생명을 귀히 여기지 않으면 나올 수 없는 모습들이다.

금기를 지키기 위해서는 자신과의 싸움이 필연적이다. 인내와 극기를 필요로 하기 때문이다. 신과 직접 부딪혀 대면하는 자리이기 때문이기도 하다. 그리고 나의 부정(금기의 파기)으로 인해 마을에 불어 닥칠지도 모르는 어떤 재앙에 대한 책임, 온 마을 사람들에 의해 일 년 내내 받아야 할 비난과 질책은 무언의 압력이자 피할 수 없는 두려움이다. 반드시 지켜 내야 하는 절대의 원칙이다. 이처럼 극기에 가까운 노력을 하고 드디어 원하는 신령님과 만났을 때의 환희와 기쁨은 이루 말할 수 없는 것이다. 축제가 이뤄질 수밖에 없다. 이것이 가능하기까지 동네 사람들이 함께 들이는 노력도 간과할 수 없다. 마을의 대표자만 금기를 행하는 것이 아니라 그에 비금기는 금기가 마을 사람들에게도 요구되기 때문이다.

이를 굿에서는 '정성'이라고 표현한다. 굿은 정성이다. 정성을 들이지 않고 굿은 이뤄질 수 없다. 온갖 잡다하고 복잡한 속세의 고민이나 일상사를 잠시나마 잊고 신령님만을 생각하면서 마음을 모으는 정성. 그 정성의 내용과 정도가 온 동네 사람이 같을 때, 이를 서로 확인하는 순간 생기는 동질감과 일체감! 이것들이 가져다주는 것은 무엇이겠는가. 마을의 단합, 결속력, 거기에서 나오는 힘을 바탕으로 온갖 어려운 세상사를 함께 헤쳐 나갈 수 있다는 믿음과 능력 획득. 뭐 이런 것들이 아니겠는가.

그 정성의 정점에 신령님은 현현하는 것이다. 이를 위해 온갖 어려움을 이겨 내고 동네 사람들은 혼연일체가 돼야만 한다.

금기를 무사히 보내고 드디어 신령님과 만나는 순간이 온다. 어떻게 만나야 하는 것일까. 신령님은 하늘에 계신데 동네 사람들이 하늘로 올라가야 하는 것일까 아니면 신령님이 내려오는 것일까. 굿은 신령님이 내려오는 방법을 택한다. 그래서 동네를 그렇게 깨끗하게 정화시켜 신성한 공간으로 만드는 것이다. 그런데 신령님이 왔는지를 확인할 방법이 필요하다. 신이 사는 차원과 사람이 사는 차원은 다르기 때문에 3차원에 사는 사람들의 눈에 신령님이 보일 리 만무하다. 신령님이 오는 길도 열어 줘야 한다. 그래서 준비하는 것이 긴 막대기다. 그 막대기를 타고 내려오라는 뜻이다. '신대'라고도 하고, '서낭대'라고도 하고, '천왕대'라고도 하고, '솟대'라고도 하는 막대기를 신을 맞는 순간 정갈히 준비한다. 눕혀 놓는 것이 아니라 반드시 세워야 하는 이유다. 물론 아무것이나 길다고 다 신대로 쓸 수는 없다. 신대를 베는 의식도 정성이 들어가야 한다. 신대를 흰 천으로 감는 이유이다. 꿩 털을 하늘로 향하는 끝에다 달거나, 끝에 있는 생가지는 뜯어내 버리지 않고 그대로 둔다거나, 아니면 사철나무를 사용하기도 한다.

흰색은 빛을 상징한다. 생명의 색이다. 푸른 댓잎이나 사철나무는 사시사철 싱싱한 생기를 상징한다. 강한 생명력을 상징한다. 결국 '살아 있음'이 중요하다는 말이다. 생기를 받기 위해서 마련한 신대이자, 생기를 가져다줄 신령님이기 때문이다. 기억하고 넘어갈 대목이다. 신대가 도리기둥처럼 클 경우에는 여러 장정이 붙잡고, 대나무일 경우에는 당주만 붙잡고, 키 작은 소나무 가지나 맷가지를 준비했을 경우에는 앉아서 잡는다. 그리고 신령님이 강림하기를 청한다. 소리를 지르든, 무당이 옆에서 축원을 해 주든, 동네 어른들이 손을 비비면서 비나리를 하든 상관없다.

동네 사람들의 정성이 갸륵하다고 판단이 되면 신령님은 드디어 그 마을에 내려오게 된다. 대를 타고서 내려온다. 신이 대에 올라타면 대가 흔들리게 된다. 대가 쿵쿵 뛰기도 한다. 대를 잡은 사람은 표정이 바뀌고 마침내 신의 '말씀'을 대신 전하게 된다. 그 모습과 그 이야기 내용(공수)으

로써 사람들은 신령님이 진짜로 온 것을 확신하게 된다.

일 년간 열심히 살았다는 것을 신령님이 인정한다는 뜻으로 받아들이며, 정성이 신령님께 전해졌다는 의미로 해석한다. 신령님을 만나는 그 순간을 기회로 삼는다. 소원과 바람을 부탁 드릴 절호의 찬스다. 누구 하나 아프지 말고 교통사고 당하지 않게 해 달라고 부탁한다. 배곯지 않기를 간절히 기원하고 또 기원 드린다. 빌고 또 비는 것만으로 안심이 안 된다. 그래서 떼까지 쓴다. 꼭 들어주어야 한다고. 그렇게 될 것이라는 보증수표를 받고자 한다. 잘 들어주지 않으면 내년엔 콧물도 없다는 협박도 곁들여 가면서 말이다. 만에 하나 대에 변화가 없으면 대가 흔들리고 뛸 때까지 계속 손을 비비고 절을 하면서 마음을 모아야 하는 이유이다.

대가 흔들린다는 것은 기원을 들어주겠다고 응답하는 증표이다. 보증수표를 긁어 주는 셈이다. 대가 흔들리지 않으면 대 잡는 사람을 바꾸거나 목욕을 다시 시켜 대를 잡도록 한다. 시간은 중요하지 않다. 몇 시간이 됐든 며칠이 흘러가든 응답이 있을 때까지 정성을 모아야 한다. 그래도, 그래도 안 흔들리면 부정을 탄 것으로 단정하고 부정의 원인을 찾기 시작한다. 마침내 부정의 원인이 찾아지면 그 원인 제거 작업에 즉각 돌입한다. 그리고 날을 다시 잡고, 금기 기간을 다시 설정하는 등 처음부터 다시 시작한다. 이렇게 정성을 들였다.

신령님께 요구하는 바는 이렇다. 동네에 큰 사고가 없게 해 달라는 내용이다. 대동아전쟁, 한국전쟁, 베트남전쟁 시절에는 군에 간 동네 청년들이 죽지 않게 해 달라고 빌었다. 털끝만큼의 부상도 없이 무사귀환 하

우리 마을에
풍요와 안녕을
가져다주는 산신

도록 해 달라는 내용이 중심을 이뤘다. 지금은 자동차 사고가 절대로 없
도록 해 달라는 내용으로 바뀌었다. 그리고 풍농과 풍어다. 농사가 잘되
고, 고기가 많이 잡히기를 염원했다. 또 밥을 확실하게 해결해야만 했기
때문에 농사짓는 데 없어서는 안 될 황소의 건강 기원도 빠뜨리지 않았
다. 요즈음은 경운기와 트랙터가 그 자리를 대신하고 있다. 도시에서는
사업 잘되게 해 달라는 내용이 첨가된다. 누구네 세탁소가, 누구네 개인
택시가, 누구네 쌀가게가, 누구네 호텔이, 누구네 공장이…… 그뿐인가.
함께 사는 닭, 돼지, 개들도 건강하고 무사해야 한다는 것도 요구항목에
올린다. 주위의 대밭도 뒷산의 소나무도 병충해 없이 잘 자라기를 기원
한다. 특히, 물! 물의 건강과 풍족함을 기원한다. 샘신(샘각시, 용신!)을 찾
으며 물을 갈구한다. 산신보다도 조상신보다도 샘신을 더 위하는 마을도
많다. 물은 생명의 근원이지 않은가.

　신령님께 기원하는 내용과 대상은 인간만이 아니다. 가축과 초목, 그
리고 물物도 포함되며, 경운기와 트랙터까지다. 살아 있는 모든 생명체,
그리고 그 생명체를 유지시켜 주는 불과 밥이 비나리의 주된 메뉴다. 이
점이 중요하다. 인간만 잘산다고 잘살아지는 것이 아니라는 지혜와 혜안
이 깔려 있다. 인간이 숨 쉬고 있는 주위의 가축과 곤충(음력 6월 1일 진도
에 가면 곤충을 위하는 충제蟲祭라는 마을굿을 볼 수 있다.), 그리고 생산 도구
까지도 다 인간과 같이해야 할 존재들이다. 모두가 똑같이 중요하기에
똑같은 정성으로 차별 없이 대한다. 그래서 만신萬神이다. 만 가지 신이라
는 뜻은 결국 모든 것에 신성이 있다는 뜻이며, 신령님 대하듯이 정성으
로 대해야 한다는 뜻일 게다. 어쨌든 만신들과 더불어 살지 않으면 반드

시 인간에게 해코지가 돌아온다. 그들이 잘살고 잘 순환하여야 지구도 건강한 숨을 쉬며 인간을 따뜻하게 보살펴 줄 것 아닌가. 사계절도 제대로 돌아가고…….

마침내 '신령님이 확실하게 내려왔다.'는 것이 느껴진다. 하늘(신)과 땅과 사람이 만난 것이다. 아니 하나로 통해 버린 것이다. 신이나 사람이나 주위의 산천초목이나 다 같은 마음, 같은 위치에서 만남의 기쁨을 서로 만끽하는 순서만 남게 된다. 그 순간 모든 금기는 일시에 해제된다. 준비한 음식을 함께 나누고, 준비한 음악과 춤과 덕담을 함께 나누면서 말이다. 이를 제공하고 이끌어 주는 것이 굿이고 무당(중매자)이고 광대이다.

내려온 신령님을 헹가래 치고 다니면서 동네의 가가호호를 방문하여 보증수표를 나눠 준다. 그것이 '지신밟기'라고도 하고, '마당밟기'라고도 하는 집돌이다. 물론 서낭대나 신대를 앞세우고서다. 풍물도 치고, 춤도 추고, 술도 마시고, 음식도 실컷 먹으면서 동네를 헤집고 다닌다. 중간중간에 판굿도 하고, 달집도 태우고, 줄다리기도 하고, 탈판도 벌이고, 동네끼리 돌싸움도 하고, 기세배도 하고, 합굿도 친다. 우리가 알고 있는 온갖 민속놀이라는 것이 이 때 다 이뤄지고 있다. 사회와 집단의 질서와 운영을 위해 일상에서 금지되었던 도덕률과 법률이라는 금기(음주, 도박, 싸움 등)도 함께 해제된 상태이니 그 질펀함과 신명은 말해 무엇 하겠는가.

질서를 위해 평소에는 억눌러야만 했던 짓거리(가려진 그 무엇)를 '공개적'으로 '다 함께' '일시에' '같은 자리'에서 해치워 버릴 수 있다. 평소에 근질근질하게 맺혀 있었던 그 무엇을 풀어 버리는 자리이기도 하다.

그런 해방과 해소의 축제! 이를 소위 '난장'이라고 한다. 난장에서는 씨름, 줄타기, 풍물놀이 등 놀이뿐만 아니라 도박, 혼외정사, 살인까지도 묵인 받을 수 있다. 평소에는 질서를 위해 부정해야 했던 그 무엇을 서로 공범이자 현장범이 되어 공개적으로 저질러 버렸으니 문제될 것이 없다.

한 번 풀고 나면 다음 굿판까지는 그런 대로 참고 견딜 만해진다. 한 번 해 봤으니까……. 이 금기를 풀어 줌으로써 기대하는 것이 무엇이겠는가. 일상의 질서와 도덕의 확고하고도 더한 확립과 유지. 그래서 굿은 항상 공개적으로 행해진다. 신의 이름으로…….

마을 사람들에게 나눠 주는
생기는 삼신의 기운

그렇다면 굿에 등장하는 신은 어떤 성격일까. 그 실체는 무엇일까. 이것 때문에 장황하게 주절거렸다.

각 마을에는 대개 두 개의 당이 존재한다. 윗당과 아랫당이다. 지역에 따라 '부군당'이라고도 부르고, '도당'이라고도 부르며, '당산', '서낭당', '산신당' 등등으로 불린다. 명칭이야 어떻든 두 개가 공존한다는 특성은 다 같다. 윗당은 할머니당, 아랫당은 할아버지당, 아니면 윗당이 할아버지당, 아랫당이 할머니당, 이런 식이다. 할머니와 할아버지. 음이고 양이다. 두 분은 내외간(부부)으로 설정돼 있다. 음양으로 짝을 맞춘다. 마을굿을 할 때는 이들 할머니당도 찾고 할아버지당도 찾는다. 두 분을

각각 신대에 받아 모셔서 마침내는 합방을 시킨다. 오랜만에 내외분이
만나서 회포를 풀라는 뜻이다. 그 오랜만이라는 기간은 대개 일 년이다.
봄여름가을겨울이 한 번씩 돌아가는 순환주기에 맞춘다. 부부가 오랜만
에 만나서 회포를 푸는 정점은 무엇이겠는가. 운우의 정이다. 씹(Sex)이

마당밟기

당산할아버지, 당산할머니의 생기를 집집마다 나눠 주며 다니는 마당밟기(지신밟기).
우리 집의 '생기'는 풍농으로부터임이 극명하게 드러나는 광경이다.
전남 고흥 월악마을, 1993.

라는 말이다. 자손들이 일 년 동안 힘껏 노력하여 마련한 햇곡식과 햇과일로 정성껏 올린 음식을 풍족하게 드시고, 막 빚은 술도 드시면서, 멋들어진 음악과 춤을 듣고 보면서 뜨거운 밤을 보내시라는 정성이다.

그 대표적인 사례로 강릉단오제를 들 수 있다. 음력 4월 15일이 되면 대관령에 있는 국사서낭신을 모시러 간다. 신목을 정하여 서낭신이 그 신목에 내려오면 무당이 "국사서낭님, 4월 보름날 서낭님을 모시러 왔습니다. 정씨 여국사 서낭님한테로 놀러 가십시다."라고 한 후에 신목을 베어 강릉 시내로 모셔 온다. 강릉 시내를 한 바퀴 돈 후에 마지막으로 홍제동에 있는 여서낭당(정씨 여국사)으로 향한다. 도착하면 국사서낭신과 여서낭을 합배시키는 의식을 거행한다. 이렇게 합배한 상태로 5월 3일까지 회포를 푸는 것이다. 신방을 차린 것이나 마찬가지다. 그 동안 아침저녁으로 산 사람들이 차려 올리는 제물을 맘껏 드신다. 5월 3일이 되면 난장이 벌어지는 남대천 가설 굿당으로 옮겨져 산 사람들과 함께 춤추고 노래하면서 5월 7일까지 즐기게 된다.

한 마을에 두 분을 다 모시지 않고 한 분만 모셨을 경우 성性이 다른 이웃 마을의 당신과 합방을 시키거나 자체 내에서 해결하는 방법을 찾는다. 이웃 마을과 합방을 시키는 경우는 서울 시내에도 있다. 용산구 용문동 부군당(남이장군사당)과 이웃 산천동 부군당의 경우는 산천동부군당이 남이장군의 부인당이다. 그래서 부군당굿을 하게 되면 꽃등행렬을 모시고 산천동 여부군당에 가 꽃을 교환하는 의식을 거행한다. 남이장군님은 굿으로 합방의 의례를 치르고 부인당에서 하룻밤 머문다. 다음 날 일행은 용문동으로 돌아온다. 남이장군님은 용문동에 다시 돌아와 용문동 사람들이 바친 정성을 맘껏 받아 드신다.

한 마을에서 자체적으로 해결하는 방식 중에서 특기할 만한 것으로는 남성의 성기인 좆을 바치는 경우다. 그 마을의 당신이 여성일 경우에 한한다. 주로 해안가에서 그런 사례가 많다. 울릉도에는 여러 마을에 있다. 대개 그런 당에는 바다에 일을 나간 낭군이나 총각을 기다리다 지쳐 바다에 뛰어든 젊은 여신에 관한 애달픈 사연이 전해진다. 강원도 삼척시 원덕읍 갈남리에 있는 해신당이 그런 사례다. 그 당에는 나무로 깎은 좆을 굴비 엮듯이 엮어 바친다. 서울 시내에서도 유사한 사례가 발견된다. 영등포구 신길2동의 방아곶지 부군당이 그렇다. 현재 이 당에 보관 중인 좆은 어른 것이 3개이고 어린이 것이 1개이다. 3개와 1개, 기억하고 넘어갈 대목이다. 이 좆들을 동네에서는 신성시한다. 깨끗한 한지에 싸서 공개하지 않는다. 그리고 굿을 하면서 가지고 놀린 다음 여신에게 바친다.

썹은 좋은 것이다. 에너지가 무한정 생겨난다. 할 때는 물론이거니와 썹을 제때에 잘하면 구체적인 결과물(생산물)도 생긴다. 우리가 먹고사는 밥이라는 것도 결국 썹을 통해 만들어지고 성장한 생명체들이 아닌가. 새로운 생명의 잉태. 바로 그것이다. 새 생명을 만들어 내는 그 생기와 생명력을 최대한 많이 나눠 가지고 그 기쁨을 마음껏 같이 즐겨 보려는 뜻이다. 당할아버지와 당할머니 내외분으로부터 나눠 가진 생명의 기운을 원기 삼아 일 년간 자식도 낳고, 곡식도 잘 키우고 고기도 잘 잡겠다는 것이다.

결국 두 분 당할머니와 당할아버지를 합방시키는 것은 살아 있는 동네 사람들을 위한 것임이 드러난다. 음(당할머니)과 양(당할아버지)의 합방, 하늘과 땅과 사람의 조화로운 만남은 사람(인간만을 이야기하는 것이 아니라 '살아 있는 생명체'는 다 포함하는 의미로서의 사람)을 위해서였다. 결국 삼신의 세계다. 부군님이든 산신님이든 서낭님이든 도당님, 당산신령님이든 궁극적으로는 삼신에 귀착된다. 그 구체적인 증거가 당할머니와 당할아버지에게 바치는 음식과 음악과 술잔들이다.

음력 10월 1일 새벽에 올리는 등촌1동 등마루 부군당에서는 떡시루를 네 개 올린다. 하나는 공항로를 확장하면서 잘려나가 버린 원래의 당 터에 올리기 위해서 근년에 생겨난 것이다. 그냥 넘어가기가 섭섭해서 마련한 제물일 뿐이다. 얼마나 인간적인가. 원래 부군님께 올리는 떡시루는 세 개였다. 같은 날 아침 여덟 시쯤부터 올리는 염창동에서는 전을 아예 빨강 파랑 노랑 삼원색으로 물을 들여 올리되 두 개씩 음양을 맞춰 총 여섯 장을 올린다. 그 위에 화전을 올리는데 푸른 잎사귀를 반드시 세 잎씩 올린다. 그리고 술잔도 석 잔, 두 잔은 작은 잔에 한 잔은 더 큰 잔이다. 향을 붙일 때도 세 개씩 두 묶음을 올린다. 굿이 시작되자 5대째 부군당을 지켜 온다는 단골 만신은 "햇곡 맞이 신곡 자랑 받으시고."라 축원하였다. 서울시 행당동의 애기씨당에서도 제물 차림과 술잔 올림은 철저히 3의 수리에 맞춰져 있다. 이에 대한 사례들은 일일이 열거할 수 없을 정도로 많다. 기본이기 때문이다. 마을굿의 중심인 당신에게 정성을 드릴 때는 3의 원칙이 철저하리만큼 관철되고 있다.

마을의 풍물패들이 당에 함께 올라가 신을 맞아들이는 경우, 풍물패는 반드시 삼채 장단으로 신을 맞이해야 한다. 그래서 삼채를 '젯굿'이라고도 한다. 그리고 절은 반드시 삼배다. 3의 3배수인 구배를 하는 마을도 물론 많다. 무당들의 절도 역시 삼배를 기준으로 한다. 유교식으로 바뀌더라도 3을 버리지 않으려 몸부림 친 흔적이 어딘가에는 남아 있다. 제관들은 재배 반을 해야 하지만, 마음으로는 반 배를 한 배로 여겨 3배를 했다고 믿고 싶어 하는 사람들이 의외로 많다.

산천과 자연스럽게 연결된 마을의 품자락에서 살아온 우리의 살림살이. 한가족의 살림살이는 같은 마을의 이웃들과 밀접한 관계를 갖고 있었다. 그리고 한 동네의 살림살이의 중심에는 항상 삼신님이 좌정하고 있었다. 자칫 갈등의 원천일 수 있는 각기 다른 여러 가정들을 삼신님은 하나로 묶어 주고 있었다. 이를 주기적으로 확인하고, 삼신의 원리와 뜻을 되새기며 그 창조와 생성 기운을 재충전 받는 자리를 함께 만들었으니 그것이 바로 마을굿이다.

삼신은 마을굿을 통해 마을 사람들과 극적으로 만났으며, 마을 사람들은 마을굿을 통해 삼신님을 만남으로써 더불어 살아가는 지혜와 멋지게 살아가는 방법을 체득하고 실천할 수 있었다. 마을굿이 있었기에 우리의 살림살이는 좀 더 여유롭고 예술적일 수 있었으며, 풍요롭고 인간적일 수 있었다.

그 전통은 여전히 질긴 생명력을 발휘하며 이어지고 있다. 그것은 21세기, 서울의 하늘 아래에서도 마찬가지이다.

색인